EL BUEN PASTOR LLAMA

UN MENSAJE URGENTE A LA IGLESIA
DE LOS POSTREROS DÍAS

EL
BUEN PASTOR
LLAMA

ROGER OAKLAND

LIGHTHOUSE TRAILS PUBLISHING
EUREKA, MONTANA, EE. UU.

El Buen Pastor llama
The Good Shepherd Calls
C 2017 Roger Oakland
C2018 Roger Oakland Spanish Edition

Publicado por Lighthouse Trails Publishing

Publicado en Eureka, Montana, EE.UU. por
Lighthouse Trails Publishing, Inc.
www.lighthousetrails.com

Todos los derechos reservados. Ninguna parte de este libro puede ser reproducida, guardada en un sistema de recuperación o transmitida de ninguna manera, sea en forma electrónica, mecánica, fotocopia, grabación, o de otra manera sin previo permiso por
escrito de la editorial. Las citas bíblicas son de la Santa Biblia, versión Reina-Valera 1960. Diseño de la carátula y formato del libro son de Lighthouse Trails Publishing. Fotografía de la carátula de Understand The Times; diseño de la carátula por Understand the Times y Lighthouse Trails. Las fotos en las páginas 32 y 242 de bigstockphoto.com; utilizadas con permiso. Las fotos en las páginas 132 y 166 son de wikipidia; en el dominio público. La foto de la página 219 de Claudio Peri/European Pressphoto Agency; utilizada con permiso.

Impreso en los Estados Unidos de América

DEDICADO A TODOS LOS PASTORES QUE
FIELMENTE ESTÁN SIGUIENDO
AL BUEN PASTOR

También por ROGER OAKLAND

LIBROS
- Otro Jesús: El Cristo eucarístico y la Nueva Evangelización
- La fe desechada: La iglesia emergente—una Nueva Reforma o un engaño de los últimos días
- Let There Be Light (Que sea la luz, biografía de Roger Oakland)
- The Evolution Conspiracy: The Impact of Darwinism on the World and the Church (La conspiración de la evolución: El impacto del Darwinismo en el mundo y en la iglesia) (con Caryl Matrisciana)

DVDs
- *Queen of Rome, Queen of Islam, Queen of All (Reina de Roma, Reina del islam, Reina de lo todo)*
- *The Emerging Church Lecture series: Man's Spiritual Journey, the Road to Rome, the Road to Babylon. Proclaiming the Gospel. (Serie de conferencias sobre la iglesia emergente: El camino espiritual del hombre, el camino a Roma, el camino a Babilonia. Proclamando el Evangelio).*
- *Searching for the Truth on Origins Lecture Series (Serie de conferencias sobre la búsqueda de la verdad en los orígenes)*
- *The Wiles of the Devil Lecture: End Times Deception in the World and the Church (Conferencia: Las artimañas del Diablo: El engaño de los días finales en el mundo y en la iglesia)*

LIBRITOS
- *A Christian Perspective on the Environment (Una perspectiva cristiana sobre el medio ambiente)*
- *La nueva misionología: Haciendo misiones sin el evangelio*
- *The Catholic Mary and the Eucharistic Christ (La María católica y el Cristo eucarístico)*

PARA MÁS RECURSOS CLAVES, VER LA PÁGINA 285

Contents

EL DESMORONAMIENTO DEL CRISTIANISMO 15
   Dispersadas, despedazadas, golpeadas y recogidas 18
   Siguiendo a los hombres en vez del Buen Pastor 19
   Recogidas 20

EL BUEN PASTOR 21
   EL PERFIL DEL TRABAJO DE UN BUEN PASTOR 22

SIGUIENDO A LOS HOMBRES EN VEZ DE DIOS 27
   Permanecer en Él 29
   Saber más sobre la identidad del Buen Pastor 30

LAS ASECHANZAS DEL DIABLO 31

EL ATALAYA: VIGILA Y ADVIERTE 34
   El llamado de Jeremías 34
   Guerrero, atalaya y testigo 36
   El atalaya: un mensajero con un mensaje no deseado 37
   El llamado de los pastores 39
   EL ATALAYA 41
   Por el pastor escocés Horatio Bonar (1808-1889) 41

ADVERTENCIAS DEL NUEVO TESTAMENTO 44
   El Nuevo Testamento contiene las mismas advertencias .. 46
   Pablo como atalaya 48
   La perspectiva de Pedro del engaño de los últimos días ... 49

OTRAS ADVERTENCIAS DEL NUEVO TESTAMENTO. 52
   Algunos hombres han entrado encubiertamente 54

LA REFORMA Y LA CONTRARREFORMA 57
   Una reseña breve de la Reforma 59
   Alemania y los luteranos 61
   Suiza y el calvinismo 62
   Inglaterra y el "camino medio" 63
   La contrarreforma 65
   Nada nuevo hay debajo del sol 66

CUANDO EL CRISTIANISMO LLEGUE A SER SECTA ... 68
   Las características de una secta 69

PONER CUIDADO A LO SIGUIENTE 70
Algunos pensamientos preocupantes 71
Sepultados en tumbas sin lápidas 72

EL BUEN PASTOR, NUESTRO CREADOR 74
¿Creación o evolución? 75
Evolución teísta 77
La iglesia rechaza al Creador 79
Pastores a favor de la evolución 81

LA EVOLUCIÓN: METIENDO UN ÍDOLO EN EL
SANTUARIO 85
Nada nuevo debajo del sol 87
¿El yoga cristiano? 88

NUEVO VINO O ANTIGUO ENGAÑO 92
El fuego se extiende 93
La unción 94
¿Qué es la unción transferible? 95
El río de Dios 96
Un portal en Pensacola 97
El movimiento apóstol-profeta 99
Probad a los espíritus 101

¿UN SEGUNDO PENTECOSTÉS? 108
Vuelve la Lluvia Tardía 109
Los pentecostales católicos 112
La oración del papa 114
Unidad carismática 119
El factor Alpha 123
María y el Espíritu Santo 125
¿Qué es este segundo Pentecostés? 129

OTRO ESPÍRITU 133
Tony Palmer y su rumbo hacia Roma 138

EL PELIGROSO CAMINO ECUMÉNICO DE RICK WARREN
HACIA ROMA 144
La Entrevista Warren-Arroyo 146
Rick Warren, Jean Vanier y la Nueva Evangelización 152
La Nueva Evangelización católica romana 154

Rick Warren y la Coronilla de la Divina Misericordia 155
En resumen 159

EL REINO DE DIOS EN LA TIERRA SIN EL REY 160
¿Quién tiene las llaves del reino? 162
Los evangélicos del Reino-Ahora 164
¿Qué es lo que esto nos dice? 170

SEÑALES Y PRODIGIOS MENTIROSOS 171
Un evangelismo de poder 173
Las apariciones de una mujer que dice ser la madre de Jesús 175
Una señora de todas las naciones 178
¿Quién es esta reina? 180
El Jesús Eucarístico 182
Experiencias eucarísticas 184

ISRAEL, LOS JUDÍOS Y LA IGLESIA 189
Fueron esparcidos 190
Moisés vio su esparcimiento 191
La Biblia cuenta su esparcimiento 192
El renacimiento de Israel 194
Israel y los postreros días 195
Una triste conclusión 199

CÓMO EDIFICAR UNA IGLESIA 202
¿De qué se trata, el crecimiento de la iglesia? 204
Los planes de paz global de Rick Warren y Tony Blair ... 208
La mercadotecnia de la mega-iglesia 209
Como ovejas al matadero 210

CÓMO SABER CUÁNDO LA IGLESIA EMERGENTE SURGE EN SU IGLESIA 212
El Evangelio según las Escrituras 213
El Evangelio según el posmodernismo 214
El no llegó 215
El Evangelio del reino 215
Libros o la Biblia 216
La formación espiritual y la transformación 218

¿Está pasando de moda la iglesia emergente?...... 222
¿Qué ofrece el futuro?...... 224

LA UNIFICACIÓN DEL CRISTIANISMO BAJO EL PAPA 226
El papa y los luteranos...... 228
El papa y la Iglesia Ortodoxa...... 232
El papa Francisco y los evangélicos...... 235

EL CRISTIANISMO BABILÓNICO UNE A TODAS LAS RELIGIONES...... 238
El papa político...... 240
El papa y el budismo...... 243
El papa, el islam y la paz...... 245
¿Adoran todas las religiones al mismo Dios?...... 246

SALID DE EN MEDIO DE ELLA...... 249
Una novia falsa...... 250
Salid de en medio de ella...... 252

UN LLAMADO A LA ACCIÓN PARA LOS PASTORES Y LAS OVEJAS...... 255
Un solo mensaje y una identidad común...... 256
El tiempo de la cosecha...... 262

¿QUÉ PODEMOS HACER?...... 263
Un lugar seguro para las ovejas...... 263
El Buen Pastor llama: un website y una plataforma...... 264
Se desarrolla una visión...... 265
Acción y no reacción...... 266
Un pastor valiente...... 268
Los atalayas de los postreros días...... 268

NOTAS FINALES...... 271

PREFACIO

Este libro es para pastores y las ovejas que los siguen. El título de este libro, El Buen Pastor llama: Un mensaje urgente a la iglesia de los postreros días, llenó mi mente como un relámpago brillante en la oscuridad. A decir verdad, no tenía ningún deseo ni motivación para escribir otro libro. Cuando las personas me preguntaban sobre el asunto, les respondía que estaba ya jubilado.

Durante los últimos cinco años, mi ministerio se había alejado del enfoque de discernir los tiempos, para enfocar nuestro programa Bryce Homes International (Hogares Bryce Internacional), que ayuda a niños pobres y carentes de oportunidades alrededor del mundo. Yo sentía satisfacción pensando en pasar el resto de mi vida sin tener que enfrentar las presiones y las actitudes hostiles provocadas por un ministerio que defiende la fe.

Durante casi cuatro décadas de mi vida, había estado en la línea de batalla dirigiendo un ministerio apologético llamado Understand the Times (Entender los tiempos). Como resultado de una grave enfermedad que casi me quita la vida en el 2009 ya en mis 60 años, razoné que el tiempo había llegado para dejar a otros tomar mi lugar en la batalla. Sin embargo, de repente todo eso cambió cuando leí un artículo y vi un video que presentaban al jesuita Papa Francisco con su declaración de que todas las religiones, incluyendo al "cristianismo", adoran el mismo Dios. Algo en mí reaccionó. ¿Cómo podría yo dejar de sonar una advertencia?

Inmediatamente, escribí y publiqué un comentario en nuestro website, que demostraba que la profecía bíblica se está cumpliendo, indicando la cercanía del regreso de Jesucristo. No podría yo mantenerme callado más tiempo. Había que hacer algo para despertar a los pastores y a la iglesia. Estamos viviendo en los últimos días cruciales que la Biblia pronosticaba que llegarían; el tiempo es corto.

Pero existe un problema muy grande. Al acercarnos más hacia el regreso de Cristo, menos y menos personas reconocen lo que está pasando. El plan engañoso de Satanás de establecer una religión mundial universal en el nombre de Cristo a favor de la paz se está cumpliendo para establecer la religión del Anticristo. ¿Por qué los pastores no están advirtiendo a las ovejas? Y peor aún, ¿por qué tantos pastores están promoviendo el ecumenismo global y elogiando al papa?

Entonces, me hice otra pregunta: ¿Cómo llegó a esta situación la iglesia de Jesucristo? He sido creyente los suficientes años para saber que este engaño no ocurrió de la noche a la mañana. Según lo que he observado, la apostasía ha llegado a la iglesia en un proceso gradual, aunque ahora eso puede compararse a una avalancha devastadora. ¿Qué está pasando? Obviamente las ovejas han sido arrastradas por pastores que han descuidado su llamado—de proteger a las ovejas. Este engaño ha impactado cada denominación evangélica y protestante, y eso en forma mundial.

Entonces, esta es la razón y el propósito de este libro: Ayudar al lector a entender porqué ocurre este engaño, qué apariencia tiene, hacia dónde va, y qué puede hacerse todavía para advertir a los creyentes y no creyentes que el tiempo es corto.

Aunque sé que habrá los que reaccionarán en forma negativa a lo que este libro dice, mi amor hacia la gente y preocupación por ella no permite que me mantenga en silencio. La verdad siempre hay que decirse con amor. No es guiando sus rebaños, y darse cuenta de las consecuencias de los ciegos que guían a otros ciegos. Este libro trata de cómo seguir a Jesucristo, el "Buen Pastor". Oro que el libro ayude a la gente conectar los puntos y revele la verdad de manera fácil de entender, y que dé honra a nuestro Señor y Dios, Jesucristo.

1

EL DESMORONAMIENTO DEL CRISTIANISMO

Desde la llegada del milenio, y específicamente desde el 11 de septiembre del 2001, cuando los Estados Unidos fue atacado por terroristas, desatando un cambio gigantesco espiritual mundial, el cristianismo que habíamos conocido ha experimentado un desmoronamiento tremendo. Mientras muchos dicen que el cristianismo está próximo a un gran avivamiento y a aun una "nueva reforma", en realidad, estamos observando la apostasía más grande en la historia del mundo moderno.

En una palabra, el cristianismo se define con términos diferentes. Decenas de pastores han escogido abandonar la Biblia en nombre del posmodernismo (o sea, lo que ellos ven como progresivo y relevante culturalmente). La luz ha llegado a ser tinieblas. Lo que antes se consideraba verdad ahora se tacha de mentira. Los que antes se proclamaban seguidores de Jesús y la Biblia ahora siguen a hombres y sus filosofías, y eso sin preguntar nada.

En vez de alcanzar al mundo con el Evangelio de Jesucristo, pastores, profesores, y maestros de la Biblia abandonan la Biblia y abrazan al mundo. Buscan formas de mercar lo que ellos llaman el cristianismo, utilizando trucos emocionales que supuestamente atraen a las masas. Los himnarios se sacan de las bancas de las iglesias, y esas bancas se han reemplazado por cómodas sillas de teatro; y hay casos donde se han instalado terminales para tarjetas de crédito. Tener comodidad mientras asiste a la iglesia ha llegado a ser la norma. Ni pensar en mencionar el pecado o que Jesús derramó Su sangre en la Cruz para pagar nuestros pecados, porque esto podría ofender.

El Dios de la Biblia, Quien, según el libro de Génesis, creó todas las cosas, ha llegado a ser considerado solo un mito religioso. La teoría de la evolución ha llegado a ser la ciencia que comprueba que una explosión juntamente con tiempo y casualidad explican el origen de toda la vida.

El movimiento de la Nueva Era ha infiltrado las iglesias evangélicas: el hinduismo ha entrado a través del número creciente de cristianos que piensan que el yoga es un ejercicio cristiano. Para poder oír la voz de Dios, cristianos están tatareando mantas, "centrándose", o practicando "la presencia de Dios" (o sea, oraciones contemplativas místicas orientales que ponen la mente en un "espacio sagrado").

¿Podría ser que multitudes de cristianos tengan sus mentes secuestradas por demonios seductivos, en un engaño a nivel mundial?

Incontables cristianos han tenido experiencias extra-bíblicas, como sentirse borrachos en el "Espíritu" o ladrar como perros a través de "una unción transmitida". ¿Dónde se encuentra en las Escrituras esta clase de comportamiento? ¿Los cristianos están preparados para un gran avivamiento o están siendo seducidos por otro espíritu?

También hay los que adoptan la agenda ecuménica, que planean unir la iglesia protestante con la Iglesia Católica Romana, y eventualmente la unión de todas las religiones en un solo cuerpo. Ellos dicen que el término protestante es una palabra que debe dejarse en el pasado, y que no significa nada para la iglesia hoy en día. Los líderes carismáticos declaran que no hay ninguna diferencia entre el Jesús pentecostal y el Cristo eucarístico católico adorado a través del ostensorio* católico romano. Se les olvida que en el pasado, muchos cristianos sufrieron torturas y muerte por estar en desacuerdo sobre este mismo punto, porque entendieron que la misma eucaristía

---

*El objeto usado por el sacerdote cuando se consagra la hostia.

significa el evangelio de salvación por obras, y que esto se ofrece a "otro Jesús". ¡O tal vez creen que esos mártires sencillamente murieron sin ninguna razón!

También es alarmante cuántas personas que se consideran cristianos creen que Jesús es solamente un Cristo cósmico que ve todo como una unidad. Este "Jesús" es el Jesús universal de la Nueva Era. Los que no creen en este "Cristo Cósmico" son clasificados como pasados de moda, paranoicos, intolerantes, que no quieren unirse al resto de la humanidad para llevarla en una convergencia armónica.

Además, hay un puente carismático puesto en el camino de la unidad ecuménica. Provee una conexión entre la brecha que antes existía entre los católicos romanos y los "hermanos separados". Pero muchos en ambos lados se dan cuenta que el "ecumenismo" para el clero católico no quiere decir que se mezclan, sino que uno absorbe al otro. Quiere decir, que se busca la manera de hacer a los protestantes cruzar el puente que lleva a Roma. Aun los carismáticos católicos que han experimentado la gracia y la victoria de conocer a Jesucristo como su Salvador se despertarán algún día, o sucumbirán a las doctrinas herejes que se les exigirá abrazar más adelante.

Algunos están llamando a un Segundo Pentecostés, declarando que el mundo volverá a Cristo y establecerá el reino de Dios aquí en la tierra, sin la presencia del Rey. Muchos ya están en este camino; y estacionados a los lados de esta senda hay apóstoles y profetas más que están dispuestos a señalar la ruta.

Para ellos, Israel ya no tiene un lugar significativo en las Escrituras. Los judíos e Israel son problemas para la nueva iglesia emergente progresiva. Los seguidores de la teología del reemplazo (donde la iglesia reemplaza a Israel) han desconocido el Israel de la Biblia, y reemplazado el pueblo escogido de Dios con una iglesia que se alista para establecer el reino de Dios aquí en la tierra. En otras palabras, el cristianismo ha sido reformado; y los que rehúsan aceptar esto están impidiendo el camino a la paz mundial.

La profecía bíblica y las advertencias de la apostasía en su totalidad se han relegado a un museo. Una religión mundial a favor de la paz se está formando, y dentro de este ambiente, el papa es el hombre que hará esto.

El pensar mundial posmoderno ha secuestrado el verdadero cristianismo bíblico, y ha cambiado Dios en un dios de su propia imaginación. La Palabra de Dios ha sido degradada al nivel de un mito.

El énfasis del crecimiento de la iglesia ha llenado el mundo con amistosas mega-iglesias con propósito, que suprimen lo que ellos consideran el antiguo cristianismo restrictivo. Son iglesias empujadas por el mercado, la auto-gratificación, auto-realización y el entretenimiento.

Dispersadas, despedazadas, golpeadas y recogidas

Casi toda persona en algún momento ha pensado en la muerte. La eternidad es un largo tiempo donde pasar la próxima vida. La Biblia enseña que la paga del pecado es muerte (Romanos 6:23); y sin la salvación, el infierno es nuestro destino. Una persona muere cuando el corazón ya no late y los signos vitales como el pulso, la respiración y la actividad cerebral cesan.

Ahora hay otro asunto significativo: ¿Dónde pasaremos la eternidad, usted y yo? La respuesta es muy sencilla, pero necesitamos hacer una decisión en cuanto a Jesús el Salvador, el Buen Pastor. Cuando alguien acepta el regalo de la vida eterna, esa persona vivirá con El por siempre. Puede ser que usted rechaza quien es El y lo que El hizo a su favor en el Calvario, y escoge otro sistema de creencia, pero sus obras no tienen ningún valor. Jesús es el que sacrificó Su vida por el pecado. Su sangre fue derramada como el sacrificio perfecto. Solamente hay que decidir con la voluntad aceptarle a El y pedir Su perdón. "El es fiel y justo para perdonar nuestros pecados, y limpiarnos de toda maldad" (I Juan 1:9). Entonces, Su Espíritu vivirá dentro de nosotros.

¡Ahora la dificultad! La vida es corta y pasa como el viento. Viene y se va a veces sin darnos cuenta. En algunos casos, amigos y familiares perecen sin previo aviso. Debemos siempre estar preparados antes de sonar la última campana, ya que no hay una segunda oportunidad.

Además, puede haber muchas complicaciones. A veces las personas piensan que han creído cuando en realidad son engañados. Jesús lo mencionó en más de una ocasión. Realmente es posible creer en el nombre del Salvador en forma intelectual sin realmente conocerle a El, y confiar en El como Señor y Salvador. Esto quiere decir que hay gente que piensa que ha creído, pero que en realidad va rumbo al infierno. Entonces, toda persona debe examinar su vida personal con cuidado. Aun personas con cierta reputación espiritual pueden ser engañadas. Esto incluye a pastores, maestros, ancianos y miembros de juntas de iglesias. El cristiano no recibe su posición por voto, sino que es una persona arrepentida y obediente. La Biblia dice que muchos, no pocos, terminarán en el infierno. Y habrá los que piensan que estarán delante de Jesús como su Salvador, cuando en realidad El será su juez, no porque El no sea misericordioso sino porque ellos rehusaron oír el llamado del Buen Pastor.

Siguiendo a los hombres en vez del Buen Pastor

La historia ha revelado muchos patrones comunes a través de los años. Muchas veces, los hombres y las mujeres se dejan influenciar fácilmente. Por eso, la Biblia compara a los humanos con ovejas y a los predicadores con pastores. Por alguna razón desconocida, los humanos fácilmente son engañados. Los hombres y las mujeres que desean tener poder, a menudo recogen en sus rebaños a ovejas débiles, tomando ventaja de ellas.

Mientras que la Biblia enseña que los líderes fuertes tienen que seguir la Biblia, Satanás conoce la debilidad de los humanos y provee engañadores apóstatas. A menudo hay pastores, maestros y evangelistas que son astutos manipuladores, que usan las Escrituras para engañar a las ovejas, haciéndolas pensar que ellos son bíblicos cuando en realidad son nocivos.

Como dice el refrán del poeta Robert Burns, "Los planes más cuidadosos de Ratones y Hombres a menudo salen mal, dejándonos con solo remordimiento y dolor". Sencillamente, seguir a los hombres casi siempre lleva a un fin catastrófico. Saber esto de antemano y entender que la Biblia es verdad, lo mejor es evitar seguir a los hombres, no dejarse dirigir por personas engañadas, y seguir la guía del Espíritu Santo. Un verdadero pastor continuamente guía a su rebaño con la Palabra de Dios y los lleva al único Buen Pastor que puede buscar y salvar. Como Juan el Bautista, está listo menguar para que el Señor crezca. Pero demasiados pastores quieren adueñarse del rebaño, no entendiendo la muy grande responsabilidad de la sagrada encomienda que han recibido.

Es posible que pocos hayan observado el costo de los resultados desastrosos de seguir a pastores falsos. En realidad, ésos son lobos en pieles de corderos. Muchos han causado incalculables daños al manipular rebaños de ovejas que antes eran de la grey. Ahora están dispersas y tristes. Se pueden comparar a barcos sin timón o veleros sin vela. Suben y bajan en las olas del mar, almas errantes que buscan ayuda y consejos.

Recogidas

Muchas ovejas han sido dispersadas, despedazadas y golpeadas. Las ovejas sin pastor están en juego, y hay los que están dispuestos a batallar por la verdad. La Biblia dice que la verdad es la Palabra de Dios (Juan 17:17). ¡Su Palabra!

En estos últimos días del tiempo como lo conocemos, ¿es posible que Dios levante un estandarte? ¿Las piedras derrumbadas y las puertas quemadas se reconstruirán para que el Evangelio pueda avanzar? ¿O es que no hay esperanza y el remanente estará extinguido?

La respuesta bíblica a estas preguntas es sencilla. ¡Dios no se ha olvidado de Su pueblo! Nunca lo había hecho. El es el Creador del universo, el Dios que todo lo sabe y que es omnipresente. El alzará el estandarte y seguirá advirtiendo hasta el Día de Juicio.

El es el Dios de la Salvación. El es el Dios que nos ama. Al leer las páginas de este libro, encontrará algunos hechos difíciles, entonces mantenga presentes estas verdades. Sí, está aumentando la apostasía, tal como pronosticó la Biblia; pero a medida que las tinieblas aumenten, la luz brillará con más fuerza. A la vez que este libro presenta un cuadro de la oscuridad para que la reconozca en su medio, también pinta el cuadro opuesto—Quién es el Buen Pastor, cómo es El, y lo que El ha planeado para Sus ovejas. Ahora El llama: "Levantaos, vamos de aquí" (Juan 14:31).

2

EL BUEN PASTOR

> Yo soy el buen pastor; el buen pastor su vida da por las ovejas. (Juan 10:11)

Este versículo revela el mismo corazón y centro de la fe cristiana. El cristianismo es centrado totalmente en Jesús. Es reconocer quién es El, lo que El ha hecho, aceptarle como nuestro Salvador y Señor, y seguirle. Jesús se refirió a sí mismo como un sencillo pastor quien tiene la responsabilidad de guiar y cuidar "las ovejas de Su rebaño". Esto es algo que todo ser humano, aun un niño, puede entender. También es algo que todo cristiano debe cuidar. Consideremos como Jesús nos ve como ovejas, perdidas y dispersas, necesitadas de un pastor:

> Y al ver las multitudes, tuvo compasión de ellas; porque estaban desamparadas y dispersas como ovejas que no tienen pastor. (Mateo 9:36)

Según Isaías 53:6, todos somos como ovejas propensas a descarriarnos si no fuera por la diligente guía cuidadosa del pastor y su protección:

> Todos nosotros nos descarriamos como ovejas, cada cual se apartó por su camino; mas Jehová cargó en él el pecado de todos nosotros.

De acuerdo con la Biblia, el Buen Pastor que necesitamos es Jesucristo.

EL PERFIL DEL TRABAJO DE UN BUEN PASTOR

El Antiguo Testamento y el Nuevo contienen numerosas referencias a los requisitos para que un líder sea clasificado como un buen pastor. Tiene sentido buscar en las Escrituras esta guía, porque la Biblia es la Palabra inspirada de Dios (II Timoteo 3:16), y debe ser nuestra autoridad final cuando hablamos sobre este tema.

Primero, en Salmos, el autor describe al Buen Pastor como el que va delante del rebaño para guiar a las ovejas. Es un verdadero líder, siempre vigilando su seguridad.

> Condujiste a tu pueblo como ovejas por mano de Moisés y de Aarón. (Salmo 77:20)

> Hizo salir a su pueblo como ovejas, y los llevó por el desierto como un rebaño. Los guió con seguridad, de modo que no tuvieran temor; y el mar cubrió a sus enemigos. (Salmo 78:52-53)

> Oh Pastor de Israel, escucha; Tú que pastoreas como a ovejas a José, que estás entre querubines, resplandece. Despierta tu poder delante de Efraín, de Benjamín y de Manasés, y ven a salvarnos. (Salmo 80:1-2)

En segundo lugar, un buen pastor constantemente sabe dónde están sus ovejas en relación a su propia ubicación, y se preocupa por su bienestar. Siempre las busca cuando se pierden o se atrasan, y hace todo lo posible para volverlos al rebaño.

El Buen Pastor

Porque así ha dicho Jehová el Señor: He aquí yo, yo mismo iré a buscar mis ovejas, y las reconoceré. Como reconoce su rebaño el pastor de día que está en medio de sus ovejas esparcidas, así reconoceré mis ovejas, y las libraré de todos lugares en que fueron esparcidas el día del nublado y de la oscuridad. (Ezequiel 34:11-12)

¿Qué hombre de vosotros, teniendo cien ovejas, si pierde una de ellas, no deja las noventa y nueve en el desierto, y va tras la que se perdió, hasta encontrarla? Y cuando la encuentra, la pone sobre sus hombros gozoso; y al llegar a casa, reúne a sus amigos y vecinos, diciéndoles: Gozaos conmigo, porque he encontrado mi oveja que se había perdido. (Lucas 15:4-6)

Tercero, un buen pastor demuestra ternura hacia los débiles, las que crían y los corderitos. El atiende a los que están enfermos y necesitados de un cuidado especial.

Yo buscaré la perdida, y haré volver al redil la descarriada, vendaré la perniquebrada, y fortaleceré la débil. (Ezequiel 34:16)

Y Jacob le dijo: Mi señor sabe que los niños son tiernos, y que tengo ovejas y vacas paridas; y si las fatigan, en un día morirán todas las ovejas. Pase ahora mi señor delante de su siervo, y yo me iré poco a poco al paso del ganado que va delante de mí, y al paso de los niños, hasta que llegue a mi señor a Seir. (Génesis 33:13-14)

Y [David] los apacentó conforme a la integridad de su corazón, los pastoreó con la pericia de sus manos. (Salmo 78:72)

A la vez que hay muchas otras características de un buen pastor en la Biblia, en particular quiero incluir una más. Un buen pastor vigila sus ovejas y las protege de las fieras y los depredadores como lobos, que comen las ovejas. El buen pastor las protege con una fuerte dedicación y compromiso hasta el punto de dar su vida, como vemos aquí:

> Y David respondió a Saúl: Tu siervo era pastor de las ovejas de su padre; y cuando venía un león, o un oso, y tomaba algún cordero de la manada... Fuese león, fuese oso, tu siervo lo mataba; y este filisteo incircunciso será como uno de ellos, porque ha provocado al ejército del Dios viviente. (I Samuel 17:34,36)

> Yo soy el buen pastor; el buen pastor su vida da por las ovejas. Mas el asalariado, y que no es el pastor, de quien no son propias las ovejas, ve venir al lobo y deja las ovejas y
>
> huye, y el lobo arrebata las ovejas y las dispersa. Así que el asalariado huye, porque es asalariado, y no le importan las ovejas. Yo soy el buen pastor; y conozco mis ovejas, y las mías me conocen, así como el Padre me conoce, y yo conozco al Padre; porque pongo mi vida por las ovejas. (Juan 10:11-15)

En el próximo capítulo, haremos la conexión entre el término, buen pastor; y el bien conocido término, pastor.

A la vez que los cristianos tienen esta conexión y dan este título a los líderes que se paran detrás de los púlpitos, a menudo estos líderes no son fieles a las calificaciones bíblicas. Caminando en la carne (la naturaleza humana) en vez del Espíritu, estos hombres son impulsados por la naturaleza caída del hombre, que busca poder y atención, de modo que corrompen el significado de lo quiere decir pastor. Esto, por supuesto, ha impactado el cristianismo a través de los años; pero durante las últimas décadas, el problema ha aumentado al punto que ya vemos la actual apostasía destrozando iglesias por todas las naciones.

Tratar este tema no es fácil, ni tampoco será aceptado por muchos. Los esfuerzos para informar recibirán una avalancha de oposición. Hoy en día, hay muchos líderes cristianos que creen que son intachables y que no deben ser cuestionados. De hecho, encuentran la corrección bíblica inútil e innecesaria, especialmente cuando ellos van por el camino de la apostasía. Sin embargo, la Biblia dice claramente que Dios toma muy en serio a los que corrompen Su Palabra y hacen extraviar a las ovejas. Para ellos, en el futuro hay consecuencias graves.

La advertencia de Jeremías a los líderes espirituales de sus días es buena lección para nosotros hoy. Consideremos las similitudes de lo que está pasando actualmente:

> Así ha dicho Jehová de los ejércitos: No escuchéis las palabras de los profetas que os profetizan; os alimentan con vanas esperanzas; hablan visión de su propio corazón, no de la boca de Jehová. Dicen atrevidamente a los que me irritan: Jehová dijo: Paz tendréis; y a cualquier que anda tras la obstinación de su corazón, dicen: No vendrá mal sobre vosotros. (Jeremías 23:16-17)

Como en los días de Jeremías, los profetas modernos de hoy hablan de paz y prosperidad. Pero si estuvieran realmente hablando por el Señor, estarían predicando el arrepentimiento del pecado y la fe hacia Dios, como vemos aquí:

> Porque ¿quién estuvo en el secreto de Jehová, y vio, y oyó su palabra? ¿Quién estuvo atento a su palabra, y la oyó? He aquí que la tempestad de Jehová saldrá con furor; y la tempestad que está preparada caerá sobre la cabeza de los malos. No se apartará el furor de Jehová hasta que lo haya hecho, y hasta que haya cumplido los pensamientos de su corazón; en los postreros lo entenderéis cumplidamente. No envié yo aquellos profetas, pero ellos corrían; yo no les hablé, mas ellos profetizaban. Pero si ellos hubieran estado en mi secreto, habrían hecho oír mis palabras a mi pueblo, y lo habrían hecho volver de su mal camino, y de la maldad de sus obras. ¿Soy yo Dios de cerca solamente, dice Jehová, y no Dios desde muy lejos? ¿Se ocultará alguno, dice Jehová, en escondrijos que yo no lo vea? ¿No lleno yo, dice Jehová, el cielo y la tierra? Yo he oído lo que aquellos profetas dijeron, profetizando mentira en mi nombre, diciendo: Soñé, soñé.

> . . ¿No piensan cómo hacen que mi pueblo se olvide de mi nombre con sus sueños que cada uno cuenta a su compañero, al modo que sus padres se olvidaron de mi nombre por Baal? (Jeremías 23:18-25, 27)

El profeta Jeremías concluye este pasaje con una llamada urgente a los pastores de la tierra, de no hablar falsamente sino proclamar la Palabra del Señor. Tenemos un Evangelio poderoso que necesita proclamarse a un mundo cada vez más impío, pero las palabras de paz y prosperidad que oímos sólo son vanidad; pero la Palabra de Dios nunca le volverá vacía:

> El profeta que tuviere un sueño, cuente el sueño; y aquel a quien fuere mi palabra, cuente mi palabra verdadera. ¿Qué tiene que ver la paja con el trigo? dice Jehová. ¿No es mi palabra como fuego, dice Jehová, y como martillo que quebranta la piedra? Por tanto, he aquí que yo estoy contra los profetas, dice Jehová, que hurtan mis palabras cada uno de su más cercano. (Jeremías 23:28-30)

Como tenemos al Buen Pastor a quien seguir—un Pastor que es fiel y verdadero—nuestros pastores y líderes terrenales deben recordar con seriedad que los líderes serán juzgados con más severidad que los demás (Santiago 3:1). Es un llamado que nunca debe tratarse con liviandad.

3

SIGUIENDO A LOS HOMBRES EN VEZ DE DIOS

Tal como hay pastores buenos y pastores malos, también hay ovejas buenas y malas. Las ovejas que se descarrían del rebaño lo hacen porque toman sus propias decisiones. Desafortunadamente, algunas ovejas ponen en sus pastores una confianza total, y no tienen ellos mismos la capacidad o el tiempo para razonar dónde hay peligro.

Como la Biblia compara a los humanos a las ovejas, es provechoso examinar algunas de las características de las ovejas, para entender la naturaleza humana. Esto también dará una luz sobre el comportamiento de los que se clasifican ser cristianos.

En un folleto titulado Ovejas 101: Una guía para principiantes de cómo criar a las ovejas,1 se hace referencia a cuatro características de ovejas:

> **Seguir al líder:** Donde una oveja va, las demás le seguirán, aun en caso de una idea equivocada. El instinto de ovejas para reunirse y seguir es tan fuerte que causó la muerte de 400 ovejas en el oriente de Turquía en el 2006. Las ovejas cayeron y murieron después de que una oveja trató de cruzar una quebrada de 15 metros de profundidad, y las otras del rebaño la siguieron.

Los sentidos de las ovejas: Los sentidos son las herramientas que los animales utilizan para interactuar con su medioambiente. Las ovejas y otros animales tiene los mismos cinco sentidos: la vista, el oído, el olfato, el gusto y el tacto. Como animal de presa, las ovejas necesitan tener sentidos excelentes para poder sobrevivir.

Comportamiento normal de ovejas: Cambios en el comportamiento normal puede ser una temprana señal de enfermedad en las ovejas. El ejemplo más obvio se relaciona con el instinto más natural de la oveja, la de unirse con las demás. Una oveja o un corderito que se aísla del rebaño probablemente demuestra las primeras señales de enfermedad (a menos que esté extraviada). Aún la última oveja en entrar por el portón puede causar sospechas de malestar, especialmente si ella antes era una de las primeras.

Social: La oveja es un animal muy sociable. Cuando pastan, necesitan ver a otras ovejas. De hecho, asegurar que las ovejas siempre puedan tener contacto visual con otras ovejas prevendrá excesiva estrés cuando las mueve o hace otra actividad. Según los expertos en el comportamiento animal, por lo general es necesario tener un grupo de cinco ovejas para que ellas puedan demostrar su comportamiento normal de unirse. Una oveja que es separada del rebaño se agita muchísimo.

Examinar estas cuatro características encontradas en Ovejas 101 provee un vistazo al comportamiento de las ovejas y así también una comparación al comportamiento humano a la luz de la Biblia. Las ovejas tienen una mente decidida y pueden mostrarse tercas y difíciles para guiar. Las ovejas siguen a sus líderes, aunque a veces las lleven a su propia destrucción. A la vez que tienen sentidos que las ayudan a discernir el peligro, no siempre oyen o utilizan estos sentidos dados por Dios, y así peligran sus vidas. Las ovejas que se separan del rebaño pueden demostrar señales de debilidad o aun influir en las otras para seguirles. Porque las ovejas son ovejas, dependen de un pastor confiable que las vigile y les provea cuidado, seguridad y guía.

Permanecer en El

Como Jesús se identificó como el "buen pastor" en Juan 10, El animó a los que Le aceptaron a seguirle muy de cerca; y que se mantuvieran seguros en Su grey por medio del conocimiento de Su Palabra. Consideremos Sus palabras a los creyentes judíos en el capítulo 8 de Juan:

> Dijo entonces Jesús a los judíos que habían creído en él: Si vosotros permanecéis en mi palabra, Seréis verdaderamente mis discípulos; y conoceréis la verdad, y la verdad os hará libres. (Juan 8:31-32)

En el capítulo 15 de Juan, Jesús añadió:

> Permaneced en mí, y yo en vosotros Como el pámpano no puede llevar fruto por sí mismo, si no permanece en la vid, así tampoco vosotros, si no permanecéis en mí... El que en mí no permanece, será echado fuera como pámpano, y se secará; y los recogen, y los echan en el fuego, y arden. (Juan 15:4,6)

Seguir a Jesús, el Buen Pastor, se relaciona directamente con el conocer y creer en Su Palabra. Aunque un porcentaje grande de la población del mundo puede considerarse miembros del cristianismo, no comprenden qué quiere decir permanecer en Su Palabra, creer en El como Señor y Salvador, y seguirle en obediencia. En realidad, son como ovejas sin pastor. Dan vueltas sin rumbo y están en peligro, sin ningún discernimiento, siguiendo a los hombres y sus ideas, dogmas y tradiciones; así se extravían.

Entonces suponen tener una fe bíblica, mientras en realidad, son engañados. El resultado es devastador y un recuerdo sobrio de las consecuencias. ¡Es una lástima que no hubieran puesto su fe únicamente en Cristo, quien pagó completa y totalmente el castigo de nuestros pecados, y Le hubieran permitido ser Señor de sus vidas como el Buen Pastor!

Saber más sobre la identidad del Buen Pastor

Las Escrituras ya han identificado a Jesucristo como el Buen Pastor, pero un estudio más profundo de la Biblia nos ayuda a entender porqué es una decisión muy sabia seguirle, con nuestra mano en Su mano. Pablo, escribiendo a los Colosenses, explicó claramente algunas de las credenciales del Buen Pastor. El dijo:

> . . . el cual nos ha librado de la potestad de las tinieblas, y trasladado al reino de su amado Hijo, en quien tenemos redención por su sangre, el perdón de pecados. El es la imagen del Dios invisible, el primogénito de toda creación. Porque en él fueron creadas todas las cosas, las que hay en los cielos y las que hay en la tierra, visibles e invisibles; sean tronos, sean dominios, sean principados, sean potestades; todo fue creado por medio de él y para él. Y él es antes de todas las cosas, y todas las cosas en él subsisten; y él es la cabeza del cuerpo que es la iglesia, él es el principio, el primogénito de entre los muertos, para que en todo tenga la preeminencia. (Colosenses 1:13-18)

¡Piense en el significado de todo esto! El que hizo todo lo que existe en el universo es nuestro Buen Pastor. El es omnisciente, omnipresente y omnipotente. ¡El es Dios Todopoderoso! Aún más, El es Quien ha provisto el único camino a la salvación. Seguir a otra persona u otra cosa es blasfemia, frente a este hecho. Seguir solo a Jesucristo es de suprema importancia. Cristianos, para calificar como uno de Sus seguidores, tenemos que seguirle a El, y solo a El.

4

LAS ASECHANZAS DEL DIABLO

Vestíos de toda la armadura de Dios, para que podáis estar firmes contra las asechanzas del diablo. (Efesios 6:11)

Todos sabemos que Dios tiene un adversario que odia a Jesucristo y el Evangelio. Satanás tiene un plan para engañar al mundo (Apocalipsis 12:9). Una parte vital de poder entender el cristianismo es darse cuenta de las asechanzas de Satanás y como él engaña al mundo y la iglesia.

Es imposible entender debidamente la Biblia y el cristianismo sin comprender el plan de Satanás para engañar y destruir. Siendo un poderoso ángel creado por Dios, él, por su grande orgullo y ambición, decidió que quería ser como Dios (Isaías 14:12-15). Según la Biblia, una tercera parte de los seres angelicales se rebelaron y le siguieron. El plan era destruir todo lo que Dios había hecho, enfocando la corona de la creación de Dios, la humanidad.

Satanás apareció en el huerto de Edén poco después de la creación e inmediatamente puso su plan en marcha. Convenció a Eva que era un error obedecer a Dios, y que por acción propia, podría ser igual a Dios. Adán también desobedeció al tomar del fruto prohibido, y el resto es historia. El hombre ya no estaba en armonía con su Creador; entró la muerte física, y la maldición ha impactado el planeta tierra hasta el día de hoy.

Pero sabemos que por la gracia y la misericordia de Dios, una manera de tener salvación fue dada, para que los humanos pudieran tener una relación restaurada con Dios. Por supuesto, este es el mensaje del Evangelio encontrado en la Biblia, explicando cómo el Mismo Creador vino a este planeta perdido y vivió una vida perfecta, sin pecado. El Hijo de Dios, Jesucristo, se sacrificó en la Cruz del Calvario. Su sangre fue derramada como sacrifico por los pecados de la humanidad. Después de tres días en la tumba, Jesús resucitó, y vive hoy. El ofrece vida eterna gratuitamente a todos los que se arrepientan de sus pecados, piden perdón, y ponen su fe en El. Ahora, la relación con el Creador puede restablecerse y la vida eterna con El llegar a ser una realidad. También el Espíritu de Dios ahora vive en los corazones de los que Le han aceptado. El Buen Pastor mora en nosotros.

> He aquí, yo estoy a la puerta y llamo; si alguno oye mi voz y abre la puerta, entraré a él, y cenaré con él, y él conmigo.
> (Apocalipsis 3:20)

La agenda de Satanás entre bastidores es engañar al mundo entero. El también engaña a los que han creído y seguido al Buen Pastor. Su objetivo es que los humanos nieguen el mensaje del Evangelio, o que lo tergiversen de alguna manera. La Biblia dice que Satanás es como "león rugiente . . . buscando a quien devorar" (I Pedro 5:8), pero hace mucho de su trabajo con la apariencia de inocencia, disfrazándose "como ángel de luz", con el propósito específico de engañar a inconversos y cristianos por igual (ver II Corintios 11:13-15).

Uno de los objetivos principales de este libro es ayudar al lector a entender el plan de Satanás de engañar al hombre, especialmente en estos últimos días. Siempre ha sido importante seguir a Jesucristo, pero ahora las cosas se están intensificando más que nunca. La agenda de Satanás se está acelerando, porque sabe que su tiempo es corto. Durante las cuatro décadas que he seguido a Cristo, mi experiencia me ha convencido de que son muy pocos los pastores y ovejas que profesan seguir a Jesús que están poniendo atención a las advertencias encontradas en las Escrituras. Más bien, muchos están a gusto con las cosas tal como son; y muchos pastores buscan maneras de estar cómodos y aumentar sus números, sin advertir a las ovejas de la realidad de la dirección de nuestro curso a la luz de la profecía bíblica.

En este libro, estaremos examinando las tendencias más importantes de cómo Satanás está obrando en el mundo (y en la iglesia) hoy en día. En vez de seguir al Buen Pastor y Su Palabra, las ovejas están siguiendo a hombres y mujeres y sus métodos y movimientos. Muy a menudo estos "pastores" son lobos con piel de corderos que buscan elevarse a la posición del Buen Pastor, pero que claramente están llevando a las ovejas por el camino de la destrucción. En vez de ser pastores que protegen y apacientan, estos lobos con piel de corderos están devorando al rebaño. Desafortunadamente, por falta de discernimiento, las ovejas van hacia un empinado precipicio que puede enviarlos a lo profundo del infierno; eso, a la vez que pagan a los pastores en quienes confían, y que las tratan así.

En el pasado, cuando el pueblo de Dios fue llevado por mal camino para seguir a falsos maestros y falsos profetas hasta el punto de adorar a dioses falsos, Dios levantaba atalayas para advertir a la gente de las consecuencias que vendrían. Pero hoy, como en el pasado, los atalayas no siempre son recibidos.

5

EL ATALAYA: VIGILA Y ADVIERTE

El llamado de Jeremías

La Biblia provee una extensa lista de personas que Dios ha utilizado para cumplir Su plan para el planeta tierra. Pocos son más dinámicos en su forma de realizar su llamado que Jeremías, uno de los profetas de quienes leemos en el Antiguo Testamento. El ministerio de Jeremías cubrió alrededor de cuarenta años, hasta poco después de que Judá dejó de ser estado en el 586 A.C.

Al igual que otros profetas que Dios levantó para hablar y advertir sobre la terrible apostasía que impactó a Israel, Jeremías no era popular. De hecho, la tarea de ser profeta de Dios a menudo se caracteriza por la soledad y el desespero. Nadie quiere oír malas noticias de lo que ha sido dado al profeta a proclamar.

Jeremías no tenía otra opción que decir la verdad, que era su llamado. El sabía que era la verdad la que libraría a los pecadores. El también sabía que esconder la verdad resultaría en más destrucción. Jeremías se compadecía de los que eran engañados pero también tenía suficiente amor para hacer saber a los engañados que habría consecuencias al dejar a Dios y servir a otros dioses.

El también entendía que la historia tiende a repetirse. Conocía las ocurrencias del pasado y qué podría ocurrir si los hijos de Israel rehusarían atender a Dios y Su Palabra. El vio como sus semejantes y amigos caían en la misma trampa. En una ocasión, su pasión se demuestra por las palabras que pronunció:

> Y me dijo Jehová: Conspiración se ha hallado entre los varones de Judá, y entre los moradores de Jerusalén. Se han vuelto a las maldades de sus primeros padres, los cuales no quisieron escuchar mis palabras, y se fueron tras dioses ajenos para servirles; la casa de Israel y la casa de Judá invalidaron mi pacto, el cual había yo concertado con sus padres. Por tanto, así ha dicho Jehová: He aquí yo traigo sobre ellos mal del que no podrán salir; y clamarán a mí, y no los oiré. E irán las ciudades de Judá y los moradores de Jerusalén, y clamarán a los dioses a quienes queman ellos incienso, los cuales no los podrán salvar en el tiempo de su mal. (Jeremías 11:9-12)

Los hijos de Israel fueron desobedientes mayormente porque no creían que Dios cumpliría Su Palabra; y su incredulidad los llevó a rebelarse contra Dios (Hebreos 3:17-19). Dios ya les había advertido. Ellos sabían qué les esperaba, si escogían a otros dioses; pero siguieron a esos dioses de todos modos. Además, habían puesto su confianza en el hombre en lugar de Dios. La escritura ya estaba en la pared. El juicio se avecinaba. Jeremías advirtió su pueblo. Los líderes de Israel se mofaban de él y le atacaban personalmente. Pero la Palabra de Dios explica que los dioses que la gente adoraba no podrían evitar que el Señor los juzgara. El pueblo fue llevado cautivo a Babilonia tal como Dios había advertido.

Jeremías era un verdadero profeta. El no podía guardar silencio. Tuvo que hablar. Fue llamado por Dios y delegado ser profeta a las naciones (Jeremías 1:5). Aunque no siempre estaba animado sobre lo que Dios le había encomendado hacer, su llamado le exigió hablar con denuedo, y no temer a quienes fue enviado a advertir.

Además, Jeremías no tenía que desvelar en la noche para idear qué iba a decir a los líderes de Israel (Jeremías 1:9). Su mensaje no era endulzado. Era severo. Era un mensaje de advertencia. El era atalaya en una batalla espiritual (capítulos 1-45). El advirtió que el pecado iba a ser juzgado, y los líderes y sus seguidores que estaban en pecado serían desenmascarados.

De hecho fueron descubiertos, ellos y sus pecados. El pecado se juzgara, escondido o no. Esto es cierto, pasado, presente, y futuro.

El mensaje de Jeremías no era del todo negativo. Tenía también su lado positivo. El fue llamado para edificar y sembrar. Cuando uno siembra, se ha puesto en el campo de la agricultura. Esto significa que las semillas son sembradas en la tierra con la fe de que habrá un cultivo, y al final, una cosecha. Mientras muchos expositores bíblicos son aptos para señalar que Jeremías sobresalía en revelar el pecado y el error, no muchos realmente lo ven como evangelista. Jeremías proclamaba la verdad del Evangelio; era testigo a las naciones también (Jeremías capítulos 46-52).

Guerrero, atalaya y testigo

El llamado de Jeremías está todavía vigente hoy. En otras palabras, Dios todavía levanta atalayas para advertir del juicio que se avecina cuando el pueblo de Dios desobedece voluntariamente. Dios llama a Su pueblo a ser guerreros de la verdad. Esto no quiere decir atacar con espada a los inconversos y engañadores apóstatas. No. Quiere decir que debemos ser la clase de guerreros que utilicen la Palabra como espada.

> Porque la palabra de Dios es viva y eficaz, y más cortante que toda espada de dos filos; y penetra hasta partir el alma y el espíritu, las coyunturas y los tuétanos, y discierne los pensamientos y las intenciones del corazón. (Hebreos 4:12)

Ahora, hay los que insisten que ellos realmente utilizan la Palabra, cuando enseñan la Palabra, pero es obvio que esto no siempre es verdad. A veces la Palabra de Dios se usa en una forma que hace avanzar sus propias creencias falsas con el fin de ganar poder y control.

Un guerrero es alguien que está listo a sacrificar su propia vida por la verdad. Esto es lo que hizo Jesús. Pocos están dispuestos a sacrificar sus vidas hoy en día y arriesgarlas tomando una posición firme a pesar del costo. Pocos están dispuestos a tomar su cruz y seguirle a El. Pero Jesús dijo a Sus discípulos:

> Si alguno quiere venir en pos de mí, niéguese a sí mismo, y tome su cruz, y sígame. (Mateo 16:24)

Ciertamente, esto no quiere decir que la persona que escoge seguir a Cristo a toda costa sea perfecta. Como dice la Biblia, "por cuanto todos pecaron, y están destituidos de la gloria de Dios" (Romanos 3:23). Hay solo Uno que dio Su vida para que pudiéramos tener vida eterna. Solo Uno hay que es digno. Tenemos que siempre mirarle a El y solo a El.

El atalaya es alguien que siempre está preparado a vigilar desde el muro, mirando hacia el horizonte para ver si viene el peligro. A veces, los que deben vigilar se cansan, se envejecen o se duermen. Otros se han desviado a causa de los afanes del mundo o la atracción del dinero, poder y posesiones. Ya no ven el peligro espiritual. Esto es muy trágico. Muchas veces, cuando esto ocurre, Dios sencillamente llama a otros atalayas.

El testigo es alguien que comparte el Evangelio de Jesucristo. Jeremías puso el fundamento para el Evangelio, señalando la Palabra de Dios al pueblo de su tiempo. El Evangelio de Jesucristo está basado en la verdad, que es la Palabra de Dios. Entonces, Jeremías era un verdadero testigo para el Señor.

El atalaya: un mensajero con un mensaje no deseado

El término atalaya describe a una persona llamada al deber de cumplir una tarea específica para la seguridad de otros. Según el Antiguo Testamento, el atalaya era una persona que se posicionaba en una parte del muro que rodeaba la ciudad. El muro funcionaba como una barrera de protección para mantener a los enemigos fuera de la ciudad. Desde este lugar alto, el atalaya podía ver venir un enemigo desde lejos, sonar la trompeta, ordenar cerrar las puertas de la ciudad, y advertir a los de la ciudad que pronto llegaría un ataque.

También, en un contexto bíblico, el atalaya fue llamado por Dios para identificar el peligro espiritual, advirtiendo a la gente lo que se avecinaba si seguía desobedeciendo al Señor. Esto era necesario cuando los líderes espirituales no cumplían su tarea como pastores, sino que al contrario, se habían comprometido con el enemigo, o que habían abrazado sus creencias paganas. Ya no seguían a Dios y las advertencias dadas en Su Palabra.

Vemos repetido este patrón a través de las Escrituras. Por ejemplo, los hijos de Israel recibieron la promesa de las bendiciones de Dios si ellos Le seguían, pero también las advertencias de las serias consecuencias si no. Leemos en Deuteronomio:

> Mira, yo he puesto delante de ti hoy la vida y el bien, la muerte y el mal; porque yo te mando hoy que ames a Jehová tu Dios, que andes en sus caminos, y guardes sus mandamientos, sus estatutos y sus decretos, para que vivas y seas multiplicado, y Jehová tu Dios te bendiga en la tierra a la cual entras para tomar posesión de ella. Más si tu corazón se apartare y no oyeres, y te dejares extraviar, y te inclinares a dioses ajenos y les sirvieres, yo os protesto hoy que de cierto pereceréis; y no prolongaréis vuestros días sobre la tierra adonde vais, pasando el Jordán, para entrar en posesión de ella. (Deuteronomio 30:15-18)

Entonces, las Escrituras explican exactamente lo que pasó. Se rebelaron contra Dios y Lo desafiaron, escogiendo su propios caminos; y al final, siguieron a otros dioses. Leemos en el libro de Jueces:

> Después los hijos de Israel hicieron lo malo ante los ojos de Jehová, y sirvieron a los baales. Dejaron a Jehová el Dios de sus padres, que los había sacado de la tierra de Egipto, y se fueron tras otros dioses, los dioses de los pueblos que estaban en sus alrededores, a los cuales adoraron; y provocaron a ira a Jehová. (Jueces 2:11-12)

Dios utilizó a los profetas que eran atalayas para dar Sus mensajes en forma audible que la gente podía oír. Estos mensajeros, inspirados por Dios, hablaron con claridad, sinceridad, y urgencia. A la vez que los mensajes eran para todos los judíos, los profetas enfocaban a los líderes espirituales que deberían haber guiado a los rebaños y haberlos protegido de la herejía. En la siguiente sección, seguiremos examinando algo del mensaje que fue proclamado y la respuesta que estos atalayas recibieron al ser obedientes al llamado de Dios.

El llamado de los pastores

A la vez que describimos el papel de Jeremías como atalaya, no habíamos mencionado otras porciones de las Escrituras que definen en forma más precisa el mensaje proclamado. En el capítulo cinco de Jeremías, leemos las palabras que Dios le había ordenado proclamar contra los líderes:

> Escalad sus muros y destruid, pero no del todo; quitad las almenas de sus muros, porque no son de Jehová. Porque resueltamente se rebelaron contra mí la casa de Israel y la casa de Judá, dice Jehová. Negaron a Jehová, y dijeron: El no es, y no vendrá mal sobre nosotros, ni veremos espada ni hambre; antes los profetas serán como viento, porque no hay en ellos palabra; así se hará a ellos. (Jeremías 5:10-13)

Continuando en el capítulo cinco, vemos una explicación más completa de los problemas que Jeremías confrontó en el pueblo de Dios. Con la Palabra de Dios saliendo de su boca como fuego, Jeremías declaró:

> No obstante, este pueblo tiene corazón falso y rebelde; se apartaron y se fueron. Y no dijero en su corazón: Temamos ahora a Jehová Dios nuestro, que da lluvia temprana y tardía en su tiempo, y nos guarda los tiempos establecidos de la siega. (versos 23-24)

Como Jeremías ha indicado, el proceder usual de Dios es bendecir a Su pueblo cuando Le sigue, de la misma manera que El envía la lluvia necesaria para el crecimiento de los cultivos, y la retiene en el tiempo de la siega. Pero a causa de nuestras iniquidades, las "buenas cosas son apartadas".

> Vuestras iniquidades han estorbado estas cosas, y vuestros pecados apartaron de vosotros el bien. Porque fueron hallados en mi pueblo impíos; acechaban como quien pone lazos, pusieron trampa para cazar hombres. (versos 25-26)

Aunque los malignos pueden gozar de grandes riquezas y prosperidad por ahora, es un pensamiento sombrío saber que en realidad, esta prosperidad será de corto plazo . . . y después vendrá el juicio:

> Como jaula llena de pájaros, así están sus casas llenas de engaño; así se hicieron grandes y ricos. Se engordaron y se pusieron lustrosos, y sobrepasaron los hechos del malo; no juzgaron la causa, la causa del huérfano; con todo se hicieron próspero, y la causa de los pobres no juzgaron. ¿No castigaré esto? Dice Jehová; ¿y de tal gente no se vengará mi alma? (versos 27-29)

Después, en el capítulo seis, hay otro ruego de la boca de Jeremías, del corazón de Dios:

> Así dijo Jehová: Paraos en los caminos, y mirad, y preguntad por las sendas antiguas, cuál sea el buen camino, y andad por él, y hallaréis descanso para vuestra alma. Mas dijeron: No andaremos. Puse también sobre vosotros atalayas, que dijesen: Escuchad al sonido de la trompeta. Y dijeron ellos: No escucharemos. Por tanto, oíd, naciones, y entended, oh congregación, lo que sucederá. Oye, tierra: He aquí yo traigo mal sobre este pueblo, el fruto de sus pensamientos; porque no escucharon mis palabras, y aborrecieron mi ley. (Jeremías 6:16-19)

Es un pensamiento hermoso saber que Dios quiere bendecir a Su pueblo cuando regresen a caminar los antiguos caminos de fe y obediencia a Él—caminando en dulce comunión con el Señor. Pero el hombre, en su condición caída, echará en tierra las súplicas de Dios.

Podríamos pasar mucho más tiempo escribiendo sobre los atalayas del Antiguo Testamento y sus mensajes indeseables, pero otro ejemplo será suficiente. Ezequiel también era un hombre con mensaje de Dios diseñado para despertar al pueblo de Dios que lo había dejado, a causa de un liderazgo impío o por su propia terquedad y orgullo. Ezequiel recibió su llamado como está escrito en el tercer capítulo de Ezequiel. Leemos:

> Cuando yo dijere al impío: De cierto morirás; y tú no le amonestares ni le hablares, para que el impío sea apercibido de su mal camino a fin de que viva, el impío morirá por su maldad, pero su sangre demandaré de tu mano. (Ezequiel 3:18)

Aunque llenar el papel del atalaya en nuestro día actual no será popular, según la Biblia no hay otra alternativa. A la vez que más y más presión se ejerce sobre los pastores para que se conformen a un cristianismo re-inventado que no utiliza la Palabra infalible de Dios como su fundamento de fe, desde la perspectiva de Dios, nada ha cambiado.

Por todo el mundo, el cristianismo corriente y evangélico va por el camino de dar la bienvenida a una espiritualidad global unificada por la causa de paz. Las advertencias encontradas en el Antiguo y Nuevo Testamento

se han dejado a un lado, y las ovejas siguen eso ciegamente. Si la mayoría de los pastores no están dispuestos a dejar lo que están haciendo y pararse firmes a favor de la verdad, Dios levantará a otros para sonar la alarma. Es verdad que el engaño global de los últimos días no puede prevenirse (porque las Escrituras dicen que va a ocurrir), Dios levantará a un remanente de pastores y creyentes que estarán dispuestos a sonar la alarma, no importa el costo.

EL ATALAYA

Por el pastor escocés Horatio Bonar (1808-1889)

Tu camino, no el mío, Oh Señor, no importa qué tan oscuro sea; Guíame con Tu propia mano, escoge la senda para mí.

Alguien, entonces, tiene que tomar la incómoda tarea de probar y revelar los males de la época; porque no se debe permitir a los hombres jactarse de que todo está bien. Si otros no reprenden, él lo hará.

Si otros esquivan lo vergonzoso de semejante labor, él no lo hará. El ama demasiado a sus semejantes. Ellos lo pueden criticar; pueden llamarlo un misántropo, o profeta de mal; pueden atribuir a sus advertencias los peores motivos, como el orgullo, arrogancia, auto-estima, malicia o envidia; pero él no hará caso de estas insinuaciones injustas.

Prefiere sufrir a ser juzgado mal y ser difamado que permitir a los hombres traer sobre sí una ruina que no ven. Antes de dejarlos perecer, él permitirá que su propio buen nombre sea vituperado. El arriesgará todo, aún el odio de los hermanos, antes de callar la advertencia. Si ellos no hacen caso, él por lo menos ha librado su alma. Si hacen caso, él ha salvado su alma y la de ellos.

El prefiere llevar las buenas nuevas de paz, y contar a los hombres de El que vino por primera vez para recibir vituperio y muerte; y que llegará por segunda vez para gloria y dominio; pero él se siente llamado a pregonar un mensaje especial y personal, que no puede postergarse.

El tiene que recordar que es atalaya; y al ver el peligro que se avecina, no dudar en hacerlo conocer. El tiene que entregar su mensaje de advertencia y represión, sin ahorrar flechas, ni suavizar o esconder ninguna clase de pecado, sino poner su dedo en cada llaga, y rogar a los hombres que se arrepientan de su impiedad. Lo malo le aprieta fuertemente; lo malo que se aproxima sombrea su espíritu, y entonces, él levanta la voz como trompeta.

6

ADVERTENCIAS DEL NUEVO TESTAMENTO

El panorama general que he presentado hasta ahora en este libro, examinando profetas del Antiguo Testamento y los atalayas, demuestra un patrón común. El pueblo de Dios que rehúsa seguir la Palabra de Dios, y en su lugar sigue a hombres y sus ideas, inevitablemente termina siguiendo a Satanás y el reino espiritual caído, a menudo sin darse cuenta de lo que ha pasado. Son impulsados por Satanás, y terminan sirviendo al reino de las tinieblas. Jesús puso en evidencia esta verdad cuando enseñó que no podemos servir a dos señores. El dijo, "Ninguno puede servir a dos señores; porque o aborrecerá al uno y amará al otro, o estimará al uno y menospreciará al otro" (Mateo 6:24).

Entonces el hecho permanece de que como no podemos servir a ambos, terminaremos sirviendo o al uno o al otro. Si no es a Dios, ciertamente será a Satanás.

Dios es misericordioso y paciente, y siempre da a los líderes espirituales y las ovejas una advertencia final antes de enviar el juicio. Mayormente, en estos casos, los pastores y las ovejas hacen caso omiso a este mensaje vital y atacan al mensajero. La apostasía sigue, y la consecuencia es el juicio.

Si eso no se había establecido claramente en la introducción de este libro, las siguientes Escrituras del libro de Jeremías comprobarán una vez más este patrón:

> ¡Ay de los pastores que destruyen y dispersan las ovejas de mi rebaño! Dice Jehová. Por tanto, así ha dicho Jehová Dios de Israel a los pastores que apacientan mi pueblo: Vosotros dispersasteis mis ovejas, y las espantasteis, y no las habéis cuidado. He aquí que yo castigo la maldad de vuestras obras, dice Jehová. (Jeremías 23:1-2)

Se repite la advertencia en el mismo capítulo:

> Así ha dicho Jehová de los ejércitos: No escuchéis las palabras de los profetas que os profetizan; os alimentan con vanas esperanzas; hablan visión de su propio corazón, no de la boca de Jehová. Dicen atrevidamente a los que me irritan: Jehová dijo: Paz tendréis; y a cualquiera que anda tras la obstinación de su corazón, dicen: No vendrá mal sobre vosotros. Porque ¿quién estuvo en el secreto de Jehová, y vio, y oyó su palabra? ¿Quién estuvo atento a su palabra y la oyó? He aquí que la tempestad de Jehová saldrá con furor; y la tempestad que está preparada caerá sobre la cabeza de los malos. No se apartará el furor de Jehová hasta que lo haya hecho, y hasta que haya cumplido los pensamientos de su corazón; en los postreros días lo entenderéis cumplidamente. (Jeremías 23:16-20)

El mensaje enviado para corregir a los pastores, para que cambiaran la dirección de las ovejas y las llevaran de nuevo a la verdad, fue rechazado; y no solo eso, sino que recibió burla. El mensajero fue insultado y atacado. Jeremías comenta en un capítulo anterior el tormento que él ya estaba pasando:

> Y dijeron; Venid y maquinemos contra Jeremías; porque la ley no faltará al sacerdote, ni el consejo al sabio, ni la palabra al profeta. Venid e hirámoslo de lengua, y no atendamos a ninguna de sus palabras. (Jeremías 18:18)

Muchos hoy en día rehúsan estudiar los mensajes dados por profetas del Antiguo Testamento, razonando que sus palabras tienen poca relevancia actualmente. Pero no es así. Toda la Biblia es útil para enseñar doctrina, corregir e instruir en justicia (II Timoteo 3:16). El comportamiento humano visto hoy en día no es diferente al comportamiento humano del pasado. Posiblemente el orgullo pecaminoso del hombre es una de las barreras más

potentes para impedir que los hombres acepten las advertencias de Dios. ¿No es extraño que la oposición que Jeremías encontró es la misma que se usa contra los atalayas de Dios actualmente? La mayoría de las personas piensa que la liviandad de nuestra iglesia apóstata seguirá sin freno. Pero no será así, porque "el juicio comience por la casa de Dios" (I Pedro 4:17).

El Nuevo Testamento contiene las mismas advertencias

El Nuevo Testamento también tiene amplias advertencias de atalayas que fueron inspirados por el Buen Pastor y el Espíritu de Dios; de modo que aun los cristianos que solamente se rigen por el Nuevo Testamento para su instrucción y guía, no tienen excusa para mantenerse ignorantes de nuestros tiempos y lo que se avecina. El problema otra vez es que los líderes que profesan ser pastores no están haciendo su trabajo de recordar a las ovejas seguir al Buen Pastor.

A lo menos no sería algo irrazonable esperar que cada pastor cristiano instruyera a cada miembro de su grey leer y atender cuidadosamente las palabras del Nuevo Testamento, donde Jesús mismo advirtió del plan engañoso de Satanás para el hombre, en los días antes de Su regreso. Cuando Sus discípulos preguntaron sobre las señales antes de Su segunda venida, Jesús respondió enfáticamente:

> Mirad que nadie os engañe. Porque vendrán muchos en mi nombre, diciendo: Yo soy el Cristo; y a muchos engañarán. (Mateo 24:4-5)

El Buen Pastor Llama

Debe llamar la atención el hecho de que la primera señal que Jesús mencionó tenía que ver con el engaño. Segundo, El dijo que "muchos" iban a ser engañados por "muchos". Tercero, el engaño estaría en Su nombre,

el nombre de Jesucristo. ¿Qué más necesitan saber los que dicen ser pastores que siguen al Buen Pastor, para vigilar con diligencia sus rebaños y advertirles? Las otras señales que Jesús dio en Mateo 24 confirman más claramente que los días de los cuales habló Jesús son los mismos en que estamos viviendo ahora mismo.

Finalmente, el hecho de que Jesús utiliza la frase "mirad" indica urgencia y peligro. Un estudio de la palabra "mirad" de la enciclopedia International Standard Bible Encyclopedia indica que Jesús quería que Sus discípulos tomaran muy en serio Su respuesta a su pregunta. Miremos el significado de "mirad" según esta fuente:

> Esta palabra, en el sentido de dar atención cuidadosa ("mirad", "poner cuidado", etc.) representa varias palabras hebreas y griegas: principalmente entre ellas shamar, "mirar"; blepo, "observar", horao, "ver". Es lo opuesto a la irreflexión, poner de lado las Palabras de Dios referente a consejos de sabiduría, cuidado del camino de uno, se inculca constantemente un deber de suprema importancia en la vida moral y espiritual.[1]

Cada persona que dice que es llamada a la posición de pastor en estos días cruciales de la historia tiene una obligación de poner cuidado al mensaje que el Buen Pastor proclamó a Sus propios discípulos. Hay los que argumentan que como Jesús estaba hablando a los judíos, Su mensaje era solamente para los judíos. Las otras señales que Jesús mencionó clarifica el hecho de que el escenario de los últimos días se refería a una perspectiva global. Un estudio de las declaraciones hechas por el apóstol Pablo confirmará que los comentarios de Jesús se deben tomar en forma literal por los que deben representar al Señor, como líderes en la iglesia cristiana de hoy.

Pablo como atalaya

Es imposible leer los escritos del apóstol Pablo que forman la mayor parte de las epístolas del Nuevo Testamento sin darse cuenta que él advirtió sobre el engaño en la iglesia, especialmente en los últimos días. Mientras los escritos de Pablo principalmente definen el Evangelio de Jesucristo y la doctrina bíblica sana que forma la base del cristianismo, casi cada libro que escribió también ayuda a revelar la agenda de Satanás para engañar a la iglesia en los últimos días. Pablo también, bajo la inspiración del Espíritu Santo, ordena que los líderes se mantengan firmes y que suenen la alarma al ver los peligros.

Posiblemente la porción mejor conocida de las Escrituras que resume el engaño de los postreros días en el nombre de Cristo se encuentra en I Timoteo capítulo 4. Estas también son palabras escritas por Pablo, inspirado por el Espíritu Santo:

> Pero el Espíritu dice claramente que en los postreros tiempos algunos apostatarán de la fe, escuchando a espíritus engañadores y a doctrinas de demonios; por la hipocresía de mentirosos que, teniendo cauterizada la conciencia... Si esto enseñas a los hermanos, serás buen ministro de Jesucristo, nutrido con las palabras de la fe y de la buena doctrina que has seguido. (I Timoteo 4:1-2, 6)

En esta porción de las Escrituras, Pablo habla de cómo en los últimos días, se deja la fe en la Palabra de Dios, por qué y cómo la seducción ocurre, y la falsa forma del cristianismo que se levantará. El describe los supuestos líderes que se apartarán como hipócritas sin conciencia. Después explica que un buen pastor que representa a Jesucristo es fundamentado en la Palabra de Dios y tiene una doctrina sana; él estará firme contra esta hipocresía y no callará.

Después, en II Timoteo, Pablo describe el remedio para contrarrestar este tiempo de engaño, cuando el cristianismo llegue a ser apóstata a través de los que antes tenían una fe bíblica pero que ahora se desvían de la verdad. Los cristianos deben predicar la Palabra con convicción, haciendo todo posible para proclamar el verdadero Evangelio mientras todavía hay tiempo. Este Evangelio, puro y no adulterado, debe motivar a cada persona que cree en la Biblia, especialmente a los que están en posiciones de liderazgo y responsables por otros.

> Te encarezco delante de Dios y del Señor Jesucristo, que juzgará a los vivos y a los muertos en su manifestación y en su reino, que prediques la palabra; que instes a tiempo y fuera de tiempo; redarguye, reprende, exhorta con toda paciencia y doctrina. Porque vendrá tiempo cuando no sufrirán la sana doctrina, sino que teniendo comezón de oír, se amontonarán maestros conforme a sus propias concupiscencias, y apartarán de la verdad el oído y se volverán a las fábulas. Pero tú sé sobrio en todo, soporta las aflicciones, haz obra de evangelista, cumple tu ministerio. (II Timoteo 4:1-5)

La perspectiva de Pedro del engaño de los últimos días

Hay muchos que sostienen que las declaraciones bíblicas hechas en el pasado sobre futuros eventos tienen poco o ningún valor. Pedro no concuerda. El dice:

> Tenemos también la palabra profética más segura, a la cual hacéis bien en estar atentos como a una antorcha que alumbra en lugar oscuro, hasta que el día esclarezca y el lucero de la mañana salga en vuestros corazones. (II Pedro 1:19)

La profecía bíblica, para los que prestan atención a lo que Dios ha revelado en Su Palabra, es como una luz que brilla en lugar oscuro. Es cien por ciento cierto. Ningún otro libro puede proclamar eso. Todas las declaraciones en la Biblia que son de naturaleza profética ya se han cumplido, están en el proceso de cumplirse, o se cumplirán en el futuro.

Referente al engaño que el cristianismo encontrará en los últimos días, el apóstol Pedro profetiza:

Advertencias Del Nuevo Testamento

> Pero hubo también falsos profetas entre el pueblo, como habrá entre vosotros falsos maestros, que introducirán encubiertamente herejías destructoras, y aun negarán al Señor que los rescató, atrayendo sobre sí mismos destrucción repentina. Y muchos seguirán sus disoluciones, por causa de los cuales el camino de la verdad será blasfemado, y por avaricia harán mercadería de vosotros con palabras fingidas. Sobre los tales ya de largo tiempo la condenación no se tarda, y su perdición no se duerme. (II Pedro 2:1-3)

Las advertencias de las Escrituras demuestran que el engaño espiritual es la señal más significativa de los últimos días, y que cada pastor debe estar advirtiendo y protegiendo a las ovejas. Sin embargo, como documentamos más adelante en este libro, las tendencias de nuestro día señalan lo contrario. La ignorancia de la Biblia prevalece. Se está reinventando el cristianismo, y las doctrinas de demonios son aceptadas sin ninguna resistencia.

La pregunta que me hacen con más frecuencia al presentar conferencias por todo el mundo, es "¿Dónde puedo ir para encontrar una iglesia en mi área que todavía predique la Biblia?"

El mensaje de Pedro a la iglesia y a los pastores en el pasado sigue siendo el mismo para la hora actual. El exhorta:

> Ruego a los ancianos que están entre vosotros, yo anciano también con ellos, y testigo de los padecimientos de Cristo, que soy también participante de la gloria que será revelada: apacentad la grey de Dios que está entre vosotros, cuidando de ella, no por fuerza, sino voluntariamente; no por ganancia deshonesta, sino con ánimo pronto; no como teniendo señorío sobre los que están a vuestro cuidado, sino siendo ejemplos de la grey. Y cuando aparezca el Príncipe de los pastores, vosotros recibiréis la corona incorruptible de gloria. (I Pedro 5:1-4)

7

OTRAS ADVERTENCIAS DEL NUEVO TESTAMENTO

La historia del cristianismo está repleta de ejemplos que demuestran que las ovejas constantemente se desvían del Buen Pastor por seguir a seres humanos que los hacen descarriarse. Es una de las artimañas más exitosas de Satanás. Si las ovejas pueden creer que están siendo guiadas en vez de llevadas al mercado a su muerte, la meta de Satanás se ha cumplido.

Es obvio que la iglesia primitiva estaba advertida sobre este hecho por Pablo, ya que el robo de ovejas ya ocurría. La única manera para estar seguro que conocemos al Jesús de la Biblia y que estamos siguiendo al Buen Pastor es conocer la Palabra de Dios. Pablo, al escribir a los Corintios, les explicó como Satanás había infiltrado en su medio a través de falsos maestros y doctrina falsa. Escribió:

> Pero temo que como la serpiente con su astucia engañó a Eva, vuestros sentidos sean de alguna manera extraviados de la sincera fidelidad a Cristo. Porque si viene alguno predicando a otrJesús que el que os hemos predicado, o si recibís otro espíritu que el que habéis recibido, u otro

Otras Advertencias Del Nuevo Testamento

Evangelio que el que habéis aceptado, bien lo toleráis. (II Corintios 11:3-4)

Tal como Eva había sido engañada por la serpiente, la iglesia también había sido engañada. Habían sido guiados por falsos maestros a otro Jesús, a través de "otro Jesús", "otro espíritu" y "otro evangelio" (II Corintios 11:4).

A pesar de estas claras advertencias, las Escrituras nos dice que muchos serán engañados para creer en "otro Jesús". Estas personas estaban convencidas que conocían al Jesús de la Biblia, pero en realidad habían sido seducidas por Satanás. En las mismas palabras de Jesús:

> No todo el que me dice: Señor, Señor, entrará en el reino de los cielos, sino el que hace la voluntad de mi Padre que está en los cielos. Muchos me dirán en aquel día: Señor, Señor, ¿no profetizamos en tu nombre, y en tu nombre echamos fuera demonios, y en tu nombre hicimos muchos milagros? Y entonces les declararé: Nunca os conocí; apartaos de mí, hacedores de maldad. (Mateo 7:21-23)

El hecho de que Jesús nunca los conoció quiere decir que ellos nunca Le conocieron a El. Esto sugiere claramente que las personas pueden ser engañadas y pasar la eternidad en el infierno porque escogieron mal y creyeron en "otro Jesús".

Considere porqué Pablo advirtió a los gálatas y a los corintios sobre este mismo peligro. Ellos habían creído en el Jesús de la Biblia, pero con una condición. Habían aceptado al Jesús bíblico pero añadieron otro requisito para la salvación. En lugar de solamente Jesús, era Jesús mas obras.

Pablo no dudó en hablar la verdad con denuedo. Su represión fue severa:

> ¡Oh gálatas insensatos! ¿quién os fascinó para no obedecer a la verdad, a vosotros ante cuyos ojos Jesucristo fue ya presentado claramente entre vosotros como crucificado? (Gálatas 3:1)

Es importante, entonces, armarnos con un arsenal bíblico que nos ayude a discernir quiénes son los impostores disfrazados que actuan en el nombre de Jesús. En II Corintios capítulo once, Pablo nos da lo único que necesitamos para detectar a un falso. El dijo: "Porque si viene alguno predicando a otro Jesús que el que os hemos predicado . . . " (verso 4). Cualquier Jesús que no es el Jesús de acuerdo con las Escrituras no es el Jesús de las Escrituras.

¿Es posible creer en el Jesús de la tradición bíblica, Quien murió en la cruz y derramó Su sangre por nuestros pecados, pero a la vez añadir otro requisito o algo que anula el mismo Evangelio? Según las Escrituras, ¡es muy posible!

Algunos hombres han entrado encubiertamente

Judas fue llamado por Dios para enviar un mensaje a la iglesia. Es evidente que estaba advirtiendo a la iglesia, porque el evangelio sencillo de Jesucristo estaba siendo comprometido. Aparentemente "algunos hombres (habían) entrado" y causado mucha preocupación. El empieza haciendo una declaración enfática:

> Amados, por la gran solicitud que tenía de escribiros acerca de nuestra común salvación, me ha sido necesario escribiros exhortándoos que *contendáis ardientemente por la fe* que ha sido una vez dada a los santos. (Judas 1:3, énfasis Oakland)

¿Por qué ardientemente? El explica:

> Porque algunos hombres han entrado encubiertamente, los que antes habían sido destinados para esta condenación, hombres impíos, que convierten en libertinaje la gracia de nuestro Dios, y niegan al Dios el único soberano, y a nuestro Señor Jesucristo. (Judas 1:4)

La palabra ardientemente quiere decir "ardiente al proseguir un objeto; deseoso de obtener; tener un deseo poderoso; fuertemente

Otras Advertencias Del Nuevo Testamento

enfocado o instigado".1 Nos tenemos que preguntar ¿somos ardientes al proseguir, y tenemos un deseo fuerte de contender por la fe?

Ahora, imagínese que es miembro de una iglesia que ha recibido una carta de Judas. El es medio hermano de Jesucristo. Su mensaje debe haber tenido cierto peso de importancia. Su carta empieza diciendo que, aunque pensaba escribirles sobre la maravillosa salvación obtenida por la obra terminada en la cruz, había cambiado de pensar. En su lugar, sintió la necesidad de tratar con un problema mayor que había surgido.

Aparentemente "algunos hombres" (habían) "entrado encubiertamente" y habían llegado a ser enemigos de la sencillez del Evangelio. En vez de ser mensajeros del Evangelio, estos impostores habían llegado a ser engañadores encubiertos que necesitaban ser desenmascarados antes que los seguidores más crédulos de Jesús fueran extraviados. Lo que había pasado era la misma cosa que Pablo había advertido a la iglesia de Corinto, cuando les escribió sobre su preocupación en cuanto a ellos recibir a "otro Jesús", "otro espíritu" y "otro evangelio" (II Corintios 11:3-4).

Pablo ya había advertido a la iglesia de Corinto sobre uno de los planes exitosos de Satanás para engañar a los hermanos. Además, en el libro de Hechos, Pablo proféticamente advirtió lo que iba a pasar después de su salida del escenario. Escribió:

> Porque yo sé que después de mi partida entrarán en medio de vosotros lobos rapaces, que no perdonarán al rebaño. Y de vosotros mismos se levantarán hombres que hablen cosas perversas para arrastrar tras sí a los discípulos. (Hechos 20:29-30)

Pablo vio claramente el plan de Satanás, y advirtió sobre lo que vendría. Judas vio lo que estaba pasando en su día. Además, estas advertencias incluidas en la Palabra inspirada de Dios son eternas y para la iglesia de hoy.

¿Cómo escribirían Pablo y Judas a la iglesia actual, si vivieran aquí ahora? Su mensaje cambiaría de algún modo? Basada en las tendencias actuales que diluyen el Evangelio de Jesús y lo hace un evangelio psicológico social humanista y egoísta, ¡definitivamente que no!

¡Dejemos que estas mismas advertencias nos despierten hoy mismo!

8

LA REFORMA Y LA CONTRARREFORMA

Un estudio de la historia de la iglesia revela que el plan de la serpiente para infiltrar el cristianismo ha sido implacable a través de los siglos. Este plan sigue actualmente y se acelera con la apostasía pronosticada en la Biblia. Más adelante en este libro, documentaremos cómo la novia falsa (la que la Biblia llama la gran ramera) reúne una mezcla del "cristianismo" apóstata con las religiones del mundo para establecer un plan de paz. Este plan de paz, a su vez, establecerá una religión mundial en el nombre de Cristo para adelantar la causa de paz. Lo que pasa ahora en los sectores políticos, económicos y religiosos es un desarrollo gradual de este plan que cogerá más velocidad e ímpetu al aproximarse la llegada del Anticristo.

Aunque es imposible tener un estudio completo de la historia de la iglesia en un solo capítulo, he escogido un período de tiempo que nos ayudará a comprender un número de principios que buscamos clarificar. A la vez que el cristianismo puede distorsionarse y separarse del fundamento de la Biblia hasta el punto de no poderlo reconocer como cristianismo bíblico, Dios siempre llama a los que oyen Su voz a separarse. Como Jesús dijo: "Mis ovejas oyen mi voz, y yo las conozco, y me siguen" (Juan 10:27).

La Reforma y La Contrareforma

A través de la historia de la iglesia, los llamados aparte forman un remanente. Oír la voz del Buen Pastor en medio de un cristianismo que se ha desviado, y después hablar contra este engaño siempre recibe oposición, hostilidad y hasta la muerte. Por supuesto, se sabe que esto es algo que vendrá según la batalla descrita en la Biblia entre el bien y el mal, Dios y Satanás.

El área de la historia de la iglesia que comentaremos en este capítulo es un tiempo conocido como la Reforma, cuando los reformadores se separaron de la Iglesia Católica Romana en el intento de restablecer lo que creían ser un cristianismo basado sobre la Biblia. Entonces, los reformadores y sus seguidores enfrentaron lo que fue llamada la contrarreforma (según Roma), y fueron perseguidos. En muchos casos, fueron torturados o muertos porque rehusaron someterse a las enseñanzas papales, tales como las que decían que Jesús se encontraba en la hostia (el Eucaristía); y ellos no juraban su lealtad a Roma o al papa. La razón que hace necesario incluir esta parte de la historia de la iglesia en este libro es porque muchos cristianos hoy en día han olvidado de la Reforma y la contrarreforma, o no entienden las implicaciones de lo que pasó allí, o que nunca han oído de este período de tiempo.

También es importante señalar que los que dirigieron la Reforma no eran individuos infalibles. Ellos se afligieron porque el cristianismo se había apartado de las Escrituras, y desearon hacer correcciones. Pero algunas de sus correcciones no se basaban en la Biblia. Es trágico que hoy en día muchas ovejas siguen a esos hombres (hasta el punto de tomar sus nombres) y sus ideas más que seguir al Señor Jesucristo y Su Palabra. Aunque se hizo una corrección en el curso del cristianismo, las correcciones muchas veces no alcanzaban la meta; o en algunos casos, se desviaban totalmente de la verdad bíblica. En otros casos, algunos reformadores no quisieron salir de la Iglesia Católica sino que desearon cambiar algunas cosas pero dejar otras intactas, que realmente también eran perjudiciales. De todos modos, muchos de estos hombres y mujeres sufrieron grandemente por sus esfuerzos de defender la verdad.

Es esencial examinar y entender el pasado, porque muchos de los que actualmente profesan ser cristianos están siendo llevados por el mismo camino del pasado, como si estuvieran buscando redescubrir la rueda;

y no entienden que la Biblia fue escrita para evitar que volteemos sin rumbo en las mareas de la vida.

Como los reformadores descubrieron, contender por la fe no es un camino fácil. Mi oración es que estos creyentes de hoy que realmente contienden por la fe y buscan advertir a los engañados, lo puedan hacer con amor.

Contender no es ser contencioso. Mas bien, contender debe significar compartir la verdad en amor con los engañados.

Una reseña breve de la Reforma

Una fuente describe la Reforma de esta manera:

> La Reforma protestante era el trastorno religioso, político, intelectual y cultural que fragmentó la Europa católica, estableciendo estructuras y creencias que iban a definir el continente hasta la época actual. En Europa norte y central, reformadores como Martín Lutero, Juan Calvin y Enrique VIII desafiaron la autoridad papal, y cuestionaron la habilidad de la Iglesia Católica para definir la práctica del cristianismo. Argumentaron a favor de redistribuir el poder religioso y político en las manos de pastores y príncipes que leían la Biblia y folletos. Esta interrupción desencadenó guerras, persecuciones y la llamada Contrarreforma, la respuesta tardía pero fuerte, de la Iglesia Católica a los protestantes.[1]

Más información del mismo documento sugiere que la meta de los reformadores fue guiar a la gente a apartarse de un sistema humano de poder y control (que supuestamente había representado a Cristo) y seguir solo a Cristo y Su Palabra. Leemos:

> Los historiadores, de costumbre, fechan el principio de la Reforma protestante desde la publicación en 1517 de las "95 tesis" de Martín Lutero. Su fin puede fecharse entre la firma de la Paz de Augsburgo en 1555 que proveía la coexistencia del catolicismo y el luteranismo en Alemania, hasta el Tratado de Westfalia en 1648, que puso fin a la Guerra de Treinta

Años. Las ideas claves de la Reforma—un llamado a purificar a la iglesia y la creencia que la Biblia, y no la tradición, debía ser la única fuente de autoridad espiritual—no eran en sí ideas nuevas. Sin embargo, Lutero y otros reformadores llegaron a ser los primeros en utilizar fuertemente el poder de la prensa para dar a sus ideas una amplia audiencia.[2]

La aportación más significativa de la Reforma fue su clarificación y reconocimiento del verdadero Evangelio de la justificación (salvación) por gracia solamente, por medio de la fe en Cristo únicamente, no salvación por obras; esta verdad fundamental se proliferó cuando la Palabra de Dios (la Biblia) llegó al alcance de la gente común. Podemos aún agradecer a eventos menos conocidos, como el invento de la máquina para imprimir alrededor de 1440, por Johannes Gutenberg y los esfuerzos de traductores de la Biblia, que hizo esto posible. Mientras tanto, muchas otras tradiciones y dogmas no-bíblicos que cambiaron el cristianismo bíblico por creencias anti- cristianas, fueron implementados para controlar a las ovejas. Algunos de estos eran:

- La venta de indulgencias
- Las "puertas santas" abiertas en el jubileo católico romano Para el perdón
- El purgatorio
- La transubstanciación
- Oración a "santos" muertos
- El Jesús Eucarístico
- El enfoque en María con madre de Dios
- La adoración eucarística
- El rosario y oraciones repetitivas
- Oficio de papa y la infalibilidad del papa a María

A la vez que había muchos líderes diferentes de la Reforma en varios países, solamente vamos a referirnos a unos pocos.

Alemania y los luteranos

Martín Lutero (1483-1546) era fraile agustino y profesor universitario en Wittenberg cuando compuso sus "95 tesis", que protestaron la venta papal de indulgencias a cambio de penitencias. Después que Lutero leyó y entendió Romanos 1:17, que dice "Porque en el evangelio la justicia de Dios se revela por fe y para fe, como está escrito: Mas el justo por la fe vivirá", la vida espiritual de Lutero cambió radicalmente. El llegó a entender que no estaba bajo el constante peso de condenación, sino que por medio de Cristo, había encontrado la justicia que viene solo por la fe. Este entendimiento ayudó a empezar la Reforma.

Aunque Lutero había esperado fomentar una renovación desde dentro de la Iglesia Católica, en 1521 lo llamaron frente al Concilio de Worms y lo excomulgaron. Protegido por Federico el Sabio, Lutero tradujo la Biblia a alemán, y siguió produciendo folletos en su idioma. Cuando los campesinos alemanes, inspirados en parte por el poderoso folleto de Lutero "el sacerdocio de todos los creyentes" se rebelaron en 1524, Lutero tomó el lado de los príncipes alemanes. Al final de la Reforma, la religión luterana había llegado a ser la aceptada a través de gran parte de Alemania, Escandinavia y los países bálticos.[3]

Desafortunadamente, más adelante Lutero se volvió en contra de los judíos, siendo desanimado al ver que ellos no se convertían. Es trágico que Adolfo Hitler utilizó los sentimientos anti-judíos de Lutero para ayudar a convencer al pueblo alemán a volverse contra los judíos.[4]

En cuanto a la contribución de Lutero, cuando descubrió que la esencia del Evangelio es la justificación por medio de fe y no de obras, no podemos subestimar su importancia; y realmente él sufrió persecución por sus esfuerzos a favor de reforma.

Suiza y el calvinismo

La Reforma suiza empezó en 1519 con los mensajes de Ulrich Zwingli, cuyas enseñanzas mayormente eran paralelas a las de Lutero. En

La Reforma y La Contrareforma

1541, Juan Calvino, protestante francés quien había pasado la década anterior en el exilio escribiendo sus Institutos de la Religión Cristiana, fue invitado a vivir en Geneva y poner en práctica su doctrina de reforma. Ésta enfatizaba un punto de vista extremo de la soberanía de Dios y la predestinación de la humanidad, donde el hombre no tenía control sobre su fin ni tampoco el libre albedrío para escoger o rechazar a Cristo, ya que estas cosas eran predestinadas. Estas enseñanzas han traído mucha confusión a cristianos durante los siglos, ya que la doctrina de Calvino contradice el mensaje del Evangelio que "todo aquel que en él cree, no se pierda, mas tenga vida eterna" (Juan 3:16), también este versículo del libro de Apocalipsis:

> Y el Espíritu y la Esposa dicen: Ven. Y el que oye, diga: Ven. Y el que tiene sed, venga; y el que quiera, tome del agua de la vida gratuitamente. (Apocalipsis 22:17)

El resultado del trabajo de Calvino era un régimen de austera moralidad exigida. La Geneva de Calvino llegó a ser un hervidero de protestantes exiliados; y sus doctrinas pronto se extendieron a Escocia, Francia, Transilvania y Holanda, donde el calvinismo holandés se hizo una fuerza religiosa y económica durante los siguientes 400 años.[5]

Igual a Lutero, Calvino era falible; y también causó mucho sufrimiento humano. Este hecho es documentado en los escritos de Bernard Cottret, un profesor universitario que admiraba mucho a Calvino, y cuyo libro (publicado por Eerdman) pretendía proveer un cuadro favorable de Calvino, pero que, sin embargo, describe más de 38 ejecuciones atribuidas a Calvino.

> El (Cottret) documenta las fechas de cada uno de los hechos despreciables de Juan Calvino y demuestra que los métodos de Calvino incluyeron encarcelamientos, tortura, y ejecuciones por decapitaciones y muertes en la hoguera.[6]

Michael Servetus era científico y teólogo que nació en 1511. Calvino había dado a Servetus una copia de sus escritos, esperando admiración y una crítica favorable. Cuando Servetus le regresó a Calvino sus escritos, con apuntes y comentarios en los márgenes de las páginas, Calvino se puso furioso. El 27 octubre 1553, a la edad de 42 años, Servetus murió en la hoguera. Para añadir a su agonía, Calvino mandó a que el mismo libro teológico de Servetus fuera atado a su pecho, de modo que sus llamas subían a su cara. Puede ser que las doctrinas de Michael Servetus no eran totalmente bíblicas, pero la tortura y ejecución de este hombre por Calvino es inexcusable.[7]

Otro problema con el calvinismo es que no ofrece ninguna seguridad de salvación. La razón es que mientras la Biblia declara que "todo aquel" puede venir, el entendimiento de Calvino de la "predestinación" era tan arrollador que llegó a ser "otro evangelio", donde la persona se salva solo si Dios ya previamente ha decidido salvarle; entonces, recibir el Evangelio según las Escrituras es a la vez imposible y de ninguna ayuda para la persona predestinada para el infierno. Vale mencionar que en su último testamento, Calvino escribió una plegaria a Dios de salvarle, si El pudiera encontrarlo en Su voluntad hacerlo.[8] Esto es totalmente contrario a las Escrituras, que nos prometan la seguridad de la salvación:

> El que cree en el Hijo tiene vida eterna; pero el que rehúsa creer en el Hijo no verá la vida, sino que la ira de Dios está sobre él. (Juan 3:36)

> Estas cosas os he escrito a vosotros que creéis en el nombre del Hijo de Dios, para que sepáis que tenéis vida eterna, y para que creáis en el nombre del Hijo de Dios. (I Juan 5:13)

Inglaterra y el "camino medio"

La historia del cristianismo en Inglaterra fue marcada con contrastes extremos, a menudo ocurriendo simultáneamente, con el bien y el mal existiendo juntos, y donde ninguno pudo erradicar al otro. El Rey Enrique VIII tenía una vida personal muy cuestionada; y en el transcurso de eventos, rompió con Roma, fundó la iglesia de Inglaterra, e hizo posible que la gente común pudiera tener acceso a la Biblia. Aquí hay un breve resumen histórico de este tiempo turbulento en la historia de Inglaterra.

La Reforma y La Contrareforma

En Inglaterra, la Reforma empezó con la búsqueda de Enrique VIII de un heredero masculino. Cuando el papa Clemente VII rehusó anular el matrimonio de Enrique con Caterine de Argon para que él pudiera volverse a casar, el rey inglés declaró en 1534 que él solo sería la autoridad final en asuntos relacionados con la iglesia inglesa. Enrique disolvió los monasterios para confiscar sus bienes y trabajó para poner la Biblia en las manos de la gente. Empezando en 1536, cada parroquia tenía que tener una copia.

Después de la muerte de Enrique, Inglaterra se inclinó hacia el protestantismo calvinista durante el reino de seis años de Eduardo VI, después soportó cinco años de catolicismo reaccionario bajo María I. En 1559, Elizabeth I tomó el trono, y durante su reino de 44 años, estableció la Iglesia de Inglaterra como un "camino medio" entre el calvinismo y el catolicismo, con la adoración en lengua vernácula y un revisado Libro de Oración Común.[9]

Sin duda, una reforma era una necesidad. Y los reformadores pagaron un precio alto, algunos hasta con sus vidas, para ayudar a forjar un camino separado de las herejías de la Iglesia Católica Romana, hacia una doctrina totalmente bíblica. Aunque sus papeles en esto eran significativos, sin embargo, eran solo hombres y mujeres falibles, que fueron utilizados por Dios, o en algunos casos, por el adversario. No debieron haber sido puestos en pedestales espirituales y estimados tan altamente que, siglos más tarde, cuando un cristiano cuestionara sus escritos, él recibiera una fuerte crítica por muchos académicos cristianos actuales.

La contrarreforma

Entender algo de la historia detrás de Ignacio Loyola, el fundador de los jesuitas y la agenda jesuita de volver los "hermanos separados" a la "Madre de Todas las Iglesias", revela uno de los períodos más oscuros de la historia de la iglesia. Incontables números (algunos calculan decenas de miles, otros en decenas de millones) de cristianos, judíos y otros no católicos, fueron torturados y ejecutados por rehusar someterse al papa, rehusar aceptar que Jesucristo estuviera presente en la Eucaristía, o sencillamente por rehusar ser católico.

Entonces, en este punto, sugiero a nuestros lectores que lean o vuelvan a leer una copia del Libro de Foxe de los mártires. Esto dará un repaso excelente del sufrimiento y tortura impuestos sobre los creyentes en la Biblia durante el período de la Reforma y contrarreforma por la jerarquía católica romana. Para los que no pueden leer este libro, proveeremos un ejemplo, citando una fuente que explica quiénes eran los hugonotes y la persecución que sufrieron por querer seguir al Buen Pastor.

Los hugonotes eran protestantes franceses. La influencia de la Reforma llegó a Francia a principios del siglo dieciséis y formaba parte del fomento religioso y político de la época. Rápidamente fue recibido por los miembros de la nobleza, el elite intelectual y profesionales en el comercio, medicina

y artesanías. Era un movimiento respetado que involucraba a las personas más responsables y preparadas de Francia. Representaba su deseo para más libertad religiosa y política.

Sin embargo, noventa por ciento de Francia era católica romana, y la Iglesia Católica estaba resuelta a seguir siendo el poder controlador. Los hugonotes alternaban entre recibir alto favor o persecución exorbitante. Inevitablemente había enfrentamientos entre católico romanos y hugonotes, y en muchos casos, el resultado fue un derramamiento de sangre.

Miles de hugonotes estaban en Paris . . . el 24 agosto 1572. En ese día, soldados y turbas organizadas atacaron a los hugonotes, y miles fueron masacrados . . .

El 13 abril 1598, el recién coronado Enrique IV promulgó el Edicto de Nantes, que garantizó a los Hugonotes tolerancia y libertad para adorar a su manera. Por un tiempo, a lo menos, había más libertad para los hugonotes. Sin embargo, unos cien años más tarde, el 18 octubre 1685, Luis XIV revocó el

Edicto de Nantes. La práctica de religión "hereje" se prohibió. Los hugonotes fueron ordenados a renunciar a su fe y unirse a la Iglesia Católica. Se les negó la salida de Francia bajo pena de muerte. Y Luis XIV contrató a 300.000 tropas para perseguir a los herejes y confiscar sus propiedades.[10]

Nada nuevo hay debajo del sol

Este breve estudio de la Reforma y la contrarreforma abre una ventana al pasado que ha sido olvidado o ignorado. Sabemos que la mayoría de los católicos hoy en día estaría completamente en contra de la tortura de la gente o la muerte en la hoguera; a la vez que no es nuestra meta abrir de nuevo antiguas heridas o ser tachados de "odiar a los católicos", es importante entender el pasado desde punto de vista bíblico, esperando que eso no vuelva a pasar.

Desafortunadamente, algo está pasando en la iglesia protestante hoy en día que habría causado sorpresa y rechazo en los creyentes de los tiempos pasados, que sufrieron muertes horrorosas porque no doblaron la rodilla ante la Iglesia Católica. Muchos de los protestantes actuales, que anteriormente habían reconocido que la Reforma era necesaria, ahora proclaman que la Reforma ya no tiene relevancia; y que el protestantismo y el catolicismo necesitan verse como una sola iglesia. A la vez que los mismos dogmas anti-bíblicos, tradiciones e ideas se enseñan por la Iglesia Católica (y que son llamados inofensivos por líderes protestantes), los mártires de la Reforma son considerados como fanáticos anti-ecuménicos que padecieron tremendos sufrimientos y la muerte por lo que ya se juzga como de poca importancia e innecesario.

La iglesia que antes había confiado en la Palabra de Dios ahora sigue a hombres que han comprometido la verdad o que la ignoran totalmente. Se está repitiendo la historia de la iglesia, posiblemente ya por última vez; y muchos se duermen o quieren ignorarla.

La historia se repite, y el engaño de los últimos días ya nos llegó. Muchos cristianos que intentan mantener una integridad bíblica y que rehúsan "ir con la corriente" de la locura de la mega-iglesia, no pueden encontrar una iglesia donde no se ha comprometido la fe. Las denominaciones y asociaciones que antes andaban bien ya se han descarrilado.

El Buen Pastor Llama

Si hemos atendido a las advertencias e instrucciones de las Escrituras, este ataque contra la fe bíblica es algo que se anticipa. Como los que estaban listos a decir la verdad en el pasado y sufrir las consecuencias, el Buen Pastor llama a los que están dispuestos hoy a tomar esta misma posición.

9

CUANDO EL CRISTIANISMO LLEGUE A SER SECTA

El tiempo ha llegado para tratar algunos de los principales ataques, supuestamente en nombre del cristianismo, contra la doctrina bíblica. En lugar de confiar en la Palabra de Dios, las personas confían en ideas de hombres inspiradas por Satanás. Pastores que ocupan el rol de pastor están llevando a las ovejas por el camino ancho al infierno, y no por el camino angosto que lleva a la eternidad con Jesús.

> . . . porque ancha es la puerta, y espacioso el camino que lleva a la perdición, y muchos son los que entran por ella; porque estrecha es la puerta, y angosto el camino que lleva a la vida, y pocos son los que la hallan. (Mateo 7:13-14)

Si Jesús dijo que El es el Buen Pastor, y que hemos de seguirle, ¿por qué tantos buscan a hombres y sus enseñanzas falsas? ¿Ha distorsionado astutamente Satanás el verdadero significado de la fe cristiana?

La mentalidad de secta se forma cuando los humanos siguen un liderazgo humano. A menudo proclamando ser inspirados divinamente, los líderes de sectas, como herramienta de engaño, mezclan la verdad bíblica con mentiras.

Lo que permite que un maestro falso tenga éxito es el hecho de que los seguidores no pueden discernir entre la verdad y el error. Los maestros falsos eficaces obran bajo el principio de que la gente es ingenua y atraída por promesas atractivas. Al examinar sus enseñanzas a la luz de las Escrituras, son expuestos. En muchos de estos casos, se les prohíbe a las personas la Biblia o se les dice que solo los escogidos u ordenados por los líderes de la secta son capaces de interpretar la verdad.

Las características de una secta

El investigador y autor Mike Oppenheimer, del ministerio Let Us Reason Ministries, provee algunas ideas importantes para poder reconocer si alguien está involucrado en una secta. Son preguntas que pueden ayudarnos a identificar si estamos en semejante situación. Aunque no todas las sectas necesariamente demuestran estas características, las preguntas son útiles para entender los movimientos torcidos que abrazan ideas anti-bíblicas y abusivas, creencias peligrosas a la fe cristiana y a la vida personal. A continuación algunas de las preguntas que presenta Oppenheimer. Cuántas más preguntas se conteste "sí", lo más probable es que usted o un ser querido puede estar involucrado en una secta o grupo afín.

- ¿Le dicen no cuestionar lo que se enseña porque los líderes dicen ser honestos y quieren lo mejor para usted, entonces hay que confiar en ellos?

- ¿Alguien ha impuesto sus propias decisiones en su vida?

- ¿Le dicen no preguntar por qué alguien se fue? ¿Tiene que aceptar las respuestas que los líderes le dan, tales como: ellos pecaron, no recibieron corrección, no estaban abiertos, o que tenían corazón malo y no querían ser discípulos?

- ¿Se le dice que necesita pertenecer a esa iglesia en particular, o a ese grupo, para poder ser salvo o llegar al Cielo?

- ¿Si quiere salir, se le dice que ninguna otra iglesia practica la verdad, y si usted sale, irá al infierno?

- ¿Se le hace sentir que es un fracaso, o que su rendimiento no está al nivel del estándar del grupo?

- ¿Desprecian ellos a otros para verse mejor, llamándose justos y a otros injustos?

- ¿Ellos no le permiten leer algo negativo sobre ellos mismos, o le recomiendan que no lo lea para su propia protección espiritual?

- ¿Defienden ellos todo lo que hacen, aun cuando puede causar daño o es inmoral?

- ¿Operan bajo una humildad fingida, son arrogantes y le exigen obedecer si usted piensa de otra manera? ¿O lo manipulan sutilmente, haciendo que usted obedezca a través de frases como "verdaderos cristianos obedecen a sus líderes" o "si siguiera a Jesús, vería que lo que digo es la verdad". Muchas veces, los líderes de sectas dicen "Los verdaderos discípulos no cuestionan a Jesús".[1]

PONER CUIDADO A LO SIGUIENTE

- La gente le dice qué tan talentoso es y que podrá llegar bien lejos (la adulación es muy eficaz en sectas)

- Cuando les preguntan sobre su propia historia o la del grupo, son imprecisos en sus respuestas o no contestan (no responder o postergar la respuesta anula la pregunta).

- ¿Enfatizan ellos a su iglesia y lo que son ellos más que a Cristo? Enseñan que uno solamente puede ser cristiano por unirse a ellos (espiritualidad exclusivista apela al orgullo y funciona bien hoy en día).

- Las sectas siempre dividen la unidad familiar en vez de fomentarla. Se utilizan Escrituras como que Jesús no vino a traer paz sino espada (Mateo 10:34), o que es necesario dejar hermanos, hermanas, esposa y casa por el reino (Mateo 19:29) para ser un verdadero seguidor. En las sectas, muchas veces los niños son los más perjudicados a causa de las reglas que se les imponen. Son profundamente afectados y no pueden adaptarse a la vida más adelante. Los sistemas religiosos que no son balanceados pueden ser desastrosos social y psicológicamente para los inocentes niños.[2]

Si usted piensa que posiblemente está en una secta o grupo sectario, para más intendimiento le recomiendo altamente la lectura del librito *How to Know if You Are Being Spiritually Abused or Deceived—A Spiritual Abuse Questionnaire* (Cómo saber si está siendo abusado o engañado—una encuesta sobre el abuso espiritual) por investigador y autor Chris Lawson.[3]

Algunos pensamientos preocupantes

Ahora, después de analizar durante algunos momentos estas preguntas, voy a poner a su consideración algunas más. ¿Qué de un grupo de cristianos que cree que su líder es infalible y que él puede hacer declaraciones o proclamar doctrinas que contradicen las Escrituras? ¿Qué del bienestar de los que salen del grupo y son rechazados por sus pastores y sus familias? ¿Qué de los que rehúsan seguir las reglas hechas por este grupo, que ha determinado que la salvación es por buenas obras en lugar de confiar en Jesucristo y la salvación dada gratuitamente por Su gracia?

Le he hecho estas preguntas sin comentar el propósito hasta el momento, pero los lectores entenderán el por qué. Tampoco voy a enfocar cierto grupo. Denominaciones enteras vigiladas por pastores independientes tienen congregaciones muy grandes y demuestran muchas de las características presentadas en este capítulo. Millones de ovejas leen libros escritos por autores populares en lugar de sus Biblias. ¿Qué tal si los métodos y los modelos presentados por estos autores están llenos de veneno que desvía a la gente de la Biblia y sus advertencias sobre la apostasía?

¿O qué tal una asociación de pastores que habían empezado enseñando la Biblia versículo por versículo desde Génesis hasta Apocalipsis, pero que termina con varios pastores de este grupo buscando nuevas y emocionantes maneras de incorporar métodos de crecimiento a la iglesia para alcanzar a la generación pos-moderna?

Esta generación actual ha sido enseñada a creer que no hay tal cosa como lo bueno o lo malo, y que todas las religiones tienen verdad. ¿Es posible que las iglesias puedan ser secuestradas por hombres que extravían a sus ovejas mientras buscan el éxito? Es un hecho que proclamar la verdad en estos días puede costar la pérdida de asistentes y así afectar las entradas que cubren el presupuesto. También es un hecho de que cuando los ancianos de la iglesia buscan advertir a sus pastores sobre los peligros que hay, se les piden dejar la iglesia o mantenerse en silencio, siguiendo la nueva forma del cristianismo que se ha inventado.

Es obvio que innumerables personas que dicen ser cristianas llenan las iglesias cada semana y siguen lo que ha llegado a ser una secta de cristianismo: no es el cristianismo bíblico sino que es otro "cristianismo" que lleva a los seguidores hacia otro "pastor". En vez de seguir al Buen Pastor, están siguiendo la voz de un pastor falso.

Consideremos el costo de ser engañados.

Sepultados en tumbas sin lápidas

Es muy grande el número de los sepultados a causa de un cristianismo centrado en el hombre. Cuando las personas siguen a hombres en lugar del Buen Pastor, están buscando riquezas, reinos, poder y relaciones sexuales ilícitas—cualquier cosa para alimentar la carne, que sabemos nunca se satisface. Cuando esto pasa, ya no es el cristianismo sino otro "cristianismo", una religión muerta y dañina (que es el invento del hombre) que promueve a otro Jesús. La religión roba a los crédulos la verdadera libertad en Jesús. Los templos, las catedrales, las capillas y las modernas mega-iglesias a menudo testifican más de los logros del hombre que de las maravillas de Dios, El que envió a Su Hijo para redimirnos de nuestros pecados.

Adicionalmente, uno puede observar las jerarquías hechas por el hombre—los papas, los cardinales, los obispos y los sacerdotes. También puede cambiar la "Santa Iglesia Católica" por sus equivalentes "protestantes", y encontrará lo mismo. Aunque puede haber una configuración diferente, los resultados finales son los mismos. Los seguidores son abusados y usados por el poder de los que los controlan.

Muchos son los que han sido golpeados y heridos. Son sepultados en tumbas sin lápidas, cubiertos por el tiempo. Los responsables de sus muertes siguen de generación en generación. Son abusivos poderosos déspotas que audazmente proclaman "¿Cómo se atreve a tocar al ungido de Dios?" a la vez que sepultan aún más personas. Creen que sus amenazas tienen una base bíblica.

Este es el caso de muchos de una asociación de pastores a la cual yo pertenecía en ese entonces. Por esta razón, dos hermanos noruegos (yo era uno) sintieron la necesidad de advertir a estos hombres, muchos de los cuales habían perdido su enfoque en el Buen Pastor. Habían empezado bien pero tristemente, terminaron mal. Como dice la Biblia, no es cómo uno empieza sino cómo uno termina lo que vale.

Este grupo había perdido su amarradero. Muchos estaban tan concentrados en el poder, el éxito y crecimiento de la iglesia, que no se dieron cuenta que habían llegado a ser tibios, después fríos. Aunque el Buen Pastor advierte en Su Palabra, ellos escogieron hacer caso omiso a las advertencias. Tal como dice la Biblia, Icabod (que significa que traspasada es la gloria de Dios) llegó a ser una realidad; y una época de luchas que debe haber estado llena de victorias para Cristo, terminó con la muerte del quebrantado fundador de este grupo.4 ¿No le parece interesante como la historia se repite? Lo que ha ocurrido en el pasado puede volver a suceder.

La Palabra de Dios es luz. La Palabra de Dios brilla en la oscuridad, y la oscuridad odia la luz. Muchas veces, los que están en oscuridad piensan que están en la luz, y no ven la luz cuando brilla.

Sin embargo, el Dios de la Biblia siempre vence. A veces el escenario termina con un final muy triste. Dios es un Dios de justicia, y la justicia siempre prevalece. Las buenas noticias para los engañadores es que Dios también es un Dios de misericordia, y El da al hombre la oportunidad de arrepentirse hasta el último suspiro. Dios no desea que ninguno perezca, sino que todos procedan al arrepentimiento.

10

EL BUEN PASTOR, NUESTRO CREADOR

Según la carta que Pablo escribió a los Colosenses, el Creador es Jesucristo nuestro Redentor; y El espera que Le demos el primer lugar en nuestras vidas:

> . . . (Jesús) en quien tenemos redención por su sangre, el perdón de pecados . . . Porque en él fueron creadas todas las cosas, las que hay en los cielos y las que hay en la tierra, visibles e invisibles; sean tronos, sean dominios, sean principados, sean potestades; todo fue creado por medio de él y para él. Y él es antes de todas las cosas, y todas las cosas en él subsisten; y él es la cabeza del cuerpo que es la iglesia, él que es el principio, el primogénito de entre los muertos, para que en todo tenga la preeminencia. (Colosenses 1:14, 16-18)

Entonces, creer en lo que dice Génesis sobre la creación es un prerrequisito para Sus seguidores. Jesús, el Creador, mientras estuvo en la tierra, contó a Sus discípulos sobre la creación. Repitiendo lo que Moisés había proclamado en Génesis 1:17 y Génesis 5:2 referente la creación de Adán y Eva, Jesús recordó a Sus discípulos las siguientes palabras del libro de Marcos:

> Y respondiendo Jesús, les dijo: Por la dureza de vuestro corazón os escribió este mandamiento; pero al principio de la creación, varón y hembra los hizo Dios. (Marcos 10:5-6)

El debate ha terminado, para los que creen y siguen a Jesús, sobre el origen de la vida. Jesús, el Creador, creía en la creación. Entonces, el récord de Génesis en la Biblia, inspirado por el Creador, nos provee la revelación de la creación. Los hombres que rehúsan creer en esta revelación han desechado este evento sobrenatural, sustituyendo un concepto llamado la evolución, que se basa en la especulación. Ellos dicen que la materia, la casualidad y el tiempo han traído a existencia todo lo que hay, incluyendo a ellos mismos.

Entonces, ésto es el asunto: tenemos dos alternativas. Podemos creer lo que Dios ha dicho en Su Palabra, o podemos confiar en la especulación de hombres falibles que buscan una manera de distanciarse de Dios. Esta última idea, fomentado por el adversario de Dios, el diablo, ha sido muy exitosa en enceguecer las mentes de billones de personas en este planeta, para que no entiendan y crean el Evangelio de Jesucristo.

Es imposible entender el Evangelio, si no comprendemos que Dios es el Creador; y que cuando El creó todo, El vio que "todo era bueno" (Génesis 1). La relación perfecta entre Dios y el hombre fue rota por la caída del hombre cuando pecó. La muerte entró; y el hombre, por su propia voluntad y rebelión, fue destinado para el infierno. El Creador, que llegó a ser el Salvador, vino a la tierra y proveyó la forma de poderle conocer, como al principio. La creación es el fundamento de la fe cristiana. Sin este baluarte de fe, el cristianismo falla.

¿Creación o evolución?

Por muchos años de mi vida, fui inconverso y enseñaba lo básico de la biología a nivel universitario, desde la perspectiva evolucionista darwiniano; y estaba totalmente comprometido con la cosmovisión evolutiva. Después, un día, por la gracia de Dios, vi la falsedad de la evolución y cambié mi punto de vista para aceptar el creacionismo. Mi nuevo entendimiento de la creación ayudó a revolucionar mi vida a tal punto que pocos meses después, llegué a ser cristiano.1 Ahora que soy cristiano, no veo ninguna alternativa fuera del punto de vista bíblico. También aprecio en forma especial cómo la Biblia empieza con las palabras, "En el principio creó Dios los cielos y la tierra" (Génesis 1:1), ya que mi conocimiento de un Creador fue básico para después recibir el mensaje del evangelio de Juan, "Porque de tal manera amó Dios al mundo, que ha dado a su Hijo unigénito . . . " (Juan 3:16).

¿Qué tan creíbles son los principios fundamentales de la evolución? ¿La evolución se basa en hechos? A pesar de lo que se puede haber oído, los fundadores del pensamiento evolutivo no estaban abrumados por evidencias que les hicieran rechazar el punto de vista creacionista. Tenían motivos menos respetables. Estaban buscando una manera de refutar la existencia de Dios. La evolución era una idea que sirvió a su agenda. Un vistazo breve de los principios fundamentales de la evolución mostrará que no hay nada científico en que basar la idea.

Es una teoría sin sustancia, y debe ser declarada en quiebra por todos los que saben que Dios existe.

Aparte de la falta de evidencia física para apoyar el concepto de la evolución, esto es totalmente contrario al mismo carácter de Dios. Según la Biblia, Dios en el principio hizo todo perfecto. La evolución declara que lo complejo sale desde el desorden, sin ningún plan o diseño. Muchas otras diferencias irreconciliables existen entre la evolución y la creación. Por ejemplo, la evolución dice que millones de generaciones sufrieron y murieron mientras los más aptos luchaban subir a la cima. La Biblia dice que todas las cosas fueron creadas perfectas conforme a un plan y un propósito, pero que después empezaron a degenerarse y morir por la maldición que vino por el pecado del hombre.

También es una tragedia en el campo de la ciencia, que una ley establecida de la ciencia pudiera ser tumbada por una teoría especulativa e infundada. La segunda ley de la termodinámica declara que todo en el universo físico se degenera hacia un estado de desorden: de orden a desorden. Pero la evolución declara todo lo contrario a la evidencia visible.

La creación dice que el diseño y la complejidad de toda cosa viviente demuestran la obra maestra de un Diseñador, y no una comulación de errores con el paso del tiempo. Pero a pesar de la evidencia abrumadora que ampara el punto de vista creacionista, es cada vez más difícil contestar a los críticos de la creación, que están convencidos que el Dios de la Biblia es solamente una leyenda y un mito. Trágicamente, profesores de muchas universidades que se clasifican como cristianas han dado la espalda al record de Génesis, lo cual afecta a esta generación de líderes cristianos.

Durante las últimas décadas, la oposición de parte de los miembros de la comunidad científica contra la cosmovisión bíblica creacionista se ha vuelto más estridente y hostil. Un rápido vistazo a varios libros anti-creacionista revela que se categorizan a los que creen en Dios como Creador como de "visión estrecha" y "fanáticos intolerantes", "pseudo-científicos" con "cerebro de arveja".

Actualmente y especialmente en América del Norte, la agenda de avanzar la idea de la evolución es la prioridad número uno para los que creen en la causa humanista.

Para ser testigos eficaces para nuestra generación, es muy importante poder confrontar la falacia de la evolución con algunos hechos básicos irrefutables sobre el tema del origen de la vida.

Evolución teísta

En cuanto al tema de orígenes, hay tres puntos de vista básicos: evolución, creación, y la idea que Dios utilizó la evolución para crear. Entonces, ¿qué tal esta idea, que el creador bíblico utilizara un proceso darwiniano de casualidad y tiempo para dar existencia a la vida? ¿Por qué tantos cristianos aceptan este punto de vista? ¿Es aceptable bíblicamente, o es un compromiso de la fe?

He dado miles de conferencias en universidades, colegios, escuelas, iglesias y reuniones alrededor del mundo sobre el tema de los orígenes. Aunque no es posible probar científicamente ninguno de los puntos de vista porque lo que ocurrió en el distante pasado no es observable; pero, sí, es posible examinar los hechos que vemos en el presente.

En mi introducción a estas conferencias, siempre comento a la gente que solo dos modelos básicos de orígenes existen: evolución o creación. Después examinamos los puntos de la evolución y los del creacionismo, demostrando que la evolución se basa sobre suposiciones falsas (por ejemplo, las explosiones no crean orden, la vida no surge espontáneamente de lo que no tiene vida, ni hay un mecanismo que demuestre que la vida pueda evolucionar desde lo sencillo a lo complejo).

EL PUNTO DE VISTA DARWINIANO PROPONE QUE LA VIDA HA SURGIDO DESDE ABAJO HACÍA ARRIBA, DESDE LO SENCILLO A LO COMPLEJO, POR PROCESOS DURANTE MILLONES DE AÑOS DE TIEMPO, MIENTRAS LA VIDA CRECÍA Y MORÍA AL COMPETIR. ¿CÓMO ES POSIBLE RECONCILIAR ESTO CON EL RÉCORD DE GÉNESIS?

Después de estas reuniones, es casi seguro que seré confrontado por personas que insisten creer en Dios, pero que la vez, creen que Dios utilizó millones de años en un proceso evolucionario para crear. Dicen que no hay ningún problema con acomodar a Darwin con la Biblia. Dios, dicen ellos, y la evolución, son compatibles.

Entonces, ¿qué hay de este punto de vista? ¿Es creíble? ¿Es compatible con lo que la Biblia enseña? ¿Qué de la perspectiva darwiniana? ¿Tiene la evolución una fuerza direccional sobrenatural?

Hablando del darwinismo, le preguntaron a Charles Darwin durante su vida si pensaba que Dios pudo haber usado la evolución para crear? Su respuesta fue brusca. El dijo que la evolución es totalmente un proceso natural.

Eso era la base y la razón de su teoría. No se necesitaba ninguna fuerza direccional sobrenatural: solo materia, tiempo y casualidad.

En mi caso, tengo una razón personal para rechazar la "evolución cristiana". Cuando enseñaba biología siendo inconverso, era evolucionista. La evolución era mi razón o excusa para negar al Creador. Mi conversión al cristianismo fue dejar la evolución y creer en la creación; y después creer en Cristo. Ahora como cristiano, cuestiono por qué otros cristianos parecen confiar que Dios puede haber utilizado la evolución para crear. ¿Por qué usar un proceso para explicar a Dios, que se ha usado a cambio, para negar a Dios? Esto no tiene ningún sentido.

Además, hay otro problema mayor con el intento de acomodar la evolución con la Biblia. El punto de vista darwiniano propone que la vida ha surgido desde abajo hacia arriba, desde lo sencillo a lo complejo, por procesos durante millones de años de tiempo, mientras la vida crecía y moría al competir. ¿Cómo es posible reconciliar esto con el récord de Génesis? La Biblia dice que la muerte que existe en el mundo entró cuando Adán pecó. Para poder creer en la evolución teísta, sería necesario creen que billones de años de muerte y sobrevivencia de los más aptos tomara lugar antes de aparecer Adán.

Debe ser obvio que la evolución y la creación son dos explicaciones diferentes en cuanto a orígenes. De otro modo, sería como decir "Vi un copito de nieve ardiendo".

La iglesia rechaza al Creador

A la vez que yo presentaba, en la ciudad de Roma en el 2007, una conferencia a un pequeño grupo de evangélicos deseosos de oír la evidencia de la creación bíblica, los noticieros publicaron lo dicho por el papa Benedicto, que llamó la atención del grupo. La MSNBC citó los pensamientos del papa sobre la validez del récord de Génesis. El artículo, "El papa: El desacuerdo entre creación vs evolución es absurdo", comenta:

> El papa Benedicto dijo que el debate rugiendo en algunos países, particularmente en los Estados Unidos y en su país natal, Alemania, entre el creacionismo y la evolución era "absurdo", diciendo que la evolución puede coexistir con la fe. El pontífice, hablando mientras terminaba sus vacaciones en el norte de Italia, dijo que aunque hay muchas pruebas para sostener la evolución, la teoría no podría excluir un rol de parte de Dios. El papa dijo, "Se presentan como

alternativas que excluyen el uno al otro". Este desacuerdo es absurdo porque por un lado hay muchas pruebas científicas a favor de la evolución, que aparece como una realidad que tenemos que ver y que enriquece nuestro entendimiento de la vida y de ser como tal".[2]

Este mismo artículo expresó pensamientos adicionales que Benedicto había expresado a los reporteros durante sus vacaciones en la parte norte de Italia. El expresó la necesidad ahora en la historia de la tierra para "reverenciar a la creación" durante el tiempo cuando la tierra enfrenta tantos problemas ecológicos, y el planeta y sus ocupantes están frente a un dilema. El artículo dice a continuación:

> El papa, líder de unos l.1 billones de Católicos Romanos por todo el mundo, dijo: "Tenemos que respetar las leyes interiores de la creación, de esta Tierra, para aprender estas leyes y obedecerlas si queremos sobrevivir. Esta obediencia a la voz de la Tierra es más importante que nuestra futura felicidad... que los deseos del momento. Nuestra Tierra nos está hablando y tenemos que oírla y descifrar su mensaje si queremos sobrevivir".

El papa Francisco ha llevado aun más lejos las ideas del papa Benedicto sobre el hablar a la tierra. El se ha tomado la responsabilidad de presionar a científicos, políticos y líderes religiosos a unirse en un esfuerzo global de reverenciar la tierra a causa del cambio climático. El también, en un artículo publicado en Newsweek, presenta su punto de vista diciendo, "enseñanza evolucionaria no contradice enseñanza bíblica". El artículo dice:

> El papa Francisco habló a una audiencia de la Academia de Ciencias del Pontífice en la Ciudad Vaticano el lunes que las teorías de la evolución y del "Big Bang" no son inconsistentes con el creacionismo y la enseñanza bíblica. "La evolución en la naturaleza no se opone a la noción de creación, porque la evolución presupone la creación de las cosas que

se evolucionan", dijo el papa Francisco, de acuerdo con la transcripción del noticiero vaticano del evento.[4]

Como "vicarios" de Cristo, según la Iglesia Católica, el papa Benedicto y el papa Francisco han tomado para sí el hablar a favor del Creador, Jesucristo; y dar su aprobación sobre la teoría de la evolución aceptada por billones de personas en todo el mundo que rechazan al Dios de la Biblia. Peor aún, como veremos más adelante en este libro, cuando los humanos reverencian la tierra y hablan a la creación, se están abriendo a la antigua religión pagana de Babilonia y el caído reino espiritual.

Pastores a favor de la evolución

Aunque he señalado la dirección peligrosa que toma el liderazgo de la Iglesia Católica Romana, sería un descuido si no señalo también que muchísimos pastores y educadores evangélicos y protestantes tienen la posición de que no hay ningún conflicto entre la evolución y Dios.

A la vez que los evolucionistas entienden la importancia de la creación al cristianismo, muchos creyentes no comprenden que la creación es clave para la creencia en Dios. El primer versículo de la Biblia empieza con la creación, y sirve de fundamento para el Evangelio, porque sin un creador, la humanidad sería responsable ante nadie; así, no habría necesidad de un Salvador. El adoctrinamiento ocurre cuando un estudiante es presentado con evidencia limitada. Todos sabemos que esto ha pasado en países anteriormente comunistas. Las mentes de los niños fueron manipuladas. Les dijeron que Dios era un mito. El darwinismo reemplazó la creación como un hecho de la ciencia y apoyó el ateísmo.

En los últimos años, algunos distritos escolares de los Estados Unidos han reconocido que los estudiantes necesitan recibir enseñanza para pensar en forma crítica. En cuanto a la teoría de la evolución, algunas juntas escolares promovieron la política de permitir a los estudiantes examinar en forma crítica lo que enseña la evolución. Sin embargo, tales esfuerzos han recibido mucha oposición.

Irónicamente, entre esta oposición había un grupo de pastores que firmaron una carta pidiendo que la evolución se presentara a los niños de su distrito sin argumento en contra. Ellos insistían en que la Biblia y la evolución pueden coexistir. Aquí vemos como un periodista reportó la controversia en un artículo titulado "Pastores protestan la política del distrito: La carta dice que la evolución y la Biblia pueden coexistir":

> Casi 200 pastores de Wisconsin quieren que los oficiales escolares de Grantsburg, Wisconsin, aseguren que la evolución siga siendo el centro de la enseñanza de ciencias en las escuelas... Los pastores quieren que la evolución sea tratada "lo mismo como todas las teorías científicas" y no "señalada para un escrutinio especial".[5]

La carta de protesta surgió de una controversia que ocurrió en el distrito de Grantsburg. Primero, introdujeron una norma que permitió que teorías científicas aparte de la evolución fueran enseñadas. Esta posición fue quitada por una protesta del establecimiento "científico". Después, se propuso una norma revisada que contenía la meta, que los estudiantes pudieran examinar "lo fuerte y lo débil científicamente, de la teoría de la evolución".

La norma revisada dio lugar a la carta firmada por 188 pastores—de denominaciones bautistas, católicas, episcopales, luteranas, metodistas y otras. La carta decía que la norma revisada no era nada más que una "táctica creacionista común" y que la evolución tenía que tratarse "lo mismo como todas las teorías científicas" y no "señalado para un escrutinio especial". Los pastores sugirieron que una crítica de la teoría de la evolución debía dejarse a los científicos profesionales con las debidas credenciales.[6]

Pero parece que estos pastores tienen una seria falta de entendimiento de cómo es posible tratar una teoría "lo mismo como todas las teorías científicas". Una teoría nunca podría llegar a ser una ley de la ciencia ni tratado como si así fuera, hasta que haya sido comprobado; y esto requiere escrutinio, pruebas científicas y confirmación. Como son las cosas ahora, la evolución se trata como si fuera una ley.

Más adelante, desde la misma carta firmada por los pastores, citamos:

> Mientras virtualmente todos los cristianos toman la Biblia en serio, y la consideran autoridad en asuntos de la fe y Práctica, la gran mayoría no lee la Biblia en forma literal, como leerían un texto de ciencias. Muchas de las amadas historias encontradas en la Biblia—la Creación, Adán y Eva, Noé y el arca—expresan verdades eternas sobre Dios, los seres humanos y la relación entre Creador y creación expresadas en la única forma capaz de transmitir estas verdades de generación en generación. La verdad religiosa es de un orden diferente a la verdad científica. Su propósito no es compartir información sino transformar corazones.[7]

Finalmente, hay una última declaración de la carta firmada por los pastores:

> Instamos a los miembros de la junta escolar preservar la integridad del currículo de ciencias, afirmando la enseñanza de la teoría de la evolución como componente central del conocimiento humano. Pedimos que la ciencia se mantenga ciencia y que la religión se mantenga religión, dos formas muy diferentes pero complementarias de la verdad.[8]

Mi experiencia como conferencista durante más de 35 años en el tema de la creación en una variedad de denominaciones de iglesias comprueba el rumbo de lo que promueven estos pastores. Es una señal de estos tiempos, comprobando aún más que la Biblia es verdad y literal (excepto donde el texto hace entender su uso metafórico). Cuando los líderes cristianos escogen rechazar la evidencia que Dios es el Creador, esto los pone en un deslizadero que eventualmente resultará en una plena apostasía. Cuando el hombre escoge rechazar la abrumadora evidencia de la creación, las consecuencias son desastrosas.

11

LA EVOLUCIÓN: METIENDO UN ÍDOLO EN EL SANTUARIO

Pablo, al escribir a los romanos, explicó claramente que consecuencias serias ocurren cuando se pasa por alto la inmensa cantidad de evidencia de la creación que señala directamente a un Dios Creador. El escribió:

> Porque la ira de Dios se revela desde el cielo contra toda impiedad e injusticia de los hombres que detienen con injusticia la verdad; porque lo que de Dios se conoce les es manifiesto, pues Dios se lo manifestó. Porque las cosas invisibles de él, su eterno poder y deidad, se hacen claramente visibles desde la creación del mundo, siendo entendidas por medio de las cosas hechas, de modo que no tienen excusa. (Romanos 1:18-20)

Según Pablo, la creación comprueba el "eterno poder y deidad" de Dios; pero incontables pastores hoy en día conscientemente han sido engañados para creer una mentira, y después con eso, alimenta a sus congregaciones. Pablo dijo que ellos "cambiaron la verdad de Dios por la mentira, honrando y dando culto a las criaturas antes que al Creador"

(Romanos 1:25). Entonces, la verdadera pregunta es, ¿en dónde está el eterno poder y deidad de la vasta complejidad de la creación? Tiene que estar en Dios o la evolución, porque no puede estar en ambos a la vez. La palabra "adoración" en hebreo significa inclinarse en reverencia o caerse y hacer reverencia. En el griego, quiere decir hacer reverencia o adorar, a menudo cayéndose o inclinándose"* (ver *Strong's Concordance*). En inglés, la palabra procede del antiguo inglés weorthscipe, que literalmente quiere decir reconocer o atribuir valor de alguien o algo, entonces hacer una reverencia, devoción, homenaje o veneración reconociendo su valor.[1]

Pero, ¿cómo podemos atribuir a Dios Su valor si somos demasiado orgullosos como para creer que El podría crear el universo en seis días y descansar el día siete? Con la evolución teísta, vemos a Dios como impotente en vez de omnipotente, como ignorante en vez de omnisciente, teniendo que esperar billones de años observando las poderosas fuerzas de la evolución hacer su tarea—y todo eso sin pensamiento o intelecto.

Entonces, hemos remplazado la adoración con la blasfemia, todo en el nombre de la verdad y la ciencia—falsamente llamada así.

La misma creación da testimonio al hecho de que hay un Creador. Cuando el hombre decide ignorar esa evidencia, no tiene excusa. Pablo enumera después las consecuencias para el individuo o la sociedad que rehúsa aceptar la evidencia de la creación. Ellos hacen una decisión de pasarla por alto. Pablo explica:

> Pues habiendo conocido a Dios, no le glorificaron como a Dios, ni le dieron gracias, sino que se envanecieron en sus razonamientos, y su necio corazón fue entenebrecido. Profesando ser sabios, se hicieron necios, y cambiaron la gloria del Dios incorruptible en semejanza de imagen de hombre corruptible, de aves, de cuadrúpedos y de reptiles. Por lo cual también Dios los entregó a la inmundicia, en las concupiscencias de sus corazones, de modo que deshonraron

---

*Se refiere a caerse adelante o arrodillarse. No es lo mismo de lo que comúnmente en el movimiento carismático se llama "caerse bajo el poder del Espíritu". Para una explicación de esa práctica, ver *Slain in the Spirit: Is it a Biblical Practice?* Por Kevin Reeves.

entre sí sus propios cuerpos, ya que cambiaron la verdad de Dios por la mentira, honrando y dando culto a las criaturas antes que al Creador, el cual es bendito por los siglos. Amén. (Romanos 1:21-25)

El hombre no solo adorará la creación en lugar del Creador quien hizo todo, la inmoralidad y depravación del hombre toma control. Las palabras de Pablo revelan lo que pasa cuando el hombre se rebela y escoge ignorar a Dios y hacer sus propias reglas.

Ya hemos demostrado cómo los papas católicos romanos y los pastores protestantes han decidido confiar en el hombre y lo que se les han dicho como "hechos" de la evolución, por los que tienen credenciales a través de sus investigaciones científicas. Pablo le advirtió a Timoteo sobre este mismo peligro. Escribió:

Oh Timoteo, guarda lo que se te ha encomendado, evitando las profanas pláticas sobre cosas vanas, y los argumentos de la falsamente llamada ciencia, la cual profesando algunos, se desviaron de la fe. La gracia sea contigo. Amén. (I Timoteo 6:20-21)

Nada nuevo debajo del sol

Como comenté anteriormente, desechar a Dios y confiar en el razonamiento humano eventual e inevitablemente llevará a la adoración del reino caído espiritual. Fue al principio de la década de los '80 cuando empecé a ver cómo el adoctrinamiento de la evolución darwiniana en escala global estaba preparando al mundo para una invasión de pensamiento metafísico oriental. Como explicó Pablo, cuando el hombre deja a Dios al rehusar aceptar la abrumadora cantidad de evidencia de la creación, eventualmente adorará todo lo que Dios ha hecho, incluyéndose a sí mismo.

El panteísmo (o sea, todas las cosas son Dios o divinas), la espiritualidad caída que llenaba la civilización volvió a aparecer en los 80 en la forma del movimiento Nueva Era. Claramente no era algo nuevo. Las mismas prácticas y métodos metafísicos enfatizadas por las religiones del budismo e hinduismo fueron promovidas con la idea de usar a la evolución como camino prometedor hacia niveles más altos de consciencia.

Para advertir a la iglesia, Caryl Matrisciana y yo juntos escribimos un libro llamado *The Evolution Conspiracy* (*La conspiración de la evolución*). Basado en la experiencia de Caryl como niña creciendo en la India, y mis propias observaciones mientras viajaba por el mundo, nos pareció evidente que un avivamiento babilónico estaba en marcha, cumpliendo la profecía bíblica.

Más adelante, en los 90, me di cuenta que yo ya no era bienvenido en algunas de las iglesias donde alguna vez había hablado en el pasado. Por ejemplo, un día después de hablar en una iglesia grande del sur de California, recibí una llamada del pastor, diciéndome que no me iban a volver a invitar. Aparentemente su esposa encabezaba el grupo de damas de la iglesia. ¡Ella misma estaba dirigiendo el grupo de las damas que practicaban el yoga!

¿El yoga cristiano?

He estado pendiente del movimiento de la Nueva Era aun antes de que este término llegara a ser popular. Al principio de los años '80, estaba bien informado de que la religión oriental se estaba promoviendo en el occidente como algo nuevo. A la vez que los de la Nueva Era promovían con entusiasmo el yoga, la meditación, los cristales, espíritus guía, y tararear mantas para entrar en la consciencia global e iluminación, los cristianos que yo conocía entendieron las estrategias de Satanás. ¡De hecho, en ese entonces, ningún cristiano que creía en la Biblia habría caído en semejante engaño!

Eso fue hace 25 años. El tiempo tiende a cambiar las cosas. Hoy en día, no es extraño oír de iglesias que promueven "el yoga cristiano"[2] para el ejercicio; o líderes "cristianos" que sugieren que la mejor manera para contactar a Dios y oír Su voz es mejorar su vida de oración repitiendo palabras o frases al estilo mantra, o practicando oraciones respiradas.[3] Lo que antes se describía como Nueva Era y del ocultismo ahora es aceptable espiritualmente. ¿Qué ha ocurrido? ¿Dios ha cambiado Su

La Evolución: Metiendo Un Ídolo En El Santuario

Palabra, o el yoga ha llegado a ser cristiano? ¿Es posible que los cristianos han sido engañados por Satanás y que se han dormido? O lo que sería peor, ¿han sido seducidos por espíritus engañadores (demonios) que la Biblia advierte que engañarán a muchos, causando una gran apostasía?

El que quiera hacer la investigación encontrará que el yoga y su conexión a las religiones orientales sigue siendo el mismo de siempre.4 Ligarse con la energía universal sigue siendo la meta. Aunque un cristiano puede creer que el yoga es para salud y bienestar, los hechos no han cambiado. Pero muchos cristianos, sí, han cambiado. Escuchemos lo que dice el profesor Subhas R. Tiwari de la Universidad Hindú de América (EE.UU.)dice sobre el yoga "cristiano":

> En los últimos meses he recibido varias llamadas de periodistas alrededor del país, pidiendo mi punto de vista sobre la cuestión de si el "yoga cristiano" recién estrenado es realmente yoga.
>
> Mi respuesta es, "El hecho simple e inmutable es que el yoga se originó en la cultura vedic o hindú. Sus técnicas no fueron adoptadas por el hinduismo sino que procedieron de él"... El esfuerzo de separar el yoga del hinduismo tiene que desafiarse porque es contrario a los principios fundamentales sobre los cuales el mismo yoga descansa... Los esfuerzos para separar el yoga de su centro espiritual revela la ignorancia sobre la meta del yoga...
>
> (El yoga) fue diseñado por los videntes de Vedi como instrumentos para llevar a la persona a entender la Última Realidad Absoluta, llamada la Realidad Braman, o Dios. Si este intento para forzar el yoga a su propia tradición continúa, en varias décadas de hacer pasar constantemente lo falso como verdad a través de etiquetas como "yoga cristiano", ¿quién sabrá que el yoga es, o fue, parte de la cultura hindú?[5]

Sin embargo, más y más cristianos evangélicos y protestantes están practicando el yoga; y un aumentado número de iglesias está llevando clases de yoga a sus congregaciones, muchas veces a través de la esposa del pastor o la líder del ministerio de damas. El yoga ha sido practicado mayormente por las mujeres, pero esto está cambiando. Recientes estudios demuestran que el número de hombres que practica el yoga aumenta constantemente. Un estudio del 2016 encontró que más de 36 millones de personas practican el yoga en Estados Unidos, comparado con los 20.4 millones en el 2012.[6] En cuanto a la población cristiana, se ha unido a esta tendencia. Una señora de treinta años comentó a mi editora que ella solo sabe de una sola mujer de su edad que no practica el yoga. ¡Y estas señoras asisten a iglesias evangélicas!

Es realmente increíble qué tan rápidamente el cristianismo ha cambiado en tan corto tiempo. ¿Por qué ha pasado eso? ¿Tiene que ver con que se ha socavado la Palabra de Dios? Como incontables cristianos se han unido con la Nueva Era (sin llamarlo así, por supuesto), ahora tenemos un "cristianismo" Nueva Era, del cual nos advierte la Biblia.

Me hace recordar las fuertes declaraciones que encontramos en el Antiguo Testamento, cuando los hijos de Israel rebelaron contra Dios. Por ejemplo, leemos en Deuteronomio:

> Cuando entres a la tierra que Jehová tu Dios te da, no aprenderás a hacer según las abominaciones de aquellas naciones. No sea hallado en ti quien haga pasar a su hijo o a su hija por el fuego, ni quien practique adivinación, ni agorero, ni sortílego, ni hechicero, ni encantador, ni adivino, ni mago, ni quien consulte a los muertos. Porque es abominación para con Jehová cualquiera que hace estas cosas, y por estas abominaciones Jehová tu Dios echa estas naciones de delante de ti. Perfecto serás delante de Jehová tu Dios. (Deuteronomio 18:9-13)

Dejar a Dios y permitirse guiar por dioses paganos es una abominación para con Dios, y será juzgado por Él. No hay ningún versículo en la Biblia que apoya el "cristianismo Nueva Era". ¿No es tiempo ya que los cristianos tomen en serio la Biblia; y que los pastores prediquen y enseñen como Dios lo desea? Un buen comienzo sería volver a Génesis 1 y ver lo que la Biblia dice en cuanto a nuestro Creador y Su creación.

12

NUEVO VINO O ANTIGUO ENGAÑO

Muchos dicen que estamos en medio de un despertar espiritual. Eso se oye por todos lados. *Dios está derramando Su Espíritu sobre creyentes y no creyentes, se dice, y que estamos por ver el más grande avivamiento en la historia de la humanidad. Insisten que Ahora es el momento de "coger la ola" y renunciar a las antiguas ideas religiosas. Ya llegamos. Esta es la nueva era que tantos han estado pronosticando durante décadas. Hay que abrazar las nuevas estrategias del Espíritu Santo para el avivamiento o quedarse atrás.*

En diciembre 1999, la revista *Charisma* publicó un artículo especial sobre el futuro del cuerpo de Cristo. En la carátula, se declaró: "Abrochen sus cinturones de seguridad. Un avivamiento cristiano podría barrer el mundo en los próximos 25 años".[1] Como otros que creen en un gran avivamiento en los últimos tiempos, *Charisma* estaba promoviendo la idea de que Dios ahora está derramando un "nuevo vino" o nueva unción para preparar todo un ejército para ganar al mundo para Jesús en estos últimos días.

También algunos dicen que si se experimenta el "poder de Dios" al tomar del nuevo vino es prueba de que se ha inscrito como miembro del ejército de Dios. A medida que hay más unidad en el cuerpo de Cristo, más señales y prodigios ocurrirán. Y al demostrar más señales y prodigios, más gente llegará a Cristo, según los promovedores del movimiento Nuevo Vino.

El fuego se extiende

Para poder entender el origen de esta nueva "ola del Espíritu" y el impacto que ha tenido en muchos cristianos, es importante comentar sobre algunas de las principales "visitaciones del Espíritu" que han ocurrido durante las últimas décadas. En julio de 1997, Charisma publicó un artículo titulado "La bendición se extiende por todo el mundo". El párrafo principal declaró: "Desde que un movimiento inusual espiritual de renovación brotó en 1994, muchos líderes cristianos están convencidos que un avivamiento global ya viene".[2]

Según esta teología de Nuevo Vino, un "fuego" que se prendió en la iglesia Toronto Airport Vineyard (llamado después Airport Christian Fellowship, y actualmente "Catch the Fire Toronto) en enero de 1994 se extendió por todo el mundo. Los que promueven esto dicen que la "bendición" de Toronto puede trasladarse y contagiarse. Una vez que "lo" recibe, "lo" puede dar a otros.[3]

En este artículo, la escritora Marcia Ford investigó el origen de la bendición, notando varias personas: Pastor John Arnott y su esposa Carol recibieron su unción con Claudio Freidzon cuando estuvieron en América del Sur.[4] Claudio Freidzon había recibido su unción de Benny Hinn. Benny Hinn dice que él recibió un poder especial cuando llegó a tener contacto cercando a los huesos de Kathryn Kuhlman.[5]

Otra fuente de la unción de este Nuevo Vino para la iglesia de Toronto era el pastor Randy Clark, de la iglesia St. Louis Vineyard.[6] El recibió una "unción" del auto-proclamado "mesero del Espíritu Santo" Rodney Howard-Browne.[7] Howard-Browne, oriundo de África del Sur, estaba convencido que Dios le había llamado a prender el fuego de esta unción transferible que extendería un avivamiento alrededor del mundo.[8]

Desde Toronto, esta "bendición" pasó a muchos países por todo el mundo. Los que la habían recibido llevaron eso a sus hogares en Inglaterra, África del Sur, Australia y aun la China.[9]

La unción

El movimiento Nuevo Vino y la nueva "unción transferible" van tomados de la mano. Cuando uno "coge el fuego", "lo" recibe. Cada persona que ha tenido esta experiencia tiene su propia historia personal. A continuación hay una explicación dada por John Arnott, pastor principal de la iglesia Toronto Airport Christian Fellowship.

> Oímos del avivamiento en Argentina, entonces viajamos allí en noviembre del 1993, esperando que la unción de Dios nos influiría de alguna manera. Fuimos tocados poderosamente en una reunión dirigida por Claudio Freidzon, un líder de las Asambleas de Dios en Argentina.[10]

Según Arnott, fue tocado en un encuentro por un líder espiritual que tenía alguna clase de poder que le pareció afectar. Esto ocurrió cuando Claudio Freidzon oró y después tocó a John y Carol Arnott. John se cayó y después se levantó. Al principio preguntó si esta experiencia era solo su carne o si era de Dios. Entonces otra cosa pasó. Freidzon le preguntó a John Arnott si el querría tener la "unción". Como Arnott lo describió:

> "Oh sí, lo quiero", respondí. "Entonces, ¡recíbalo!" El golpeó mis manos extendidas. Dije, "Lo haré. Lo recibiré". Algo ocurrió en mi corazón en ese momento. Es como si oyera al Señor decirme, "Mira, entonces, ¿lo tomarás? Tómalo, es tuyo". Y recibí por fe.[11]

¿Qué es la unción transferible?

Un tema central del movimiento Nuevo Vino es la idea de que el Espíritu de Dios es transferible. Una vez recibida, se cree que esta unción puede darse a otros. Muchas veces la palabra *impartir* es usada por los que creen que han recibido esta habilidad dada por Dios.

Sin embargo, es fácil documentar que el concepto de impartir no es nuevo. A finales de los '40, esta doctrina fue promovida por un grupo aberrante de cristianos de North Battleford, Saskatchewan, que se centraban en las experiencias; su movimiento se llamaba la Lluvia Tardía. Creían que ciertos individuos podían recibir y después impartir una unción, y esta idea fue una de las razones principales que muchos líderes de la iglesia declararon que las enseñanzas de la Lluvia Tardía eran erróneas. Aunque esta y otras enseñanzas de la Lluvia Tardía tuvieron un impacto mayor a través de América del Norte y en algunas partes de Europa, una fuerte oposición de parte de maestros de la Biblia que se aferraban a una doctrina bíblica sana forzó la creencia de "manifiestos hijos de Dios" bajo tierra. Richard Riss, que apoyó firmemente el movimiento Lluvia Tardía, escribió sobre esto en su libro titulado *The Latter Rain* (*La lluvia tardía*).[12]

En una reunión del Concilio General de las Asambleas de Dios en Seattle, Washington, en el otoño de 1949, se adoptó una resolución desaprobando las prácticas del llamado "Nuevo Orden de la Lluvia Tardía". Varios temas de preocupación fueron enumerados en este documento. Entre otros, comentaron "demasiado énfasis sobre impartir, identificar, dar y confirmar dones por la imposición de manos y profecía", y "la enseñanza errónea que la Iglesia está edificada sobre apóstoles y profetas actuales".

La desaprobación oficial concluyó declarando:

> Tales otras interpretaciones forzadas y distorsionadas de las Escrituras se oponen a las enseñanzas y prácticas generalmente aceptadas entre nosotros. Resolvemos entonces la recomendación de seguir las cosas que promueven la paz entre nosotros, y las doctrinas y prácticas por las cuales podamos edificarnos mutuamente, buscando mantener la unidad del Espíritu hasta que lleguemos a la realidad de fe.[13]

Aunque el Concilio General de las Asambleas de Dios reprendió el Nuevo Orden de la Lluvia Tardía en 1949, el tiempo tiende a borrar memorias. Después de unos setenta años con sus siguientes generaciones, aparentemente las cosas han cambiado. De nuevo están de moda eso de impartir, la "unción transferible", y el movimiento de apóstol y profeta.

Pero ahora, muy pocos están preocupados. Aunque en el pasado, la mayoría de los protestantes evangélicos habría considerado tales ideas heréticas y con señas de secta, actualmente, se mueve una tendencia fuerte que indica que muchos evangélicos están abrazando puntos de vista similares.

El río de Dios

El "río de Dios" ha sido el enfoque central de las enseñanzas que salieron de la iglesia Brownsville Asambleas de Dios en Pensacola, Florida. Según el anuncio de una página entera de la revista *Charisma* de diciembre 1996, más de un millón de personas habían viajado a Pensacola para recibir un "toque de Dios". Después, volvieron a casa y "extendieron el fuego" en sus propias iglesias.[14]

El fuego que se transfirió, según estos seguidores, no vino de una antorcha. El método de recibir "el fuego" viene cuando se permite al "río de Dios rodearle, levantarle, refrescarle y a veces abrumarle".[15] La base bíblica de esta nueva doctrina, dicen los seguidores, puede encontrarse en Ezequiel capítulo 47. Según esta interpretación de las Escrituras, Ezequiel tuvo una visión de un río que fluía del templo de Dios. Este río es el que supuestamente fluye ahora en iglesias donde la gente está abierta a la "nueva cosa" que Dios está haciendo.

Un portal en Pensacola

Renee DeLoriea es la autora de *Portal in Pensacola: The Real Thing Hits Brownsville* (*Un portal en Pensacola: La cosa real llega a Brownsville*). Sus artículos, reportajes e historias han salido en numerosas publicaciones cristianas alrededor del mundo, incluyendo la revista Charisma.[16] En su libro, documenta muchos eventos que ella personalmente experimentó durante lo que comúnmente se llama el Despertar de Pensacola.

DeLoriea, una estudiante de los avivamientos del pasado, cree que Dios le reveló de antemano el gran avivamiento que próximamente iba a tomar lugar en Pensacola. Ella vendió todos sus bienes, recogió a su familia, y se mudó a la Florida. Su libro es un informe de primera mano de lo que ella cree era un movimiento milagroso de Dios que estaba ocurriendo en la iglesia Brownsville Asambleas de Dios y alrededor del mundo.[17]

En el primer capítulo del libro, titulado "La reunión del ejército de Dios de los últimos días", DeLoriea describe lo que ocurrió el 26 noviembre de 1996 en la Conferencia para Pastores en la iglesia Brownsville Asambleas de Dios. Más de 2000 pastores y sus conyugues se habían reunido allí, de todas partes de Estados Unidos y alrededor del mundo, anticipando un encuentro con Dios. DeLoriea dice:

> Por fin, parecía haber la esperanza de un movimiento real de Dios—como el mover que habían soñado por libros de historia y en las Escrituras. Un portal, una apertura grande en los cielos, soberanamente se había abierto sobre Pensacola; y la gloria Shekinah de Dios estaba derramándose sobre Su pueblo como los rayos de sol brillante que penetran las nubes de una tormenta que se acaba. Los hombres y las mujeres de Dios parecían preguntarse si sería posible que Dios realmente les daría un poco de la unción que habían oído que El derramaba en Brownsville.[18]

DeLoriea también describió en detalle el mensaje dado por el pastor principal John Kilpatrick en la Conferencia de Pastores. El empezó su mensaje diciendo:

> Dios soberanamente ha decidido una vez más rellenar las partes resecas de nuestros corazones y vidas. Por Su gracia y misericordia, El ha enviado un río, y en ese río está la gloria, Su presencia manifiesta y las cosas de Dios que nosotros, por tanto tiempo, hemos anhelado y suplicado.[19]

Lo que comenta Kilpatrick es típico de muchos cristianos hoy, que realmente quieren sentir el poder de Dios en sus vidas. Mientras que el entusiasmo y la sinceridad son calidades importantes de la vida cristiana, es también importante que siempre balanceen sus sentimientos y emociones con la Palabra de Dios. De otro modo es muy fácil que se dejen llevar por la histeria de un movimiento de solo experiencias.

Jesús enseñó que buscar una experiencia en Su nombre basada en un lugar geográfico sería parte del engaño de los últimos días y una señal de Su pronta venida (Mateo 24:26-27). No hay necesidad de viajar a Pensacola, Toronto u otro lugar para encontrar a Jesucristo. El dice que vivirá en el corazón y la vida de los que, por fe a través de la gracia, Le invitan a entrar.

> He aquí, yo estoy a la puerta y llamo; si alguno oye mi voz y abre la puerta, entraré a él, y cenaré con él, y él conmigo. (Apocalipsis 3:20)

> Y el que guarda sus mandamientos, permanece en Dios, y Dios en él. Y en esto sabemos que él permanece en nosotros, por el Espíritu que nos ha dado. (I Juan 3:24)

El movimiento apóstol-profeta

Una cantidad de líderes cristianos muy conocidos declaran que Dios ha levantado un grupo elite de profetas y apóstoles sobrenaturales, semejantes a lo proclamado por el movimiento Lluvia Tardía de los '40 y '50.[20] Llamado el movimiento apostólico o la Nueva Reforma Apostólica (NRA), este poderoso "ejército" de Dios "de los postreros días", se compone de los santos que han sido capacitados por "apóstoles" delegados en forma especial, dicen ellos, para establecer el reino de Dios aquí en el planeta tierra. Bill Hamon, un reconocido obispo, apóstol y proclamado profeta moderno escribió un libro sobre este tema, titulado *Apostles, Prophets and the Coming Moves of God: God's End-Time Plans for His Church and Planet Earth* (*Apóstoles, profetas y los próximos movimientos de Dios: Los planes de Dios para Su iglesia y el planeta tierra en los últimos días*). En la dedicación del libro, se lee:

> A la gran compañía de Profetas y Apóstoles que Dios está llamando en estos días. Que éste sirva para iluminar y

capacitar a todos los que son llamados y escogidos para cooperar con Cristo en cumplir los próximos movimientos de Dios. Es para todos los que se comprometen alistar a un pueblo y preparar el camino por medio de la restauración de todas las cosas. Esto permitirá a Jesucristo ser enviado del cielo para regresar por Su Iglesia y establecer Su reino sobre toda la tierra.[21]

El apóstol John Eckhardt, pastor y supervisor de Crusaders Ministries in Chicago, ha viajado por todo los EE.UU. y por el mundo, impartiendo "verdades" espirituales. A él le parece que su labor es "perfeccionar a los santos". En el libro T*he New Apostolic Churches* (*Las nuevas iglesias apostólicas*) compilado por el finado C. Peter Wagner (2016), Eckhardt habla de su tarea:

> Nunca fue la voluntad de Dios que la Iglesia no tuviera la dimensión apostólica. A causa de la tradición e incredulidad, esta dinámica no siguió de generación en generación. La buena noticia es, sin embargo, que ya vivimos en tiempos de restauración. Nos vemos como parte del cumplimiento profético.[22]

Eckhardt prosigue explicando que es muy vital este oficio nuevamente reconocido en el plan de Dios para el mundo en estos últimos días:

> Una de las primeras verdades que el Señor nos enseñó es que los santos no podrían ser completamente perfeccionados sin el ministerio del apóstol. Los cinco dones ministeriales dados para perfeccionar a los santos (ver Efesios 4:11) incluyen a apóstoles y profetas. Se necesitan todos los cinco dones ministeriales operando en la iglesia para cumplidamente preparar el pueblo de Dios para la obra del ministerio. Cuando el apóstol está ausente, los santos carecerán del carácter apostólico que necesitan para poder cumplir la Gran Comisión.[23]

La mayoría de los cristianos, cuando oyen el título "apóstol", piensan en el apóstol Pablo o Pedro, columnas de la fe cristiana. Los líderes de la Nueva Reforma Apostólica creen que este título se asigna a algunas personas hoy basado sobre los conceptos del "llamado", "una revelación" y "dones". Dicen que el apóstol de hoy tiene la responsabilidad de establecer nuevas iglesias, corregir errores y supervisar a otros ministerios. Bill Hamon añade esta descripción:

> El apóstol tiene una unción de revelación. Algunas características principales son mucha paciencia y las manifestaciones de señales y prodigios y milagros. Sabremos más del apostolado y veremos manifestaciones mayores en el apogeo del Movimiento Apostólico.[24]

CON SEÑALES Y PRODIGIOS Y REUNIONES CARACTERIZADAS POR PROCLAMACIONES PROFÉTICAS, ESTOS APÓSTOLES Y PROFETAS SON AGRESIVOS AL ANIMAR A OTROS A DEJAR ATRÁS LAS ATADURAS DEL CRISTIANISMO TRADICIONAL.

El Movimiento Apostólico está creciendo. Con señales y prodigios y reuniones caracterizadas por proclamaciones proféticas, estos apóstoles y profetas son agresivos al animar a otros a dejar atrás las ataduras del cristianismo tradicional e ir dónde el Espíritu los lleve. Reuniéndose en conferencias bien organizadas y atendidas, tienen una estrategia para extender su teología por todo el mundo.

Probad a los espíritus

También los que promueven el Nuevo Vino, como John Arnott, predican y enseñan que las experiencias espirituales necesitan ser probadas bíblicamente. Pero aparentemente él está despistado en este asunto. Es fácil decir que uno se rige por la Palabra de Dios, pero es cosa distinta entender lo que realmente la Palabra de Dios enseña. Consideremos las mismas palabras de John Arnott:

> Hay que hacer estas preguntas cuando se evalúa una experiencia espiritual: ¿Ésta se encuentra en la Palabra de Dios? ¿Hay algo similar en la Palabra? ¿La Palabra de Dios lo prohíbe? ¿Es consistente con el carácter de Dios como revelado en la Biblia? Si preguntamos si algo es bíblico, ¿realmente estamos preguntando si es de Dios, verdad? No queremos ser engañados. Y tenemos la Biblia para mostrarnos quién es Dios, cómo es, y qué cosas hace. Entonces, evaluamos las cosas según la Biblia, como es debido. A la vez, al ver al Espíritu de Dios haciendo más y más, posiblemente veremos cosas que ningún capítulo o versículo en la Biblia describe específicamente. ¿Por qué? Dios no propuso describir en la Biblia todo acto que iba a hacer.[25]

Esta afirmación por John Arnott es la defensa típicamente hecha por los del Nuevo Vino. Estoy convencido que esta clase de apologética se basa sobre el deseo de justificar toda cosa en el nombre de Dios, aunque "esto" no se puede encontrar en la Palabra de Dios. No hay cita en la Biblia que de ejemplo de que los que reciben el Espíritu de Dios se sacudan y tiemblen como si sufrieran un ataque epiléptico. Ni tampoco leemos que el Espíritu de Dios causa que la persona se ría histéricamente sin control o se porte como si estuviera borracho o un animal como una gallina o una serpiente. Tal comportamiento caracterizaba la Bendición Toronto.

Cabe notar aquí que los comportamientos como sacudirse, temblar, convulsionar, reírse incontrolablemente y actuar como animal son consistentes con experiencias Nueva Era/religiones orientales, donde históricamente se ven como los efectos del poder kundalini (de la serpiente). La pregunta que debemos hacer es: ¿tenemos que pensar que el Espíritu Santo es tan carente de recursos que necesita mirar las actividades de demonios como modelo de cómo manifestar Su propia presencia? ¡Creo que no!

Muchas veces, los cristianos de tendencias carismáticas o pentecostales dudan cuestionar las manifestaciones que se atribuyen a la obra del Espíritu Santo, temiendo ser culpables de blasfemar al Espíritu Santo (idea tomada de Mateo 12:31,32). Sin embargo, parecen no temer tomar la obra de demonios y llamarla la obra del Espíritu Santo. ¿No es eso también blasfemia?

La verdad del asunto es que estos cristianos han sido engañados, haciéndolos pensar que por equivocación podrían cometer el "pecado imperdonable"; cuando en realidad, las Escrituras nos ordenan probar todas las cosas. ("Amados, no creáis a todo espíritu, sino probad los espíritus si son de Dios; porque muchos falsos profetas han salido por el mundo", I Juan 4:1).

En un segundo caso, algunos son tentados a pensar que si las manifestaciones que observan son lo suficientemente llamativos, esto tiene que ser de Dios. Pero el Anticristo que viene hará señales y prodigios más allá de lo que vemos hoy, hasta el punto de que todo el mundo será engañado. Lo que debemos mirar es la doctrina de tales personas y preguntarnos si está completamente de acuerdo con el Evangelio puro y sencillo que nos es dado en las Escrituras. Muchas veces se encuentra que no, ¡o se encuentra que ni es predicado el Evangelio!

También hay un tercer caso donde los miembros de la iglesia son enseñados que si siguen al líder, entonces están bajo una cobertura de protección, donde Dios se complace con que la congregación demuestre una obediencia total al pastor. Muchas veces, esta mentalidad de secta se complica con la idea de que los miembros de la iglesia deben confiar más en el discernimiento del pastor que el suyo propio, porque el pastor es más maduro y está en sintonía con las cosas de Dios. Otra vez, en realidad debemos ser como los ciudadanos de Berea, que estaban "escudriñando cada día las Escrituras para ver si estas cosas eran así", (Hechos 17:11). Jesús nunca enseñó una obediencia ciega a un pastor o líder sino que dijo

"... si el ciego guiare al ciego, ambos caerán en el hoyo", (Mateo 15:14). En otras palabras, debemos dar cuenta de nuestras propias acciones; y el pastor nunca fue designado como "cobertura" para permitirnos hacer cosas que violan nuestra propia conciencia.

Eso no quiere decir que tenemos que cuestionar a un pastor que se ha demostrado ser solido, sobre toda decisión que hace; pero si estamos bajo un pastor que es falso maestro, la instrucción de Jesús es "Dejadlos; son ciegos guías de ciegos", (Mateo 15:14).

A veces, o con frecuencia, los tres casos juntos hacen estragos en una misma iglesia. Es un desafío para los con discernimiento, porque pocos tienen el valor de hacerse oír; y los que lo hacen, muchas veces son sacados de la iglesia.

Es muy posible que cristianos genuinos y sinceros, siguiendo esta clase de enseñanza, pueden extraviarse. Si no estamos dispuestos a ser consistentes en lo que creemos, entonces estaremos sin consistencia en la práctica. El ser inconsistente puede llevar a la apostasía. Y como advirtió Pablo, la apostasía es un factor clave en la preparación del camino del Anticristo.

Un engaño espiritual actualmente está obrando en el nombre de Cristo; y la iglesia está siendo preparada para aceptarlo. El apóstol Pablo dijo que eso iba a ocurrir, y el pensamiento de moda hoy demuestra que esto en realidad está pasando. Y según la Biblia, si los cristianos están siendo engañados ahora, es lógico asumir que el engaño aumentará.

La doctrina bíblica se fundamenta en una fe establecida según el consejo total de Dios. Las Escrituras siempre tienen que ser la base de la doctrina bíblica. La Biblia enseña que toda la Escritura ha sido dada por inspiración de Dios.

Hoy en día, un creciente número de líderes de la iglesia dice que la doctrina bíblica no es tan importante como antes se pensaba. Algunos dicen que mantenerse firmes en la doctrina bíblica puede dividir el cuerpo y frenar el avivamiento. Otros líderes utilizan el término bibliolatría para describir a los que ponen demasiado énfasis en la Biblia.[26] En el otoño de 2016, Andy Stanley, pastor de una mega-iglesia (hijo de Charles Stanley) declaró lo siguiente a líderes y pastores en la conferencia "Comisión de ética y libertad religiosa" de la Convención de los Bautistas del Sur:

Nuevo Vino o Antiguo Engaño

Pido que los predicadores y los pastores y pastores estudiantes, en sus comunicaciones, *quiten el enfoque en la Biblia* y lo vuelvan a la resurrección.[27] (Énfasis Oakland)

Hasta la fecha de publicación de este libro, no he oído ninguna crítica de parte del público denunciando semejante declaración por un líder cristiano.

Algunos dicen que podemos recibir una nueva revelación independiente de la Biblia. Dicen que es importante no juzgar las revelaciones que Dios está dando a la humanidad. Aunque sabemos que Dios obra y siempre ha obrado, en las vidas de los creyentes, la Palaba de Dios es la base que define toda verdad. Y el principio de toda apostasía y engaño es creer que la Palabra de Dios no es confiable o digna de fe como Su estándar infalible para discernir y establecer la verdad.

Los que apoyan esta clase de cristianismo basada en la experiencia muchas veces utilizan el libro de los Hechos para apoyar su punto de vista que comportamientos extraños y caos ocurre cuando Dios derrama Su Espíritu. Por ejemplo, Dick Reuben, un conferencista que habla con frecuencia en la iglesia Brownsville Asambleas de Dios, en Pensacola, Florida, dice:

> Si uno lee el libro de los Hechos, descubrirá que ocurren algunas cosas extrañas y anormales. La gente observaba y se maravillaba. Quiero decirles que la iglesia, con el transcurso de los años, se ha organizado y hemos aprendido hacer que funcione la iglesia; y hemos confiado en la mano de carne, y desarrollado programas. Pero escuchen, cuando Dios actúe, puede resultar algo caótico. ¿Sabían eso?[28]

Después, amonestando a los críticos y proponiendo una nueva doctrina sobre lo que la Biblia no dice, Reuben continúa:

> Usted dice, "Bueno, no veo algunas de estas cosas ocurriendo en el libro de Hechos". Escuchen, el Espíritu Santo no pudo poner todo lo que El hizo en el libro de Hechos. Si

Dios hiciera todo, poniendo todo lo que El hizo en el día de Pentecostés en la Biblia, se tendría que usar una carretilla solo para Hechos 2. ¡De modo que Dios no puso en la Biblia todo lo que pasó![29]

Entonces, ¿qué de esta doctrina que se ha usado para justificar comportamiento extraño en la iglesia? ¿Es correcto bíblicamente enseñar que nuevas doctrinas pueden hacerse que justifican nuestros sentimientos y creencias?

¿Qué tal el modelo de Berea que se menciona el libro de Hechos referente al estudio de la Biblia? Lucas los alabó por su diligencia en escudriñar las Escrituras a diario para asegurarse que lo que Pablo les enseñaba no fuera error (Hechos 17:11).

Por supuesto, se necesitaría una carretilla para llevar el libro de Hechos si todo lo que Dios hizo durante ese tiempo hubiera sido escrito. Pero Dios inspiró a Lucas a escribir solo lo que El quiso que conociéramos. La Biblia indica que los cristianos deben preocuparse más sobre lo que la Biblia enseña que lo que ella no enseña. Sin embargo, como hemos documentado, ocurre lo contrario dentro del movimiento del Nuevo Vino. No solo se ignora la Palabra de Dios, sino se hace una nueva interpretación para justificar las señales y los prodigios que se promueven como requisito para el avivamiento.

Aunque más de dos décadas han pasado desde que empezó esa "nueva ola" del cristianismo basado en las experiencias, creo que otra ola aun más poderosa y engañosa vendrá y tocará el país entero. He observado que un inmenso número de iglesias y denominaciones dominados por la bendición Toronto y el río Pensacola han perdido totalmente el discernimiento bíblico y han llegado a ser inundados por otras olas relacionadas con el fenómeno del crecimiento de la iglesia. Hablaremos de esto más adelante.

Estamos viviendo en tiempos peligrosos, y posiblemente usted, como yo, se ha preguntado: ¿Quién se levantará y advertirá sobre lo que está pasando mientras todavía hay tiempo?

13

¿UN SEGUNDO PENTECOSTÉS?

Sabemos por las palabras de Jesucristo que Satanás tiene una agenda para engañar al mundo en el nombre de Cristo. El "dios de este mundo" (II Corintios 4:3-4) es experto en el engaño (Apocalipsis 12:9). También sabemos que al aproximarnos más al regreso de Jesucristo, el plan de Satanás se intensificará (Apocalipsis 12:12). Incontables personas serán engañadas por los que dicen venir en el nombre de Cristo. Aunque la Biblia nos lo ha advertido, las Escrituras indican que el engaño será tan intenso que aún un número desconocido de cristianos caerán en la trampa (Mateo 24:24). Es nuestra decisión si aceptamos o no esta advertencia, pero el hacer caso es un paso positivo para evitar ser llevados por esta red de engaño.

En el último capítulo, hablamos de un cristianismo en las denominaciones protestantes basado sobre las experiencias. En esta capítulo, mi meta es demostrar que los católicos y los protestantes por igual están siendo engañados; y están abrazando lo que algunos llaman un "segundo Pentecostés". Aunque ambos grupos están convencidos que el Espíritu Santo los está guiando, hay numerosas preocupaciones serias que necesitamos aclarar.

¿Qué es este supuesto "segundo Pentecostés" al cual muchos protestantes y católicos se refieren? ¿Qué de todas las ideas y enseñanzas asociadas con el movimiento carismático que no tienen una base bíblica? ¿Es posible que el movimiento Nuevo Vino carismático sea uno de los puentes que prepara un cristianismo engañado para una reintroducción de la religión de Babilonia como pronostica la Biblia en los últimos tiempos?

Vuelve la Lluvia Tardía

Lo cíclico es bíblico. Es muy probable que lo que ocurrió en el pasado se repita. Referente a las enseñanzas y prácticas del movimiento de la Lluvia Tardía nacido en Canadá a finales de los '40, eso es exactamente lo que está pasando.

Se observó en junio de 1949 que las enseñanzas y prácticas del movimiento Lluvia Tardía que se había originado en North Battleford, Saskatchewan, dividieron familias, iglesias y asociaciones de creyentes. Eventualmente algunos pastores y líderes de diferentes denominaciones de iglesias estaban dispuestos a tomar una decisión y expresar sus preocupaciones sobre la naturaleza sectaria del movimiento. Uno fue Ernesto Williams, superintendente general de las Asambleas de Dios en los Estados Unidos. Tratando algunas de las doctrinas más controvertidas de la Lluvia Tardía, escribió un artículo que se publicó en el Pentecostal Testimony (Testimonio pentecostal), una publicación oficial de las Asambleas Pentecostales de Canadá. El artículo dice:

> ¿No parece un paso atrevido llamar a personas en la congregación, que, a través de la profecía y la imposición de manos, podrán tener dones y llamamientos impartidos? Se nombran otros que esperan llegar al campo foráneo. Si estas reclutas nuevas llegan allí y no pueden hablar el idioma como anhelaban, ¿qué pueden sufrir? La declinación del cuerpo y enfermedades de lo mismo no son de demonios. Imaginamos visitar a una persona debilitada y afligida, y decir que la causa de su enfermedad es que está poseída por algún demonio, después buscar nombrar al demonio y echarlo fuera. Esto podría llegar a acusar a la pobre gente enferma de posesión por toda clase de demonios. Pensemos en la reacción mental de parte de los que sufren.[1]

¿Un Segundo Pentecostés?

Williams no estaba solo al expresar estas preocupaciones con la doctrina de la Lluvia Tardía. En el otoño del 1949, en la reunión del Concilio General de las Asambleas de Dios, en Seattle, Washington, el Concilio adoptó una resolución de desaprobación de las prácticas de lo que llamaron "El Nuevo Orden de la Lluvia Tardía". Según las actas del Concilio General de 1949, la siguiente declaración fue leída y aprobada:

> Considerando que estamos agradecidos por la visitación de Dios en el pasado, y las evidencias de Sus bendiciones sobre nosotros hoy, y considerando que reconocemos el hambre de parte del pueblo de Dios para una renovación espiritual y una manifestación de Su Espíritu Santo, aquí sea resuelto que desaprobamos esas enseñanzas y prácticas que no estén fundamentadas en las Escrituras, y que así solo sirven para romper la comunión con los de una preciosa fe compartida, y que tienden a confundir y dividir a los miembros del cuerpo de Cristo; y que se sepa por la presente que este 23º Concilio General desaprueba al tal llamado "Nuevo Orden de Lluvia Tardía": (1) El énfasis desmedido en cuanto a impartir, identificar, dar o confirmar los dones a través de la imposición de manos o de profecía. (2) La enseñanza errónea que la Iglesia se fundamenta sobre los apóstoles y profetas actuales. (3) La enseñanza extrema que se promueve por el "Nuevo Orden" en cuanto a la confesión de pecado a un hombre y la liberación que se hace, que pretende tener prerrogativas de agencia humana que pertenecen solo a Cristo.[2]

Aunque la resolución hecha por el Concilio General de las Asambleas de Dios tuvo un impacto mayor sobre varias denominaciones pentecostales por toda Norteamérica, había los que todavía llevaban la bandera del "Nuevo Orden de Lluvia Tardía". Los que apoyaban la Lluvia Tardía seguían activos y dedicados a su causa. Muchas iglesias avivadas que se hicieron visibles en Norteamérica continuaron. La mayoría de estas iglesias eran independientes y autónomas; y llegaron a ser iglesias madres que produjeron otras iglesias pequeñas que seguían y propagaban las enseñanzas de la Lluvia Tardía.

Varias creencias y prácticas del movimiento Lluvia Tardía entraron en la renovación carismática. También se puede documentar que los puntos de vista escatológicos del movimiento Lluvia Tardía fueron adoptados por carismáticos por todo el mundo. Uno que adelantaba la doctrina de la Lluvia Tardía fue J. Preston Eby, de El Paso, Texas. Richard Riss, en su libro *Latter Rain; The Latter Rain Movement of 1948 and the Mid-Twentieth Century Evangelical Awakening* (*Lluvia tardía:El movimiento Lluvia Tardía del 1948 y el despertar evangélico del medio siglo veinte*), menciona que hombres como Eby enseñó que el movimiento Lluvia Tardía algún día reviviría. En una serie de estudios bíblicos publicada en 1976, Eby escribió lo que sigue abajo. Aunque la cita es larga y un poco difícil seguir, es importante examinar con cuidado sus pensamientos sobre los últimos días:

> En 1948, el mismo año cuando Israel llegó a ser nación, otra inundación llegó desde el cielo, un avivamiento poderoso llamado en ese entonces "la Lluvia Tardía". En este avivamiento de restauración, Dios hizo una obra que sobrepasó por mucho la obra empezada en el mover pentecostal de más de cuarenta años atrás. Todos los nueve dones del Espíritu, los cinco ministerios de apóstoles, profetas, evangelistas, pastores y maestros, alabanza y adoración espiritual, y la revelación del propósito de Dios en los postreros días de manifestar a Sus hijos, una iglesia gloriosa para traer el reino de Dios, todo esto y mucho más fue restaurado entre el pueblo de Dios. Y ahora los grandes tratos de Dios: la limpieza, los procesos, la revelación profunda, edificación y fortalecimiento, entendimiento de los caminos del Señor, la fe en las promesas, esperanza en Dios, desarrollo de la naturaleza y carácter de Dios, todo esto está puesto sobre un pueblo que ha recibido el fruto de esta segunda gran visitación de Dios y así se prepara para el tercer derramamiento, que finalmente llevará a la plenitud, una compañía vencedora de los Hijos de Dios, que ha llegado a la medida de la estatura de la plenitud de Cristo hasta realmente destronar a Satanás, echándole de los cielos

¿Un Segundo Pentecostés?

y atándole en la tierra, trayendo la esperanza de liberación y vida a todas las familias de la tierra. Esta tercera gran obra del Espíritu introducirá un pueblo a la plena redención, libre de maldición, pecado, enfermedad, muerte y carnalidad.[3]

Primero, la declaración de Eby revela que el movimiento de la Lluvia Tardía todavía tenía vida un cuarto de siglo después de que sus doctrinas fueran expuestas. Segundo, esta declaración demuestra que el movimiento actual del Nuevo Vino está ligado a las enseñanzas de la Lluvia Tardía que nació hacía más de sesenta años atrás. Tercero, esta declaración demuestra que los carismáticos hoy todavía promueven la idea que hombres y mujeres habilitados (los hijos manifestados de Dios) pueden poner en marcha una "Época de la Iglesia". Y finalmente, se hace un pronóstico de un nuevo derramamiento del Espíritu Santo que es extremadamente interesante, dada a las actuales alianzas ecuménicas entre católicos y protestantes.

Los pentecostales católicos

Un tiempo atrás, me dieron un libro para leer, titulado *As By A New Pentecost: The Dramatic Beginning of the Catholic Charismatic Revival* (*Por medio de un nuevo pentecostés: El principio dramático del avivamiento carismático católico*)[4] Durante mi vida como investigador, escritor y conferencista, me han puesto en las manos muchos papeles, revistas y libros que después resultaron ser significativos. Al hojear este libro, casi no puedo creer lo que leo. La misma dirección que estaban tomando mis investigaciones fue confirmada con cada página.

Mi primera reacción al libro ocurrió rápidamente cuando leí la página de la dedicación. La autora, Patti Gallagher Mansfield, dedicó su libro a "María, la esposa del Espíritu Santo, Madre de la Iglesia".[5] El libro fue escrito para informar a los lectores de los eventos relacionados con el origen de la Renovación Católica Carismática, conocido como "El fin de semana Duquesne". En la introducción, Mansfield dice:

> El retiro del 17-19 diciembre de 1967 ha llegado a conocerse como el fin de semana Duquesne. Generalmente se considera

como el principio del avivamiento carismático en la Iglesia Católica. Este fue en primer evento donde un grupo de católicos experimentaron el bautismo del Espíritu Santo y los dones carismáticos. Aunque pudo haber habido católicos bautizados en el Espíritu antes del fin de semana Duquesne, este retiro empezó un movimiento amplio de renovación católica carismática a través de todo los Estados Unidos y alrededor del mundo.[6]

Según el cardenal Suenens, quien escribió el prefacio del libro, el fin de semana Duquesne definió un punto en la historia de la Iglesia Católica. El también dice:

> (Gallagher Mansfield) liga el bautismo del Espíritu con el nombre de la maternidad espiritual de María, así recordándonos que Jesucristo sigue siendo nacido en forma mística del Espíritu Santo y de María y que nunca debemos separar lo que Dios ha juntado.[7]

Esta conexión mariana con un nuevo derramamiento del Espíritu Santo es llamada "el segundo Pentecostés". Esta idea no me era tan nueva. Algunas otras fuentes de mis lecturas indicaron que el movimiento de la aparición mariana, el movimiento católico carismático, y el movimiento protestante carismático tienen un terreno común en el "movimiento de unidad". Voy a documentar esto más adelante, pero por el momento basta comentar que la información que recibí del libro de Patti Gallagher Mansfield confirmó mis sospechas.

También, me pregunté si el movimiento de la Lluvia Tardía que pronosticó la "tercera ola" fuera lo que los católicos ahora llaman "el segundo Pentecostés". Había que investigar más afondo la conexión entre la tercera ola y el segundo pentecostés. ¿Cuáles otras conexiones existían entre los dos movimientos? ¿Sería posible que las apariciones marianas y las manifestaciones de Jesús en la Eucaristía podrían tener un rol en el ecumenismo?

¿Un Segundo Pentecostés?

La oración del papa

A la vez que el cardenal Suenens y Patti Gallagher Mansfield vieron el fin de semana Duquesne como clave para el surgimiento del movimiento católico carismático, hay evidencia que las bases se habían puesto varios años antes. Muchos que consideran que febrero de 1967 era la fecha del inicio del movimiento, durante el fin de semana Duquesne, también ven como significativa la oración del papa Juan XXII al abrir el Segundo Concilio del Vaticano. Ellos ven la renovación católica carismática como una respuesta providencial de la oración de papa, cuando él pidió un nuevo pentecostés en 1961. La oración dice:

> Renueva Tus maravillas en este, nuestro día, a través de un nuevo pentecostés. Permite que Tu Iglesia, de un mismo sentir y oración firme con María, la madre de Jesús, y siguiendo el camino del bendito Pedro, que pueda avanzar el reino de nuestro Divino Salvador, el reino de verdad y justicia, el reino de amor y paz. Amén.[8]

El libro de Patti Gallagher Mansfield provee otros detalles sobre el movimiento católico carismático. Aparentemente el papa Juan XXIII fue muy impactado por las experiencias carismáticas que había tenido cuando visitó un pequeño pueblo en Checoslovaquia antes de ser nombrado papa. Anna María Schmidt, una antigua ciudadana de este pueblo, le contó a Mansfield de los orígenes del movimiento católico carismático que ocurrió en el siglo once. Mansfield exlica:

> Una hermosa señora, que no se identificó, apareció en la montaña y les enseñó a rogar al Espíritu Santo. Cuando siguieron sus instrucciones, todos fueron llenos del Espíritu Santo y recibieron dones carismáticos, tales como el discernimiento de espíritus, profecía y el don de lenguas.[9]

Mansfield también dijo que el papa Juan XXIII fue motivado de orar por un nuevo pentecostés por Elena Guerra, una mujer a quien él llamaba "el apóstol del Espíritu Santo". La hermana Elena Guerra fue la fundadora de las Hermanas Oblate del Espíritu Santo en Lucca, Italia. Cuando tenía 55 años, fue motivada a escribir al papa Leo XIII, animándole a renovar la Iglesia Católica por medio de regresar al Espíritu Santo. La hermana Elena escribió doce cartas confidenciales al "Santo Padre" entre 1895 y 1903, pidiendo una renovada predicación sobre el Espíritu Santo. Siguiendo la sugerencia de la hermana Elena, el papa Leo XIII invocó al Espíritu Santo el 1 enero de 1901, el primer día de cumplir el primer año del siglo veinte.[10]

Finalmente, Mansfield provee información sobre una conexión interesante entre el movimiento católico carismático y el movimiento carismático protestante. Ella dice:

> En el mismo día (1 enero de 1901), un evento ocurrió en Topeka, Kansas que señaló el principio de un gran avivamiento en el poder y los dones del Espíritu Santo destinado a extenderse por todo el país y alrededor del mundo. En Topeka, 17º con Avenida Stone (actualmente la ubicación de la iglesia católica Corazón más Puro de María), había una mansión gigante de tres pisos y treinta cuartos. Tenía el apodo de "Necedad de Stone" después que el constructor, Erasmus Stone, descubrió que no tenía medios de poder vivir allí. La mansión llegó a ser la sede del instituto y escuela bíblica Bethel en septiembre de 1900. El reverendo Charles Fox y sus estudiantes se dedicaron a la oración y el estudio de la Palabra de Dios en cuanto al bautismo del Espíritu Santo. De hecho, la torre más alta de las tres que tenía la mansión fue designada como torre de oración; y se organizó allí una maratón de vigilia de oración. Durante veinticuatro horas al día, siete días de la semana, estos jóvenes estaban pidiendo a Dios que bautizara a uno de ellos, o a todos, con el Espíritu Santo.
>
> Como a las 11:00 la noche del 1 enero de 1901, una estudiante, Agnes Ozman, pidió al reverendo Parham que le impusiera manos en su cabeza y orara que recibiera el bautismo del Espíritu Santo. Ocurrió precisamente así. Agnes empezó a orar en lenguas, y otros en la escuela, incluyendo

¿Un Segundo Pentecostés?

al reverendo Parham, tuvieron la misma experiencia en los días siguientes. Este evento se ve generalmente como el principio del pentecostalismo. En 1906, otro derramamiento del Espíritu Santo ocurrió en Los Ángeles, comúnmente conocido como el Avivamiento de la Calle Azuza.[11]

Una explicación adicional de lo que pasó en Topeka, Kansas, al principio del siglo veinte también se escribió por Robert A. Larden en su libro titulado *Our Apostolic Heritage* (*Nuestra herencia apostólica*).[12] Este libro documenta la historia oficial de la Iglesia Apostólica de Pentecostés de Canadá; y el reverendo Larden explica cómo la doctrina pentecostal de hablar en lenguas fue establecida. Esta doctrina dice que la evidencia que la persona ha recibido el bautismo del Espíritu Santo es cuando habla en lenguas. El explica:

> Uno de los que buscó de Dios poder ser un testigo más eficaz fue Charles Fox Parham. Criado en la iglesia congregacional, más adelante él se unió a los metodistas. Después se asoció con el movimiento de avivamiento que eventualmente se separó del cuerpo metodista que se llamaba el movimiento de santidad. Charles Parham creyó que mientras muchos recibían la verdadera santificación, todavía faltaba un gran derramamiento de poder para los cristianos. En el año 1900, Charles Parham abrió un instituto bíblico en una mansión abandonada en Topeka, Kansas. Cuarenta estudiantes se reunieron. Entre los hombres y mujeres que se reunían para estudiar la Palabra de Dios había doce ministros. El interés principal fue el libro de Hechos. Parham tenía un compromiso para predicar en diciembre de ese año, y pidió a los estudiantes escudriñar el libro de Hechos en estudio privado, buscando alguna evidencia notable que consistentemente se relacionara con el bautismo del Espíritu Santo en la iglesia primitiva. Cuando él regresó, los estudiantes en forma unánime tenían la convicción que en cada caso cuando primero se recibía el bautismo del Espíritu Santo, la evidencia era el "hablar en lenguas".[13]

Según este resumen de los eventos anteriores a lo que ocurrió en enero de 1901 en Topeka, Kansas, es obvio que se había determinado desde antes que el hablar en lenguas no era solamente "una" señal de que la persona recibía la llenura del Espíritu Santo, sino que era "la" señal que se buscaba. Hasta el día de hoy, numerosas denominaciones pentecostales insisten de que hablar en lenguas es "la" evidencia y "lo requerido" referente al bautismo del Espíritu Santo.

El libro de Robert Larden también provee información interesante histórica que relaciona Charles Parham del grupo de Topeka, Kansas, con el Avivamiento de Azuza que originó en Los Ángeles, California, a principios de 1900. Larden escribe:

> Charles Parham nunca comprometió sus convicciones referente a la verdad revelada y la validez de su experiencia con Dios. Un segundo instituto bíblico se abrió en Houston, Texas, en 1905. Entre los estudiantes había uno llamado William Seymour.[14]

William Seymour tuvo un rol significativo en el avivamiento de la Calle Azuza. Seymour era ministro ordenado con el movimiento de santidad. Recibió una invitación de ser pastor asociado de una iglesia nazarena en Los Angeles al final del instituto bíblico conducido por Parham en Houston, Texas. Larden da más información sobre Seymour.

> Algunos decían que él aceptó el mensaje del bautismo del Espíritu Santo con la evidencia de hablar en lenguas, pero que no lo había experimentado personalmente cuando llegó para aceptar su posición. Según los planes, él iba a hablar cada noche en una serie de reuniones y seguir allí como pastor asociado. Para su primer mensaje en la iglesia nazarena, tomó el texto de Hechos 2:4, "Y fueron todos llenos del Espíritu Santo, y comenzaron a hablar en otras lenguas, según el Espíritu les daba que hablasen". El enfatizó la convicción que les había llegado en la escuela en Houston y la confirmación que Dios dio, cuando la mayor parte del cuerpo estudiantil y el hermano Parham habían recibido el bautismo del Espíritu

¿Un Segundo Pentecostés?

Santo con la misma evidencia como los del aposento alto escrito en Hechos capítulo 2.[15]

El mensaje de Seymour no fue aceptado por los líderes de la iglesia nazarena, y le cerraron la iglesia. Un miembro de la congregación, que era seguidora de Seymour, le invitó a tener un culto en su casa. Larden escribe:

> Fue en ese hogar de la calle Bonnie Brae el 9 de abril de 1906, que siete personas recibieron el bautismo del Espíritu Santo con la evidencia de hablar en lenguas. El gozo del Señor llenó la casa. Ellos se rieron y gritaron, cantaron y adoraron al Señor toda la noche. Se extendió la noticia, y a la mañana siguiente, empezó a llegar gente desde temprano hasta ya no caber más. Buscaron un lugar más grande y consiguieron arrendar un antiguo edificio en 312 Calle Azuza. Tiempo atrás había sido una iglesia metodista, pero estaba sin uso por muchos años. Madera vieja y basura llenó el lugar. Lo limpiaron y barrieron el polvo. Se consiguieron tablas, que fueron puestas sobre recipientes de clavos vacíos para proveer donde sentarse unas treinta personas. Hubo como doce personas esa primera reunión. Sin instrumentos para guiar el canto y sin himnarios, ellos adoraron a Dios. Himnos conocidos fueron cantados por memoria. Uno de los más seleccionados era "El Consolador ha llegado". Esa noche, dos más recibieron el bautismo y hablaron en lenguas. Una llamita fue prendida que fue destinada a cruzar la nación y envolver al mundo.[16]

Unidad carismática

Si hay algunos factores que indican que el movimiento católico carismático y el movimiento protestante carismático tienen en común su nacimiento del 1º de enero de 1901, entonces ¿qué ha pasado desde entonces? Han pasado más de 100 años. ¿Es posible examinar los dos diferentes movimientos hoy, compararlos, y ver si lo que "se ha juntado" todavía puede notarse algo unido?

La respuesta a estas preguntas puede documentarse. Por ejemplo, en la edición febrero de 1995 de Charisma, leemos que un avivamiento que supuestamente ocurrió en la Gran Bretaña fue marcado por risas y borrachera espiritual. Esta clase de experiencias unió anglicanos, metodistas, pentecostales, bautistas y católicos.[17] El cristianismo basado en la experiencia ha estado uniendo todas las denominaciones incluyendo a protestantes y católicos por todo el mundo. Aunque no hay ninguna base bíblica para esta clase de comportamiento humano, los que abogan por un cristianismo basado en la experiencia creen que es "solamente la gente respondiendo a Dios".[18]

O consideremos lo que pasó en la Conferencia Orlando '95, cuando carismáticos católicos y protestantes abandonaron sus diferencias y adoraron juntos:

> Católicos haitianos bailaron al estilo conga en los pasillos cantando fuertemente en creole. Monjes con sus sotanas y monjas brincaron en los pasillos con los pentecostales, metodistas, menonitas y episcopales. Otros alabaron a Dios danzando por todo el centro de convenciones moviendo paraguas abiertas, tal vez queriendo señalar que la lluvia invisible del Espíritu Santo caía.[19]

En la Conferencia Orlando '95 hablaron varios líderes claves, todos entusiasmados por esta reunión ecuménica. Estos incluyeron el obispo católico Sam Jacobs, el evangelista de sanidad Benny Hinn y el obispo pentecostal Gilbert Patterson. Cada conferencista animó a las iglesias trabajar juntas. John Buckley, sacerdote católico de Tampa, Florida, dijo que la conferencia había tumbado paredes de prejuicio entre creyentes, y comentó, "Este es el movimiento ecuménico más grande en la iglesia cristiana".[20]

¿Ecumenismo carismático?

En el año 1985, un grupo de líderes carismáticos se reunió y formó el Comité Norteamericano de Servicio de Renovación (NARSC por

¿Un Segundo Pentecostés?

sus siglas en inglés), una entidad compuesta por carismáticos católicos y protestantes. El NARSC se encargó de organizar conferencias sobre "el Espíritu Santo y el Evangelismo Mundial" en varias ciudades.

"Celebrar a Jesús 2000", también patrocinado por el Comité Norteamericano de Servicio de Renovación, tomó lugar en St. Louis, Missouri, 22-25 de junio del 2000. Esta conferencia milenaria fue administrada por la Universidad Franciscana de Steubenville, Ohio, la universidad católica que había tenido una influencia importante en persuadir a los Hombres de Valor cambiar las palabras de su declaración de fe para incluir a los católicos romanos.[21]

La "Conferencia Celebrar a Jesús" fue promovida como "la fiesta milenaria que no quieres perder".[22] Entre los conferencistas invitados a participar fueron John Arnott, Toronto Airport Christian Fellowship; padre Tom Forest, director internacional de Evangelismo 2000; padre Stan Fortuna, evangelista de Monjes Franciscanos de la Renovación; Jack Hayford, The Church on the Way, Van Nuys, California; Steve Hill, ministerios Together in Harvest; Cindy Jacobs, presidente y co-fundadora de Generals of Intercession; obispo Sam Jacobs, diócesis católica romana de Alexandria, Louisiana; John Kilpatrick, Brownsville Asambleas de Dios, Pensacola, Florida; Rick Joyner, Morning Star Ministries, Moravian Falls, Carolina del Norte; hermana Briege McKenna, International Healing Ministry; Richard Roberts, presidente, Oral Roberts University; padre Michael Scanlan, presidente, Universidad Franciscana de Steubenville, Ohio; y Thomas Trask, anterior superintendente general de las Asambleas de Dios.[23]

Según los promotores de la conferencia, "los riachuelos del cristianismo se están uniendo" para llegar a ser el "río". Un folleto promocional decía:

> Únase con nosotros en St. Louis 22-25 de junio cuando miles de cristianos de cada corriente y tradición reconocen el aniversario 2000 del nacimiento de nuestro Salvador en el Congreso Celebrar a Jesús.
>
> Esta conferencia promete ser el escenario para un poderoso avivamiento. Conferencistas destacados y adoración

estimulante le llenará con el agua viva del Espíritu Santo. Talleres y sesiones internacionales le darán las herramientas que necesita para vivir su fe. Compañerismo entre católicos y protestantes fomentarán respeto mutuo y recordarnos que Cristo murió por todos. Sin duda, estará preparado para "abrir de par en par las puertas a Cristo" en el tercer milenio.[24]

A la vez que la lista de conferencistas del "Celebrar a Jesús 2000" parecía ser la "crema y nata" del cristianismo carismático, hay razones para pensar que los administradores de Steubenville puede haber influido para meter católicos afines con un punto de vista completamente católico romano sobre qué es ser cristiano. Uno de los conferencistas de "Celebrar a Jesús 2000", el padre Tom Forest, el representante vaticano de "Evangelización 2000", es promovedor ferviente de la agenda católica de atraer a los "hermanos separados" a la "Madre de Las Iglesias". En una sesión especial de una conferencia para católicos en Indianapolis en 1990, el padre Tom Forest hizo la siguiente declaración:

> Nuestra tarea es hacer a las personas tan plenas y completamente cristianas que nos sea posible por medio de entrarlas en la Iglesia Católica. De modo que la evangelización nunca es completamente exitosa, sino solo parcial, hasta que el convertido sea miembro del cuerpo de Cristo al ser llevado a la iglesia (católica).
>
> No, usted no solamente invita a alguien a ser cristiano, usted lo invita a ser católico. ¿Por qué es esto tan importante? Primero, hay siete sacramentos, y la Iglesia Católica tiene todas las siete. En nuestros altares tenemos el cuerpo de Cristo; tomamos la sangre de Cristo. Jesús está vivo en nuestros altares . . . Llegamos a ser uno con Cristo en la Eucaristía . . .
>
> Como católicos tenemos el papado, una historia de papas desde Pedro hasta Juan Pablo II . . . tenemos la roca sobre la cual Cristo edificó Su Iglesia.

¿Un Segundo Pentecostés?

Ahora como católicos—y amo éste—tenemos el Purgatorio. ¡Gracias a Dios! Soy una de esas personas que nunca llegaría a la Visión de Beatificación sin él. Es la única manera . . .

Entonces, como católicos . . . . nuestro trabajo es utilizar lo que hay de la década evangelizado, entrando a todos los que podamos dentro de la Iglesia Católica, en el cuerpo de Cristo y en el tercer milenio de la historia católica.[25]

¿Serán los "riachuelos" del cristianismo que fueron destinados a formar un "río" en St. Louis en 2000, formar un río que fluirá hacia Roma? ¿Ha cambiado el padre Tom Forest su punto de vista sobre lo que significa ser cristiano posterior a su declaración a católicos en 1990, o sería que los protestantes han sido engañados, pensando que el evangelio católico ha cambiado y que ahora es compatible con el Evangelio bíblico?

El factor Alpha

"Los obispos católicos romanos elogian el curso Alpha mientras se extiende dentro de la iglesia",[26] fue el titular de primera página de un artículo que leí en *Alpha News*. El subtítulo decía, "Cardenal arzobispo abre conferencia en Nueva Zelanda". Según el artículo, un creciente número de iglesias católicas romanas están usando el Curso Alpha. También, muchos obispos católicos y líderes de la iglesia están dando al curso su bendición, entre ellos el cardenal Thomas Williams, el anterior arzobispo católico romano de Wellington. Más de 450 personas llenaron la Catedral de Londres en mayo de 1997, para la primera conferencia católica romana de Alpha. Sandy Miller y Nicky Gumbel de la iglesia Holy Trinity Brompton dirigieron la conferencia, que había recibido mensajes animadores del cardenal Hume, el anterior arzobispo de Westminster.[27]

La conferencia fue abierta por el finado obispo Ambrose Griffiths. El dijo que el curso Alpha es "una herramienta evangelística poderosa que alcanza precisamente a los que necesitamos". También dijo que la conferencia era muy importante ecuménicamente. El dijo que "Debemos tener la humildad de aprender de otros cristianos, y estoy feliz de que estemos haciendo esto hoy".[28]

Para explicar por qué los católicos fácilmente aceptan el curso Alfa, también dijo:

> No es una exposición completa de doctrina católica. Ningún curso introductorio podría hacer esto. Pero tampoco contiene nada que es contrario a la doctrina católica.[29]

También añadió:

> Además, provee, en una forma maravillosa, la base de la creencia cristiana que muchos católicos nunca habían apreciado. Ellos han sido sacramentalizados pero nunca evangelizados.[30]

Después de la conferencia, que incluía cómo dirigir un curso Alpha en un contexto católico, muchos delegados expresaron su ánimo y felicidad sobre lo que acababan de oír. Un delegado escribió: "Esto es un momento maravilloso y transcendental en la historia de la Iglesia."[31]

En el librito *The Alpha Course: An Evangelical Contradiction* (*El curso Alpha: Una contradicción evangélica*), Mary Danielsen y Chris Lawson hicieron el siguiente comentario sobre el trasfondo del líder del curso Alpha, Nicky Gumbel:

> Un elemento importante en el trasfondo histórico de los creadores de Alpha es que la iglesia (Holy Trinity Brompton) HTB llegó a ser el centro del movimiento de "risa santa" para Inglaterra y Europa en la década de los noventa. Eleanor Mumford, juntamente con su esposo John, llevó el movimiento Vineyard al Reino Unido (con la aprobación renuente del fundador de Vineyard, John Wimber[32]), visitó la iglesia Toronto Airport Vineyard Church en Ontario en 1994, y compartió la experiencia que ella había tenido allí. Nicky Gumbel asistió a una reunión en un hogar en mayo de

¿Un Segundo Pentecostés?

1994, donde Mumford le compartió sobre sus experiencias en Toronto e "invitó al Espíritu Santo llegar".

El momento que ella hizo esto, cosas extrañas empezaron a ocurrir. Una persona fue tirada al otro lado del cuarto y tirada al piso, aullaba y se reía, "haciendo un ruido increíble". Otro hombre estaba en el piso "profetizando". Algunos tenían la apariencia de estar borrachos. Gumbel testificó que tuvo una experiencia como "una tremenda corriente eléctrica pasando por mi cuerpo"33. Gumbel se compuso y corrió a una reunión en HolyTrinity Brompton... Cuando cerró esa reunión con oración, dijo, "Señor, gracias por todo lo que Tú estás haciendo, y oramos que envíes a Tu Espíritu" otra vez se manifestaron los mismos fenómenos extraños. Uno de los asistentes estaba en el piso con los pies en el aire y empezó a "reírse como una hiena"...

Como la Iglesia Anglicana tiene tanto en común con la Iglesia Católica Romana, tenemos que preguntarnos cómo los evangélicos tuvieran la impresión de que el curso Alpha fuera compatible con el cristianismo protestante evangélico.

En las dos citas que siguen, podemos ver la aceptación y apoyo de Gumbel hacia el catolicismo romano y el papado romano:

"Fue un honor grande ser presentado al papa Juan Pablo II, quien ha hecho tanto para promover el evangelismo alrededor del mundo. Hemos sido enriquecidos enormemente por nuestrainteracción con los católicos de muchos países".[34]

"Probablemente uno de los movimientos más fuertes del Espíritu Santo está en la Iglesia Católica Romana; entonces, por ejemplo, no hay una diferencia gigante teológica entre la enseñanza oficial de la Iglesia Católica y la Iglesia Anglicana."[35]

Para los que quieren entender más plenamente hacia dónde el curso Alpha está llevando a la iglesia, les animo a leer el librito de Danielsen y Lawson.[36]

María y el Espíritu Santo

A la vez que los protestantes y católicos parecen encontrar una unidad centrada en los "dones del Espíritu Santo", puede haber razón para tener cuidado, especialmente si usted ha investigado la literatura referente a los orígenes del movimiento católico carismático. La verdadera unidad cristiana siempre tiene que ser centrada en la obra que Jesús cumplió con Su muerte en la cruz. El Evangelio se fundamenta en el nacimiento, muerte y resurrección de Jesús, no en las experiencias como el hablar en lenguas o caerse bajo el poder del Espíritu.

Según varias declaraciones hechas por Patti Gallagher Mansfield en su libro *As By A New Pentacost* (*Por medio de un nuevo pentacostés*), María, la madre de Jesús, es quien jugó un papel clave en la dispensación del Espíritu Santo en el "comienzo dramático de la renovación católica carismática" en el fin de semana Duquesne en Pittsburgh, 17-19 febrero de 1967. Mientras que Jesús es mencionado de vez en cuando en este libro, una presentación clara del Evangelio está ausente. Si una persona inconversa fuera a leer el libro, seguramente podría pensar que una "experiencia pentecostal" sería la esencia de ser cristiano. Como el libro está dedicado a María, y como hay muchos ejemplos de la adoración de María en el libro, uno puede cuestionar si el movimiento católico carismático es centrado más en María que en el Evangelio de Jesucristo. Por ejemplo, en cuanto a la reunión de apertura el viernes por la noche, Patti Gallagher Mansfield dice:

> Creo que fue significativo tener nuestra atención dirigida hacia María al principio de nuestro retiro. Ella estuvo allí en el Anuncio cuando la Palabra se hizo carne Ella estuvo allí en la Natividad para traer a Jesús al mundo. Ella estuvo allí a la cruz cuando nuestra redención se cumplió. Ella estuvo allí en el Pentecostés cuando la Iglesia nació. En el plan de Dios era necesario que María estuviera "con nosotros" en una manera explícita cuando experimentamos un mover

¿Un Segundo Pentecostés?

soberano del Espíritu Santo ese fin de semana. Los padres de la Iglesia llaman María *"la esposa del Espíritu Santo"*. ¿Cómo podría ella no estar, cuando el Espíritu Santa está obrando?[37]

Más tarde esa noche, Mansfield fue a la capilla donde ella tuvo lo que describió como una experiencia sobrenatural. Ella dijo, "Me arrodillé en la presencia de Jesús en el Bendito Sacramento (la Eucaristía). Entonces algo pasó que no esperaba."[38] Prosigue:

> Siempre había creído por el don de fe que Jesús realmente está presente en el Bendito Sacramento, pero nunca antes había experimentado Su gloria. Mientras me arrodillé allí esa noche, mi cuerpo literalmente tembló ante Su majestad y santidad. Me llené de asombro en Su presencia, El estaba allí . . . ¡el Rey de Reyes y Señor de Señores, el Gran Dios del Universo![39]

Mansfield entonces empezó a hacer una oración de rendimiento incondicional. Mientras se arrodillaba delante del altar, se encontró postrada, rostro en tierra. Nadie le había impuesto manos. Ella nunca había tenido una experiencia semejante antes.[40]

Más tarde, dos jovencitas que estaban en el mismo retiro, al verla, vieron algo físicamente diferente en su aspecto. Tomando a cada una por la mano, ella las llevó a la capilla. Escribiendo sobre esta experiencia, Mansfield dice:

> Las tres nos arrodillamos delante del Señor en el Bendito Sacramento, y empecé a orar en voz alta. No utilicé la terminología correcta; solo oré de corazón. "Señor, lo que acabas de hacer por mí, *¡hazlo por ellas!*" Estaba pidiendo al Señor bautizarlas en el Espíritu Santo sin aun saberlo.[41]

Estas declaraciones ciertamente suenan como las palabras de una persona realmente sincera que quiere experimentar un caminar más cerca a su Señor y Salvador Jesucristo. A la vez que los pentecostales carismáticos usan los mismos términos cuando describen sus experiencias, hay una diferencia mayor que notar. Los protestantes rechazan la idea de que Jesús esté presente en la Eucaristía. Ellos creen que El vive en los corazones de los que claman a El en Su nombre y ponen su confianza en El para la salvación que viene por la gracia, por fe. La creencia que un sacerdote tiene el poder de cambiar un pedazo de pan o la hostia en el mismo cuerpo de Cristo se llama transubstanciación. La creencia que esto ocurra es un dogma de la Iglesia Católica y no tiene ninguna base bíblica.

Patti Gallagher Mansfield tiene una teoría sobre lo que ella piensa que ocurra, que cabe bien en el contexto de este libro. Ella dice:

> No pretendo entenderlo plenamente, pero creo que el Señor está preparando a Su pueblo para una nueva ola del Espíritu Santo. El padre George Kosicki, C.S.B., y el padre Gerald Farrel, M.M., han escrito un libro edificante sobre esta nueva ola del Espíritu titulado *El Espíritu y la novia dicen "Ven"*. En este libro ellos hablan del papel de María en el nuevo Pentecostés. Mi propio entendimiento de lo que Dios está buscando ha sido profundamente impactado por sus reflecciones.[42]

Al concluir su libro, Mansfield hace varias declaraciones que revelan más sobre su posición del enfoque del nuevo Pentecostés hacia una devoción a María. Hablando de parte de los católicos, ella dice:

> Nosotros los católicos vemos en esto un llamado de encomendarnos al cuidado maternal de María, darle la bienvenida como uno de los regalos preciosos que Jesús nos ha dado, y pedirle a ella su poderosa intercesión. Tal como en Caná, María habló a Jesús a favor de los que tenían una necesidad, creemos que ella continua intercediendo por la Iglesia hoy.[43]

Después, en una declaración final, ella explica que para ser fieles al Señor y prepararnos para un segundo Pentecostés, necesitamos mirar a "María" como nuestra "Madre" espiritual. Mansfield dice:

¿Un Segundo Pentecostés?

En la medida que he sido fiel al Señor, ha sido gracias al ejemplo de ella y su oración. Creo que un elemento importante en la preparación de un derramamiento fresco del Espíritu Santo es nuestra relación con María como Madre".[44]

¿Qué es este segundo Pentecostés?

Los católicos carismáticos y los protestantes carismáticos se enfocan en el Espíritu Santo. Sabemos que la Biblia está llena de referencias del Espíritu Santo; pero el Espíritu Santo es una persona y no una fuerza mística que puede ser invocado o manipulado. Además, aunque hubo un día de Pentecostés como está escrito en el libro de los Hechos, ¿cuál es la base bíblica para proclamar un segundo Pentecostés? Jesús dijo que después de Su salida, el Espíritu Santo llegaría y estaría con los creyentes como el Consolador. El Nuevo Testamento enseña que el Espíritu Santo está con nosotros y que seguirá con nosotros hasta que Jesús venga por Su iglesia (Juan 14:16).

No es bíblica la idea de la necesidad de un derramamiento especial llamado un "segundo Pentecostés" o una "tercera ola" que atraerá las masas a Jesús en los días finales. Entonces, si esta idea no es bíblica, ¿de dónde procedió? ¿Podría ser esto una gran seducción al cristianismo? ¿Es posible que la gente se deje engañar en el nombre de Cristo?

Consideremos los siguientes mensajes de la "bendita Virgen María" al padre Don Estefano Gobbi, que encabeza el movimiento mariano de sacerdotes. El ha recibido centenares de mensajes de una aparición sobrenatural que dice ser "María". Estos mensajes son grabados y enviados a unos 400 cardenales y obispos, más de 100.000 sacerdotes y millones de religiosos y "fieles" alrededor del mundo. Considere los siguientes mensajes marianos que están escritos en un libro titulado, *To the Priests, Our Lady's Beloved Sons* (*A los sacerdotes, los hijos amados de Nuestra Señora*):[45]

> Entren todos ustedes al nuevo cenáculo espiritual de mi Corazón Inmaculado para recogerse en una oración intensa e incesante hecha conmigo, su Madre celestial, con la

expectación que el gran milagro del segundo Pentecostés, ya se acerca, y acontecerá.[46]

Con un cenáculo extraordinario de oración y fraternidad, celebrarán hoy la solemnidad del Pentecostés. Recordarán el evento prodigioso de la llegada del Espíritu Santo, en la forma de lenguas de fuego sobre el cenáculo de Jerusalén, donde los discípulos estaban reunidos en oración conmigo su Madre celestial. Ustedes también, reunidos hoy en oración en el cenáculo espiritual de mi Corazón Inmaculado, prepárense a recibir el regalo prodigioso del segundo Pentecostés.[47]

La aparición de María no solo pronostica que ella introducirá el segundo Pentecostés, sino que ella también espera que una unidad plena bajo la Iglesia Católica se logrará durante esta época:

El segundo Pentecostés guiará a toda la Iglesia a la cumbre de su esplendor más grande... Sobre todo, el Espíritu Santo comunicará a la Iglesia el precioso regalo de su plena unidad y su más grande santidad. Solo así Jesús la llevará a su reino de gloria.[48]

Soy para ustedes el camino de la unidad. Cuando soy aceptada por toda la Iglesia, entonces, como Madre, podré reunir a mis hijos en el calor de una sola familia. Por esta razón, la reunión de todos los cristianos en la Iglesia Católica coincidirá con el triunfo de mi Corazón Inmaculado en el mundo. Esta Iglesia reunida, en el esplendor de un nuevo Pentecostés, tendrá el poder para renovar a todas las personas en la tierra.[49]

La verdadera reunificación de cristianos no es posible a menos que sea en la perfección de la verdad. Y la verdad ha estado guardada intacta solo en la Iglesia Católica, que tiene que preservarla, defenderla y proclamarla a todos, sin temor. Es la luz de la verdad que atraerá a muchos de mis hijos a volver al seno de la única y sola Iglesia fundada por Jesús.[50]

¿Un Segundo Pentecostés?

En abril del 2014, la revista *Charisma Magazine* publicó un artículo titulado "Creyentes con el poder del Espíritu oran por un segundo derramamiento pentecostal". Los carismáticos se unieron en Jerusalén, Israel, con otros carismáticos de diferentes partes del mundo para orar por un segundo Pentecostés. El artículo decía:

> ¿Podría el mundo experimentar un segundo Pentecostés? Esta es la esperanza de un movimiento global llamado Empowered 21, cuyos organizadores están mirando hacia Jerusalén donde ocurrió el primer Pentecostés . . . Bill Johnson, de la iglesia Bethel Church, dice, "Es asombroso ver cuántos maravillosos líderes ha levantado Dios para colaborar con esta meta de ver a cada individuo tocado por un verdadero encuentro con el Espíritu Santo por el año 2033". El presidente de Oral Roberts University, Billy Wilson, director de E21, comentó recientemente en un evento para un movimiento global:
>
> "Nuestra muy grande visión es más grande que todos nosotros. Se toma de Habacuc 2:14, que el conocimiento de la gloria del Señor cubrirá la tierra como las aguas cubren el mar. Y la visión grande es que cada persona en la tierra tenga un encuentro auténtico con Jesucristo a través del poder y la presencia del Espíritu Santo por el Pentecostés 2033".[51]

Si estudiamos las Escrituras, sabemos que esto no ocurrirá antes del regreso de Cristo. La Biblia pronostica que al final, Satanás va a engañar a todo el mundo; y el mundo estará bajo el mando del Anticristo, que exigirá que toda persona en la tierra le adore.

Los católicos carismáticos y los protestantes carismáticos están abrazando una unidad basada en experiencias sobrenaturales que ellos tienen en común, supuestas manifestaciones del Espíritu de Dios. Este capítulo trata con una parte del trasfondo de la unificación carismática de protestantes y católicos en el pasado. Actualmente, esta misma tendencia sigue avanzando rápidamente. Si usted no ha estado al tanto de eso, el próximo capítulo dará una explicación sobre lo que está pasando.

14

OTRO ESPÍRITU

El mensaje de Pablo a la iglesia de Corinto, advirtiéndola contra el engaño de otro espíritu, otro evangelio, y otro Jesús, debe ser atendido por la iglesia de hoy. Este tema sigue siendo el mismo; nada ha cambiado. Más adelante en este mismo capítulo, Pablo les explica a los corintios cómo y por qué esto había pasado:

> Porque éstos son falsos apóstoles, obreros fraudulentos, que se disfrazan como apóstoles de Cristo. Y no es maravilla, porque el mismo Satanás se disfraza como ángel de luz. (II Corintios 11:13-14)

Es obvio que el engaño que ocurrió se debía a que los pastores que supuestamente guiaban a sus rebaños en el nombre de Cristo y que decían ser apóstoles de Cristo, en realidad estaban siguiendo a Lucifer, el ángel caído que también fue llamado hijo de la mañana (luz). Aunque el mensaje de ellos parecía ser verdad, espiritualmente era mortal. Estaban guiando a las personas hacia el infierno en vez de una eternidad con el Jesús de la Biblia.

Este capítulo trata de los eventos de hoy que están sucediendo en el nombre de Cristo y del "Espíritu Santo"; éstos tal vez tienen una apariencia de algo bueno, pero en realidad es otra trampa puesta por Satanás para desviar a las ovejas de la verdad. Primero, quiero clarificar que no es mi intención denigrar a nadie ni a ningún grupo de creyentes. Tampoco escribo este capítulo como si fuera una persona que no cree en la obra del Espíritu Santo en la vida del creyente o que no cree que el Espíritu Santo esté activo en la iglesia hoy. Mi preocupación es que, tal como la iglesia de Corinto fue engañada por la serpiente sin darse cuenta, mucha gente actualmente está siendo engañada, pensando que son agentes de verdad cuando son parte del engaño del dios de este mundo.

Entiendo que mis palabras aquí pueden disgustar a algunas personas, hasta el punto que rehusarán leer más. Sin embargo, basado en la evidencia presentada, desafío a las personas que están molestas a que sigan leyendo. La Biblia enseña que es posible creer que está siendo "guiado por el Espíritu" cuando en realidad, uno se ha caído en un gran engaño.

Es bíblico probar a los espíritus para ver si lo que seguimos es de Dios o del diablo (I Juan 4:1).

En el capítulo anterior, documentamos ejemplos del engaño en el nombre del Espíritu Santo. Las víctimas están convencidas que realmente son guiados por el Espíritu cuando resulta que son guiados por "otro espíritu" porque ellas no han probado los espíritus.

El propósito del Vaticano II

Un buen comienzo sería echar una mirada a uno de los principales objetivos del Vaticano II, cuando la Iglesia Católica Romana estableció nuevas reglas, a principios de los'60 y a mitad de esa década. Citamos una fuente católica romana:

> El Segundo Concilio Vaticano fue convocado por el papa Juan XXIII, para reunirse en cuatro sesiones cada año desde 1962 hasta 1965. Fue su deseo que la Iglesia fuera actualizada y adaptada para enfrentar las condiciones desafiantes de los tiempos modernos. Generalmente, el Vaticano II era una revisión de la manera como la Iglesia se conduce y celebra la liturgia, para que fuera más accesible a la gente. Entonces, el tema no fue cualquier elemento de la Iglesia sino la Iglesia entera, punto. Esto no fue una tarea fácil, y para cuando finalizó, dio lugar a cuatro Constituciones, nueve Decretos y tres Declaraciones. El concilio fue cerrado el 8 diciembre

de 1965 por el papa Pablo VI, que había guiado el concilio en sus últimas tres sesiones.¹

Una parte principal de esta actualización católica romana es resumida por la misma autoridad citada. En una sección titulada Vaticano II: Un resumen del Decreto en el Ecumenismo, varias metas y objetivos se enumeraron con el propósito de traer unidad en el nombre de Cristo. Leemos los puntos:

1-Todos los que han sido "justificados por fe en el bautismo" son miembros del Cuerpo de Cristo; todos tienen el derecho de ser llamados cristiano; los hijos de la Iglesia Católica los aceptan como hermanos.

2-La Iglesia Católica cree que las iglesias separadas y las comunidades "son eficientes en algunos aspectos". Pero el Espíritu Santo utiliza estas iglesias; son un medio de salvación para sus miembros.

3-Los católicos son motivados a unirse a actividades ecuménicas y conocer a cristianos no católicos, en verdad y amor. La tarea de "diálogo ecuménico" pertenece a los teólogos, autoridades competentes que representan diferentes iglesias.

4-Los católicos no deben descuidar su deber con otros cristianos—deben ser los primeros en actuar. Aun así, el trabajo primordial de la Iglesia en este tiempo es descubrir lo que hay que hacer dentro de la misma Iglesia Católica; renovarse, poner su propia casa en orden. Los católicos creen sinceramente que su iglesia es la Iglesia de Cristo; *todo lo necesario tiene que hacerse para que otros también puedan claramente reconocerla como la Iglesia de Cristo.* (Énfasis Oakland)

5-El movimiento ecuménico no puede hacer ningún progreso sin un verdadero cambio de corazón. Los teólogos y otros católicos competentes deben estudiar la historia, la enseñanza y liturgia de iglesias separadas. Todos los cristianos tienen un propósito en común—confesar a Cristo delante de los hombres. Una expresión práctica tiene que dedicarse a esto, aliviando la aflicción de tantos en la raza humana: hambre, pobreza, analfabetismo, la desigualdad de bienes, falta de vivienda (*mi comentario*: Hay algo de verdad, lo que dicen de no solo proclamar a Cristo, sino demostrar el cristianismo por nuestras buenas obras; pero la Biblia dice que las personas se salvan por medio de la "locura de la predicación" I Corintios 1:21, y que las buenas obras por si solas no salvarán a nadie. Por eso es tan importante que el Evangelio que se predica sea la verdad según las Escrituras).

6-En circunstancias apropiadas, las oraciones por la unidad deben recitarse juntamente con los cristianos no católicos. Los católicos deben ser guiados en eso por sus obispos, y sujetos a la Santa Sede.

7-Entre la Iglesia Católica y las comunidades cristianas no católicas del occidente, hay diferencias importantes; estas diferencias son más notables en la interpretación de la verdad revelada por Dios. Pero los lazos de unidad ya son fuertes; su fortaleza tiene que utilizarse. Los vínculos mayormente se radican en el hecho de que los cristianos creen en la divinidad de Cristo y también en la reverencia hacia la Palabra de Dios revelada en la Biblia.

8-Para la causa del ecumenismo, el católico tiene que mantenerse siempre fiel a la Fe (Católica) que ha recibido. Los celos insolentes en este asunto estorban la unidad y no ayudan. Lo mismo hacer cualquier intento para lograr una unidad apenas superficial.[2]

Muchas cosas han pasado en la Iglesia Católica Romana que enfocan el nuevo énfasis sobre la unidad. Por ejemplo, el 17 de abril del 2013, un artículo se publicó por la agencia *Catholic News Agency* titulado

"Rechazar la obra del Espíritu Santo en el Vaticano II es 'una necedad' según el papa". Leemos esta cita del artículo:

> La obra del Espíritu Santo en el Segundo Concilio Vaticano todavía no ha terminado, dijo el papa Francisco, porque muchos en la Iglesia no quieren abrazar plenamente lo que Dios inspiró en los padres del concilio.
>
> En su homilía en una misa del 16 de abril en la Residencia de Santa Martha, el papa notó que el Espíritu Santo siempre "nos mueve, nos hace caminar y mueve la Iglesia hacia adelante". Sin embargo, dijo, que a menudo respondemos diciendo "No nos molestes".[3]

Más recientemente, un artículo titulado "Papa saluda a los miembros de la Renovación del Espíritu" demuestra claramente cómo el papa Francisco planea mover el Vaticano II hacia adelante. Leemos:

> En su oración al comenzar la Audiencia, el papa Francisco oró para que Dios el Padre enviara al Espíritu Santo, Quien nos guiará a la unidad. Es el Espíritu Santo, dijo, que da diversas carismas dentro de la iglesia, que obra a través de la variedad de dones en la Iglesia, y quien concede unidad. El papa Francisco pidió que Jesús, quien oró por unidad en Su iglesia, nos ayudará a caminar por el camino de "unidad, o diversidad reconciliada".
>
> En su conferencia, que él presentó espontáneamente, el santo padre recordó a los miembros de la Renovación del Espíritu Santo de las palabras del cardenal Leo Joseph Suenens, quien llamó la renovación carismática un "arroyo de gracia". La corriente de gracia, dijo, siempre tiene que fluir al océano de Dios, el amor de Dios, y no ser volteado hacia sí misma.[4]

Como se explicó en el capítulo anterior, la tendencia de los carismáticos católico romanos de unirse con los carismáticos de otras "corrientes" de fe ha seguido durante un tiempo. Sin embargo, a medida que pasa el tiempo, es más evidente que las corrientes o riachuelos ahora se unen para formar un río ancho y rápido.

Tony Palmer y su rumbo hacia Roma

Mientras en los últimos años, muchos libros se publicaron dando testimonio de los que se convirtieron de trasfondos protestantes al catolicismo, no hubo hasta hace poco, muchos líderes protestantes reconocidos que hicieran viajes especiales a Roma para reunirse con el papa. Sin embargo, eso ahora ha cambiado. Se puede citar numerosos artículos que comprueban el hecho. Daré un ejemplo. En un artículo publicado en *Charisma News*, escrito por Rick Wiles, "¿Por qué Copeland, Robison, se reúnen con el papa Francisco?", leemos lo siguiente (utilizado con permiso):

> Dos reconocidos pastores cristianos de Fort Worth guiaron una delegación de líderes cristianos evangélicos a Roma para reunirse en privado con el papa Francisco. James y Betty Robison, co-presentadores del programa de televisión *Life Today*; y Kenneth Copeland, co-presentador de *Believer's Voice of Victory*, se reunieron con el pontífice romano en el Vaticano el martes. La reunión duró casi tres horas e incluyó un almuerzo privado con el papa Francisco. El Sr. Robison dijo al *Fort Worth Star Telegram*, "Esta reunión fue un milagro . . . Esto es algo que Dios ha hecho. Dios quiere tener sus brazos alrededor del mundo, y él quiere que los cristianos pongan los brazos de él alrededor del mundo por medio de un trabajo conjunto".
>
> El Sr. Robison dijo que fue impresionado por la humildad y cortesía que el papa Francisco mostró a la delegación de líderes cristianos evangélicos protestantes. En una declaración escrita, el Sr. Robison dijo que cree que "las oraciones de cristianos sinceros ayudaron con el nombramiento del papa Francisco". Describió a Jorge Mario Bergoglio, el arzobispo argentino escogido para ser papa, como "un hombre humilde . . . lleno de mucho amor por los pobres, los oprimidos" . . .

El Buen Pastor Llama

La reunión ecuménica en Roma fue organizada por el obispo episcopal Tony Palmer. El reverendo Palmer es obispo ordenado de la Comunión de Iglesias Evangélicas Episcopales, una alianza independiente de iglesias anglicano-episcopal carismáticas. El obispo Palmer también es el director de la Comunidad Arca, una iglesia internacional inter-denominacional convergente, comunidad de internet, y es miembro de la Delegación Ecuménica Católica Romana para la Unidad Cristiana y Reconciliación.

ESTA REUNIÓN (CON EL PAPA FRANCISCO) FUE UN MILAGRO... ESTO ES ALGO QUE DIOS HA HECHO. DIOS QUIERE TENER SUS BRAZOS ALREDEDOR DEL MUNDO, Y EL QUIERE QUE LOS CRISTIANOS PONGAN LOS BRAZOS DE ÉL ALREDEDOR DEL MUNDO POR MEDIO DE UN TRABAJO CONJUNTO. –JAMES ROBISON

El obispo Palmer desarrolló una amistad con el papa Francisco cuando el futuro pontífice romano era oficial católico en Argentina. Antes de ser obispo de la CEEP (siglas en inglés), el reverendo Palmer fue director de la oficina de los ministerios Kenneth Copeland en África del Sur. Es casado con una mujer italiana católica romana. Más adelante él se mudó a Italia y empezó a trabajar reconciliando católicos romanos y protestantes. Kenneth Copeland Ministries era uno de los primeros en apoyar al Sr. Palmer económicamente hace más de 10 años a favor de su labor ecuménica en Italia.

A principios de este año, el papa Francisco llamó al obispo Palmer, invitándole a su residencia en la Ciudad del Vaticano. Durante la reunión, el obispo Palmer sugirió que el papa grabara un saludo personal en el iPhone del Sr. Palmer, para ser entregado a Kenneth Copeland. El Sr. Copeland mostró el video del saludo del papa en una conferencia de pastores protestantes reunidos en la iglesia del Sr. Copeland, Eagle Mountain International Church, cerca de Fort Worth, Texas. En el video, el papa Francisco expresó su deseo por unidad cristiana con los protestantes.

Más adelante, James Robison presentó el video en su programa diario de TV, *Life Today*. "El papa, en el video, expresó su deseo de que protestantes y católicos llegaran a ser lo que Jesús oró—que los cristianos llegaran a ser familia y no dividida". El Sr. Robison dijo que la reacción al video fue muy positiva, y que el papa Francisco preguntó al obispo Palmer sí se podría organizar una reunión con evangélicos protestantes que buscan unidad cristiana en el mundo.[5]

EL PAPA FRANCISCO SE DIRIGE AL CONGRESO DE EE.UU. EL DE 24 SEPTIEMBRE DEL 2015 EN WASHINGTON, D.C.

Unas pocas semanas después de la reunión en el Vaticano, Tony Palmer murió en un accidente de motocicleta en Inglaterra. Sin embargo, el mensaje que llevó del papa Francisco a la Conferencia Copeland citado en el artículo de Charisma vive aun. Si tiene acceso a la internet, le animo a ver el mensaje y la reacción al mensaje en la conferencia de Copeland.[6]

Cuando Tony Palmer habló en la conferencia de Kenneth Copeland, declaró que la Reforma se ha terminado y así lo ha sido durante los últimos quince años. A la vez que los asistentes a la conferencia de Copeland (juntamente con el mismo Copeland) elogiaron al papa Francisco y oraron por él, por la Iglesia Católica Romana, y los que antes habían sido protestantes, algunos problemas serios se escondían en el fondo.

¿Cómo pueden cristianos genuinos tener unidad con el papa Francisco, la cabeza de la Iglesia Católica Romana, que ahora llama a la unidad de todas las religiones? Esto no es suposición, es un hecho bien documentado, y una posición de herejía que se toma en nombre de unidad. Por ejemplo, en un artículo titulado "En su primer video de oración, el papa enfatiza la unidad entre creencias: 'Todos somos hijos de Dios'".[7] El artículo dice:

> El primer mensaje por video hecho por el papa sobre sus metas mensuales de oración fue publicado el martes, señalando la importancia del diálogo inter-credo y las creencias que las diferentes tradiciones de fe tienen en común, como la figura de Dios y el amor.
>
> "Muchos piensan y sienten en forma diferente, buscan a Dios o se acercan a Dios de maneras diferentes. En este grupo, en este rango de religiones, hay una sola cosa cierta que tenemos para todos: somos todos hijos de Dios". El papa Francisco dijo esto en su mensaje, publicado el 6 de enero, en la fiesta de la Epifanía.
>
> Al principio del video, de un minuto y medio de duración, el papa cita el hecho de que la mayoría de los habitantes de la tierra profesan tener alguna clase de creencia religiosa. El

dijo que esto "debe conducir a un diálogo entre religiones. No debemos dejar de orar por ello y colaborar con los que piensan en forma diferente".

El video procede a demostrar representantes del budismo, el cristianismo, el islam y judaísmo, que proclaman sus respectivas creencias en Dios, Jesucristo, Alá y Buda.

Más adelante, después que el papa afirma que todos, no importa qué religión profesan tener, son hijos de Dios, los líderes de fe declaran su fe común en el amor.[8]

Los carismáticos de la Lluvia Tardía y los carismáticos católico romanos están haciendo del movimiento de la convergencia una realidad. Ellos no se dan cuenta que seguir al papa Francisco o cualquier otro papa que propone la unión de las religiones del mundo con el cristianismo, es una invitación al desastre. Y muy poca, o ninguna, resistencia se está presentando de parte de los líderes que deben entender mejor las cosas. Sencillamente, se están dejando llevar por la corriente.

Fue esta noticia que proveyó el ímpetu para escribir *El Buen Pastor llama*. He estado siguiendo el movimiento ecuménico durante muchos años. Formé parte de una asociación grande de pastores que, a la luz de las profecías bíblicas, también seguían los eventos que ocurrían. Ellos, en ese entonces, fueron diligentes en advertir a sus ovejas. Desde el llamado del papa para la unidad religiosa en el nombre del cristianismo, solo unos pocos han hecho declaraciones públicas. Nadie quiere mover el barquito, aunque sus ovejas están flotando en un río de engaño rumbo a la destrucción.

15

EL PELIGROSO CAMINO ECUMÉNICO DE RICK WARREN HACIA ROMA

El puente carismático a Roma supuestamente debe traer unidad y avivamiento en los días en que estamos viviendo ahora; pero no es el único puente a Roma. Este capítulo examinará a uno de los pastores más conocidos y populares en el mundo, y sus esfuerzos de formar una alianza con Roma como base de un programa de evangelio social. Rick Warren, pastor y fundador de la iglesia Saddleback Church en California, se ha unido al movimiento de *convergencia*; y decenas de miles de pastores lo están siguiendo sin ninguna preocupación o cuestionamiento.

En el 2014, Rick Warren (llamado "el pastor de Estados Unidos") tuvo una entrevista con el presentador Raymond Arroyo de la EWTN (una cadena de televisión católica). La entrevista tomó lugar en el plantel de la iglesia Saddleback, y fue puesta en YouTube por EWTN en abril de 2014. Porque yo había escrito anteriormente en el 2013 sobre los lazos de Rick Warren con Roma y con Tony Blair, un convertido católico (anterior primer ministro de la Gran Bretaña), sabía bien que Rick Warren estaba ya camino a Roma. Pero hasta ver esta entrevista, no sabía que tan lejos había progresado en esa dirección.

El Peligroso Camino Ecumenico de Rick Warren Hacia Roma

Cuando escribí el comentario del 2013 titulado "¿Qué es el próximo paso de Rick Warren?" puse evidencias demostrando que Warren y el primer ministro de Inglaterra, Tony Blair, estaban colaborando con la Iglesia Católica Romana para formar el plan de paz P.E.A.C.E. (sus siglas en inglés), un plan que llevaría a formar una religión global en el nombre de Cristo. Aunque muchos que leyeron ese comentario dudaban que existiera una conexión entre Warren y Roma, la entrevista de 2014 ya quitó toda duda. EWTN hizo esta declaración sobre la entrevista en su emisora de YouTube:

> La Parte II de nuestra entrevista exclusiva: Rick Warren, pastor de la iglesia Saddleback Church, Sur de California. Rick habla de la expansión de su ministerio foráneo, de la delegación del Vaticano que había llegado recién al condado de Orange para estudiar el tipo de evangelización de su iglesia, y cuál cadena de televisión veía con más frecuencia y que le atraía.[1]

Si usted tiene acceso al internet, le recomiendo ver la entrevista completa de treinta minutos, porque está llena de información que provee más entendimiento sobre el camino de Rick Warren hacia Roma, uno que ya hace tiempos él apoya. Por ejemplo, en 2005, Warren creó el programa Una vida con propósito para católicos. Y en su libro estrella de ventas, *Una vida con propósito*, (imprimido en el 2002), Warren hace varios comentarios favorables a católicos reconocidos: la página 88, el hermano Lawrence, místico católico; página 108, Henri Nouwn, sacerdote católico y místico contemplativo; San Juan de la Cruz, panenteísta católico; y dos referencias a la madre Teresa, páginas 125 y 231.

Pero en esta entrevista de la EWTN, Warren lleva su aprobación de la Iglesia Católica a un nivel aún más alto y admite que está a favor del programa católico romano de la Nueva Evangelización (cuyo propósito es llevar a los "hermanos perdidos" a la Iglesia Madre).[2]

El Buen Pastor Llama

La Entrevista Warren-Arroyo

Mientras escuchaba por primera vez la entrevista de Rick Warren y Raymond Arroyo, pensamientos y preguntas pasaron rápidamente por mi mente: *¿Qué acabó de decir?¡Es exactamente la dirección que pronosticamos que él cogería!* Será sumamente importante que los escépticos oigan y vean esta entrevista. Las respuestas de Warren a las preguntas de Arroyo eran contundentes. No cabía duda ya en mi mente—ya entendía plenamente que Warren marcha hacía una unidad ecuménica con Roma.

La entrevista empezó con la siguiente pregunta de Arroyo:

> Una vida con propósito es el libro de más ventas en el mundo—más de 36 millones de copias. Se ha traducido más que todo otro libro de la Biblia. ¿Qué es la clave de este éxito? ¿Por qué tanta gente ha sido tocada por este libro, y sus efectos siguen?[3]

A la pregunta de Arroyo, Warren respondió:

> Sabes, Ray, que no hay ni un solo pensamiento nuevo en *Una vida con propósito* que no se había dicho desde hacía 2.000 años. Es que lo he dicho de una manera fresca. Lo he dicho de forma sencilla. Cuando estaba escribiendo *Una vida con propósito*, duré siete meses, doce horas al día. Me levantaba a las 4:30 de la mañana. Iba a un pequeño estudio. Empezaba a las 5:00 a.m. Ayunaba hasta el mediodía, prendía algunas velas y empezaba a escribir, revisaba lo escrito para volver a escribir, y escribía otra vez. Una de las cosas que hice antes de escribir el libro era, mm, hacer la pregunta--¿Cómo se escribe un libro que durará 500 años? Por ejemplo, mm, *La imitación de Cristo* por Tomás Kempis, *Practicando la presencia de Dios* por el hermano Lawrence. ¿OK? Los padres del desierto, San Juan de la Cruz, Teresa de Ávila. Todas estas grandes obras clásicas. Cualquiera de esas—me di cuenta que para poder ser sin tiempo, hay que ser eterno.[4]

El Peligroso Camino Ecumenico de Rick Warren Hacia Roma

La respuesta de Warren ciertamente provee el entendimiento sobre dónde están sus afinidades espirituales, y lo asocia con el movimiento católico de oración contemplativa, la cual fue introducido a la iglesia evangélica por Richard Foster y Dallas Willard. Es interesante que Warren, en su primer libro, *Una iglesia con propósito*, identificó (y promovió) a Foster y a Willard como personajes claves para este movimiento.[5] En la entrevista con Raymond Arroyo, la exaltación que Warren da a los autores que nombra es bastante preocupante. Todos son místicos. El hermano Lawrence habla de "bailar violentamente como un hombre loco" cuando "entraba en la presencia".[6] Teresa de Ávila levitaba y muchas veces escribió de sus numerosas experiencias esotéricas místicas.[7] San Juan de la Cruz (autor del libro contemplativo favorito *La noche oscura del alma*) era panenteísta en cuanto a su creencia que Dios está en toda la creación.[8] Los padres del desierto eran antiguos ermitaños y monjes que abrazaron las prácticas de oración de las religiones paganas.

Rick Warren revela mucho de sí cuando refiere la lista de escritos de estos místicos católicos como "grandes", sugiriendo que son "eternos". La Biblia es la Palabra inspirada de Dios. Como dice el apóstol Pablo, "Toda la Escritura es inspirada por Dios, y útil para enseñar, para redargüir, para corregir, para instruir en justicia" (II Timoteo 3:16) Entonces, *la Biblia* es grande y eterna, mientras los libros escritos por místicos católicos romanos son la obra de humanos falibles que fueron engañados en la caída dimensión espiritual. Pueden promover doctrinas de demonios y llevar a creyentes en la Biblia a apartarse de la fe.

Raymond Arroyo después preguntó a Rick Warren:

> ¿Cuál es tu secreto para alcanzar a la gente cada día, cada semana, no solo en tus escritos sino también cuando hablan contigo? ¿Qué es esto? ¿Qué es este don de comunicación, si me lo pudieras decir, si lo pudieras explicar? Porque a muchos predicadores les gustaría saberlo.[9]

Warren menciona al papa Francisco varias veces durante la entrevista con el presentador de EWTN, y ahora contesta esta pregunta dirigiendo la atención hacia el papa, diciendo:

Bueno, lo principal es que el amor siempre toca a la gente. La autenticidad, humildad. El papa Francisco es el ejemplo perfecto de esto. El es . . . él está haciendo todo bien. Vemos que la gente escuchará lo que decimos si le gusta lo que ve. Y como *nuestro nuevo papa*, él era muy simbólico en, como sabes, su primera misa para la gente con SIDA, eh, su beso para el hombre deforme, su amor para los niños. Esta autenticidad, esta humildad, la preocupación por los pobres, esto es lo que todo mundo espera que nosotros los cristianos hagamos. Y cuando nosotros—cuando ellos reaccionan, Oh, esto es lo que un cristiano hace—de hecho, hubo un titular aquí en el condado Orange—*y me fascina el titular*. Decía que si uno ama al papa Francisco, amará a Jesús. ¡Ese fue el titular! Lo mostré a un grupo de sacerdotes donde, un tiempo atrás, yo estaba compartiendo.[10] (Énfasis Oakland)

Es verdad que amar a otros es una virtud que todos los cristianos deben vivir y promover, usar al papa Francisco como ejemplo perfecto de eso parece algo oportunista. Cuando Rick Warren llama al papa Francisco "nuestro nuevo papa", da la idea que ha aceptado al papa no solo como la cabeza de la Iglesia Católica, sino también como la cabeza de la iglesia cristiana. Entonces, Rick Warren cree esto o de veras fue oportunista.

Sus comentarios sobre el titular del condado de Orange, "Si usted ama al papa Francisco, amará a Jesús" también merecen nuestro escrutinio. ¿Podríamos imaginar al apóstol Pablo referirse a la cabeza de una religión falsa como "nuestro" líder, y comparar a este maestro falso con Jesucristo?

Rick Warren, la libertad religiosa; y católicos y evangélicos juntos

Basado en la profecía bíblica, es un hecho bien conocido que en los postreros días, una religión mundial llamada "la gran ramera" sería una imitación falsa de la verdadera iglesia, que es la novia de Cristo. Los eruditos en la Biblia de esta interpretación creen que la reunión ecuménica de todas las religiones unidas en nombre de la paz será el

El Peligroso Camino Ecumenico de Rick Warren Hacia Roma

prerrequisito. Uno de los eventos claves para traer esta abominación será cuando se haga la declaración que la Reforma se haya terminado y que los "hermanos separados" reciban la bienvenida de vuelta a casa (i.e. la Iglesia Católica). Pero como ya hemos aprendido, mucho de esto está ocurriendo y sigue fuertemente su marcha.

La entrevista EWTN de Rick Warren y Raymond Arroyo provee pistas significativas comprobando como este movimiento está ocurriendo ahora mismo. Me refiero a una parte de la entrevista que habla de la libertad religiosa. De hecho, se reveló que Rick Warren puede tener un plan guardado para una futura promoción de un "movimiento de libertad religiosa" que se asemejará al "movimiento de libertad civil" del pasado. Cuando Raymond Arroyo le preguntó a Rick Warren qué pensaba de la separación de la iglesia y del estado (EE.UU.) y cómo la Corte Suprema decidirá sobre este tópico en el futuro, Warren contestó:

> Es interesante que esta frase hoy significa lo opuesto a lo que significaba en los días de Jefferson. Hoy la gente piensa que quiere decir mantener a la religión fuera del gobierno o fuera de la política. Pero en realidad, la separación de la iglesia y del estado era *vamos a proteger a la iglesia del gobierno*. Creo que la libertad religiosa puede ser el asunto de derechos civiles de la próxima década. Y si resulta que algunos pastores importantes tendrán que ir a la cárcel, como hizo Martín Luther King con los derechos civiles, estoy de acuerdo. Que así sea. Quiero decir, como dijeron Pedro y los apóstoles que tenemos que obedecer a Dios antes que a los hombres.[11] (Énfasis Oakland)

Aunque es admirable que un pastor sea tan contundente y dispuesto a tomar una posición tan fuerte a favor de la libertad religiosa, especialmente cuando demuestra su pasión por este tópico declarando que personalmente estaría listo de ir a la cárcel a favor de esta causa, las palabras tan fervientes me hace preguntar hasta que punto llegaría su pasión promoviendo su modelo de una iglesia con propósito. ¿Tendría una agenda más amplia de lo que antes se comentaba?

Arroyo entonces preguntó a Warren:

¿Piensas que eventos como estos, momentos así, son realmente fuentes de unión y momentos de unidad, especialmente para católicos y evangélicos?[12]

Cuando primero oí la respuesta de Warren, estaba algo sorprendido por lo que dijo. Pero al considerarlo más detenidamente y comparar su respuesta con otras declaraciones hechas previamente en cuanto a estar dispuesto a trabajar juntamente con varios sistemas de creencia para el bien común, su respuesta tenía pleno sentido. Warren declaró:

> Bueno, obviamente tenemos mucho en común para proteger nuestros derechos religiosos—y realmente también los derechos religiosos de otros cuyos comportamientos y creencias no aprobamos. Los musulmanes, por ejemplo, no toma bebidas alcohólicas. Si de repente se hiciera una ley exigiendo que cada restaurante musulmán tuviera que servir el alcohol, yo estaría allí protestando. Si se hiciera una ley que exigiría a cada tienda judía de la ciudad de Nueva York vender carne de cerdo, yo estaría allí protestando contra eso. Si se hiciera una ley que cada colegio católico tuviera que proveer anticonceptivos, si usted moralmente está convencido que no debe haber anticonceptivos, estaría firme con usted conforme a su creencia, porque tiene el derecho de criar a sus hijos de acuerdo con su deseo.[13]

Es difícil enfrentar el argumento de Warren en este caso. La libertad de religión es un derecho principal sobre el cual se fundó los Estados Unidos. Un ataque contra la libertad de culto a sus derechos podría dar lugar a un movimiento de libertad religiosa, si esta es la dirección hacia dónde van los líderes políticos.

También es posible que un movimiento supuestamente para la "libertad religiosa" promovido por el pastor de Estados Unidos, y dispuesto a ir a la cárcel defendiendo los derechos religiosos de todas las religiones, podría ser un peldaño hacia algo diferente. Esto podría ser el caso, una manera obvia y eficaz para unir a los evangélicos y católicos, dado que esta es la tendencia que se ve en aumento cada día.

El Peligroso Camino Ecumenico de Rick Warren Hacia Roma

No estamos diciendo que Rick Warren será él que va a unir a todas las religiones del mundo por una causa común; pero es posible que Warren podría ser un vocero principal para persuadir a los evangélicos a unirse con los católicos romanos. Todo este movimiento ha estado listo durante un tiempo y ha recibido endosos de líderes muy reconocidos, como son Bill Bright, J.I Packer y Charles Colson.

En el pasado, Rick Warren ha hecho numerosas declaraciones sobre su disposición para unir fuerzas con Roma a fin de establecer el reino de Dios aquí en la tierra. En un mensaje que Warren dio en el Foro Pew sobre la religión en Key West, Florida, el 23 mayo 2005, dijo:

> Ahora, cuando se une el 25 por ciento de Estados Unidos que es básicamente católico con el 28 a 29 por ciento de Estados Unidos que es evangélico, esto se llama mayoría. Y es *un bloque muy poderoso*, si se da el caso que se unan sobre temas particulares . . . le animo a usted observar *esta alianza evolucionando entre protestantes evangélicos y católicos*.[14] (Énfasis Oakland)

Sin duda, esta "alianza evolucionando" con Roma ha progresado bastante desde que él hizo esta declaración. La entrevista con Raymond Arroyo en la EWTN lo comprueba. Cuando un pastor con el estatus e influencia de Warren no advierte a sus seguidores de los peligros de las enseñanzas no-bíblicas del catolicismo romano, los cristianos que tienen discernimiento *no* deben guardar silencio.

Rick Warren, Jean Vanier y la Nueva Evangelización

Una revelación significativa que salió a la luz durante la entrevista, fue que Rick Warren y la iglesia Saddleback sirvieron de anfitriones para una delegación de Roma para hablar del programa de la Nueva Evangelización. Según la entrevista, un número de delegados católicos romanos observaron el modelo Warren-Saddleback con Propósito buscando ganar ideas y entendimiento para la Nueva Evangelización católica romana iniciado por el papa Juan Pablo II y seguido por el papa Benedicto y el papa Francisco. He hablado sobre este plan de la Nueva Evangelización y sus serias implicaciones en varios artículos durante varios años, y también en mi libro *Otro Jesús: El cristo eucarístico y la nueva evangelización*.

En cuanto a la visita de la delegación católica a Saddleback, Raymond Arroyo le preguntó a Rick Warren:

> El Vaticano recientemente envió una delegación aquí a Saddleback—el consejo pontificial—la academia para vida. Dime, ¿qué descubrieron y por qué llegaron? Era un grupo bastante grande.[15]

Rick Warren contestó con entusiasmo:

> Hubo como treinta obispos de Europa. Uno de los hombres había sido entrenado y mentoreado por Jean Vanier, que es interesante, porque tenemos un centro de retiros aquí; y *mi director espiritual, que creció en Saddleback, fue y recibió entrenamiento bajo Jean Vanier también*. Entonces estoy muy entusiasmado sobre esto.[16] (Énfasis Oakland)

Posiblemente, para usted el término *director espiritual** o el nombre de Jean Vanier no significa mucho, a menos que esté informado sobre la espiritualidad mística contemplativa. Esta declaración de Warren provee evidencia conclusiva de su apoyo al misticismo monástico católico romano (i.e. oración contemplativa). El hecho de que menciona tener su "propio" director espiritual en Saddleback, quien fue capacitado bajo el liderazgo de Jean Vanier, es aún más significativo y revela más claramente el viaje de Warren hacia Roma.

Veamos brevemente a Jean Vanier, el hombre que capacitó al director espiritual de Rick Warren. Esto proveerá un entendimiento importante. Vanier (nacido 1929) es el fundador católico canadiense de L'Arche,

---

*Un término utilizado en la espiritualidad contemplativa para designar a alguien que "discierne" las voces oídas en el "silencio contemplativo".

que es una comunidad humanitaria para los discapacitados. Fue en L'Arche donde el sacerdote católico Henri Nouwen pasó los últimos diez años de su vida. Vanier es un místico contemplativo que promueve la inter-espiritualidad y creencias mixtas; él llama al hindú Mahatma Gandi "uno de los más grandes profetas de nuestros tiempos"[17] y "un hombre enviado por Dios".[18] En el libro *Essential Writings* (Escritos esenciales), Vanier habla de "abrir puertas a otras religiones" y ayudar a la gente a desarrollar sus propias creencias, sean hinduismo, cristianismo o islam.[19] El libro también describe que Vanier leyó los escritos de Thomas Merton; y practicó y recibió las influencias de ejercicios espirituales del místico San Ignacio, fundador de los jesuitas.

Ahora, pensemos en esto: El informarnos a través de la entrevista de Rick Warren con Raymond Arroyo que el propio "director espiritual" de Warren fue entrenado bajo Jean Vanier es clave para poder entender la larga historia del apoyo que Warren ha expresado para los místicos contemplativos y los esfuerzos ecuménico inter-espirituales. En el libro de Ray Yungen, *Un tiempo de apostasía*, él demuestra que Rick y Kay Warren admiran mucho los escritos de Henri Nouwen. De hecho, Yungen dedica un capítulo entero a las simpatías contemplativas de Rick Warren, incluyendo sus instrucciones de *Una vida con propósito* sobre oraciones respiradas (una clase de oración contemplativa). Ahora que Warren ha revelado que su propio director espiritual fue capacitado por alguien como Jean Vanier, podemos entender mejor hacia dónde se dirige Warren.

La Nueva Evangelización católica romana

El hecho de que la delegación enviada desde Roma a Saddleback consistía de treinta obispos, es obvio que era un evento muy significativo. ¿Qué hablaron los delegados con Warren y su equipo? Warren provee las respuestas a esta pregunta en la entrevista:

> *Ellos estaban hablando de la Nueva Evangelización*, y Saddleback ha sido muy eficaz en alcanzar a los del pensamiento secular. Nuestra iglesia tiene 33 años. La Pascua

del 2014 en Saddleback fue nuestro 34º aniversario. Y en 34 años, hemos bautizado a 38.000 adultos. Mire, estos son adultos convertidos, personas sin ningún trasfondo religioso, personas que dicen, "No era nada antes de llegar a Saddleback". Entonces hemos logrado encontrar una manera para llegar a los de este pensamiento. Y *yo apoyo plenamente a la Nueva Evangelización* de la Iglesia Católica, que básicamente dice que tenemos que volver *a evangelizar a las personas cristianas de nombre pero no de corazón. Y ellos necesitan una nueva fresca relación con nuestro Salvador.*[20] (Énfasis Oakland)

Cuando Warren provee su sello de aprobación sobre el programa de la Nueva Evangelización católica romana, y lo hace parecer un propósito de ganar convertidos para Cristo, hay mucho más involucrado de lo que Warren describe. El programa de la Nueva Evangelización católica romana es dedicado a ganar convertidos al Cristo Eucarístico católico romano, y obediencia a los sacramentos de la Iglesia Católica Romana. Aunque Warren puede llamar esto "una nueva fresca relación con nuestro Salvador", está pasando por alto lo que los católicos tienen que creer para poder ser miembro de la Iglesia Católica. Puede ser que él sea inconsciente de este hecho o que lo ignora. Para un hombre que afirma ser lector voraz y que tiene su doctorado de un seminario teológico, es difícil creer este último.

En un comentario que escribí titulado "El misticismo, lo monástico y la Nueva Evangelización", pude documentar que el misticismo contemplativo es el catalizador de la Nueva Evangelización. Así que Roma y Babilonia se unen para formar un nuevo cristianismo ecuménico que cumple la descripción de la gran ramera—la novia falsa—descrita en el libro de Apocalipsis, capítulo 18.

Estamos frente a los hechos. ¡El camino de Warren hacia Roma es peligroso! ¿Por qué muy pocas personas reconocen lo que está pasando? ¿Usted conoce a alguien que está atrapado en este engaño sin ver lo que está pasando? Este puede ser un buen momento para orar que la gracia de Dios abra sus ojos, y que pueda ver la verdad de la Palabra de Dios.

Rick Warren y la Coronilla de la Divina Misericordia

En este capítulo, he presentado clara documentación que indica que Warren está caminado hacia Roma. Ahora, quiero comentar sobre lo que es posiblemente el endoso de Warren más contundente del catolicismo romano en la entrevista con la EWTN. Fue tan revelador que aún Raymond Arroyo expresó sorpresa después de preguntar a Warren sobre el siguiente tema:

> Dime en cuanto a su tiempo de descanso, que toma en el día cuando quiere mirar la televisión. Cuando primero nos conocimos, me lo comentó después; no puedo creer que tú ves Chaplet of Divine Mercy (la Coronilla de la Divina Misericordia).[21]

Contestando al comentario de Arroyo, Rick Warren explicó así:

> Soy admirador entusiasta de EWTN. No lo niego. Probablemente lo veo más que cualquier cadena cristiana. Entonces, ¿sabes qué? Es que tiene más, eh, programas que se relacionan con la historia. Y si uno no entiende las raíces de su fe, que Dios había estado obrando por 2.000 años, no importa qué tipo de creyente sea, Dios ha estado obrando por 2.000 años en Su iglesia. Y si no tiene estas raíces, es como el síndrome de la flor cortada. O es una planta sin raíces.[22]

Si la razón principal que Warren ve la Red Católica Romana Palabra Eterna es para ganar conocimiento y entendimiento de la historia del cristianismo, no hay duda que está recibiendo información inclinada hacia un solo punto de vista. Tengo que conceder que no veo la EWTN tanto como aparentemente lo hace Warren (y no lo hago por las mismas razones que él), sí sé que la parte sobre la historia cristiana de la Reforma y contrarreforma no es uno de los temas favoritos presentados. Tal vez un breve repaso del Libro de *los mártires por Juan Foxe* sería un buen balance para Warren y recordarle lo que ocurrió en el pasado con los cristianos, que por creer la Palabra de Dios en vez de la palabra de hombres, enfrentaban al papa de Roma y sus verdugos jesuitas. Hubo personas que fueron quemadas en las hogueras por decir que Jesús no se encontraba en la hostia (el Eucaristía).[23]

En la entrevista, Warren no solo declaró que la EWTN era su cadena de televisión cristiana favorita, dijo además que tenía un programa favorito que constantemente veía con su esposa en esa cadena. Si Arroyo se sorprendió por esta revelación, la mejor manera para describir *mi* reacción a sus comentarios fue sentir asombro e ira.

> Uno de mis programas favoritos, que ustedes repiten a menudo, es la Coronilla de a Divina Misericordia, que me fascina. Y cuando he tenido un día muy estresante, al llegar a casa, lo tengo grabado; y con Kay, lo escuchamos juntos. Lo ponemos y después nos sentamos, nos relajamos adoramos. Y en el tiempo de reflexión, meditación y quietud, me encuentro renovado y restaurado. Entonces, gracias por seguir poniendo la Coronilla de la Divina Misericordia.[24]

Arroyo responde a la declaración de Warren, "Dé las gracias a la madre Angélica".

Warren entonces hace eco, "Gracias, madre Angélica". "Madre" Mary Angélica (l923-2016) era la fundadora de la EWTN (Eternal Word Televisión Network). Entre los programas que forman el horario diario de transmisión es "La Coronilla de la Divina Misericordia". Una descripción de este programa da la información del trasfondo:

> "La Coronilla de la Divina Misericordia" es un devocional basado en las visiones de Jesús reportadas por Santa Mary Faustina Kowlska (1905-1938), conocida como "el Apóstol de Misericordia". Ella era hermana polaca de la Congregación de las Hermanas de Nuestra Señora de Misericordia y canonizada como santa católica en el 2000. Faustina dijo que había recibido la oración a través de visiones y conversaciones con Jesús, que hizo promesas específicas referentes a la recitación de las oraciones. Su biografía en el Vaticano

cita algunas de estas conversaciones. Como un devocional católico romano, el rosario muchas veces se repite como una oración basada en el rosario y el mismo que se utiliza para repetir el Santo Rosario o el de las Heridas Santas en la Iglesia Católica Romana. Como un devocional anglicano, La Sociedad Divina de Misericordia de la Iglesia Anglicana dice que el rosario puede también repetirse con el rosario de oración anglicano. El rosario puede recitarse sin usar un objeto físico, contando las oraciones en los dedos, y puede acompañarse por la veneración de la imagen de Divina Misericordia.[25]

Notemos la referencia a la "veneración de la imagen de Divina Misericordia", que es componente esencial de la Coronilla de la Divina Misericordia. Consideremos que esta documentación demostrará que la única manera para describir este proceso es que es idolatría.

El elemento más temprano para la Devoción a la Divina Misericordia revelado a Santa Faustina fue la Imagen. El 22 de febrero de 1933, Jesús le apareció con rayos saliendo de Su corazón, y dijo, Pinta una imagen de acuerdo con el patrón que ves, con la firma: Jesús confío en Ti. Deseo que esta Imagen sea venerada, primero en tu capilla, y por todo el mundo. (Diario 47)

Prometo que el alma que venere esta imagen no perecerá. También prometo victoria sobre sus enemigos aquí en la tierra, especialmente a la hora de la muerte. Yo mismo la defenderé como Mi propia gloria. (Diario 48) Ofrezco a la gente un vaso que tiene que seguir para recibir gracia desde la fuente de Misericordia. Este vaso es esta imagen con la firma "Jesús, yo confío en Ti". (Diario 327)[26]

Se podría sostener que Warren solamente estaba "haciendo conversación" con Arroyo o aun hablando en broma cuando dijo que la Coronilla de la Divina Misericordia era su programa "cristiano" favorito de televisión. Pero él nunca ha hecho ninguna declaración pública refutando o retractando sus palabras. Además, él tiene muchos detalles en su comentario. Si esto es lo que realmente cree, y estaba diciendo la verdad a Arroyo, entonces está desafiando al Dios de la Biblia, y a sabiendas rompiendo el mandamiento de la Biblia que dice:

> No te harás imagen, ni ninguna semejanza de lo que esté arriba en el cielo, ni abajo en la tierra, ni en las aguas debajo de la tierra. (Éxodo 20:4)

Cuando estaba investigando este tema, tomé tiempo para mirar varios programas de la Coronilla de la Divina Misericordia en el internet. Mirar las imágenes de "Cristo" o adorar un ostensorio, supuestamente con el cuerpo de Cristo, mientras se repetía el rosario aparentemente dio paz y relajamiento a Warren. Sin embargo, no se necesita mucho discernimiento para reconocer que estas prácticas no-bíblicas tienen sus raíces en el paganismo.*

En resumen

No hay otra manera de interpretarlo, Rick Warren está en un camino peligroso hacia Roma, apartándose de una doctrina bíblica sana y hacia una forma ecuménica errónea del cristianismo.

¿Qué quiere decir "Contendáis ardientemente por la fe"? ¿Se está comprometiendo una doctrina bíblica sana, buscando tener unidad, en la iglesia hoy en día? Cuando un pastor promueve un programa de

---

*Creo que la mejor manera para confirmar este hecho es proveer un enlace en el internet a un servicio de la misma Coronilla de la Divina Misericordia, para que se pueda ver con sus propios ojos lo que Warren y su esposa Kay consideran un devocional "cristiano". Este es solamente uno de muchos programas que se puede ver mostrando la misma cosa. Favor de observar este video de 8 minutos de un programa de la Coronilla de la Divina Misericordia: https://www.youtube.com/watch?v=__RbWgxA2G0 (línea abajo dos veces)

El Peligroso Camino Ecumenico de Rick Warren Hacia Roma

televisión que presenta la idolatría, ¿no se le debe llamar la atención o por lo menos pedir una renuncia pública de sus endosos anteriores?

Se han presentado los hechos, y se puede formar una hipótesis que lleve a una conclusión razonable. Mi oración es que el daño hecho al cristianismo bíblico pueda corregirse a través del arrepentimiento abierto y declaraciones públicas que corrijan el record para el mismo Warren y los que le siguen.

La entrevista de Warren y Arroyo en la EWTN provee mucho entendimiento sobre la "Nueva Evangelización" que se desarrolla actualmente. No son líneas hechas en la arena sino que las paredes se están derrumbando, y la unidad ecuménica establecida. Si Rick Warren y sus seguidores representan la dirección que muchos protestantes están siguiendo, es solo cuestión de tiempo antes del establecimiento de una religión ecuménica mundial. El plan jesuita de traer "a casa a Roma, a los hermanos separados" se verá cumplido. Los que rehúsan seguir esto serán señalados y considerados "herejes" que dañan el proceso de paz, P.E.A.C.E. ¿Es posible de que venga persecución para los que resisten?

A la vez que el Evangelio de las Escrituras está siendo comprometido por medio de la obra de Rick Warren y la unidad carismática con Roma, todavía hay otro peligro que necesita examinarse: los "prodigios y señales" engañosos. Estos tendrán el potencial de engañar a billones de personas del planeta, si rehúsan escuchar las advertencias de las Escrituras.

16

EL REINO DE DIOS EN LA TIERRA SIN EL REY

Un plan muy astuto está en marcha, que declara que la Reforma se ha acabado. Supuestamente, el "Espíritu Santo" está uniendo la iglesia para un poderoso avivamiento antes del regreso de Jesús. La locura ecuménica se extiende como un virus. Pocos pastores se toman tiempo para escuchar con cuidado lo que el actual papa está diciendo. El está a favor de la unidad con toda persona que quiere unirse con Roma. Este es el lema de la agenda jesuita:1 unir a todas las personas y todas las religiones bajo la autoridad de Roma. Y por primera vez en la historia, ¡la Iglesia Católica Romana tiene un papa jesuita! Cuando se considera que los primeros jesuitas, hacía quinientos años, fueron comisionados por el papa para hacer todo lo que fuera necesario para poner fin a la Reforma; y los actuales esfuerzos que el papado y algunos protestantes (como Tony Palmer) hacen para quitar la Reforma, es una situación preocupante.

La rueda ecuménica tiene muchos rayos, pero todos se juntan en el centro. El punto central es el Vaticano ubicado en Roma, con el papa en el "trono" de "Pedro". Desde allí, el reino de Dios se establecerá. "La misa del papa: No somos cristianos fuera de la Iglesia" es el título de un comentario del discurso del papa Francisco frente a un grupo grande reunido para una misa. Dice:

El Reino De Dios En La Tierra Sin El Rey

> No existe tal cosa como un cristiano fuera de la Iglesia, un cristiano que anda solo, porque Jesús se unía al camino de Su pueblo. Esto fue el pensamiento del papa Francisco en la misa esta mañana, en Casa Santa Marta. Iniciando la primera lectura del día, el papa Francisco dijo que cuando anunciaron sobre Jesús, los apóstoles no empezaron con El sino con la historia del pueblo. De hecho, "Jesús no tiene sentido sin esta historia, porque El "es el final de esta historia" (el fin), el rumbo hacia dónde se dirige esta historia, hacia dónde camina.[1]

Obviamente, cuando el papa Francisco se dirige a un grupo unido frente a él, mientras presenta la misa, al decir "iglesia", está hablando de la Iglesia Católica. Si alguien leyendo esto tiene dudas de que habla a los católico romanos "fieles" , más adelante una declaración en su mensaje lo confirma. Dijo:

> El cristiano, mirando hacia el futuro, es hombre o mujer de esperanza. Y en esto, el cristiano sigue el camino de Dios y renueva el pacto con Dios. Continuamente dice al Señor: "Sí, quiero los mandamientos, quiero tu voluntad, te seguiré". Es un hombre del pacto, y celebramos el pacto cada día en la misa: de modo que un cristiano es "una mujer, un hombre, de la Eucaristía".[2]

También se puede notar la siguiente información disponible en el website www.catolicismo.org.

> "Fuera de la Iglesia, no hay salvación". (Extra ecclesiam nulla salus) es una doctrina de la Fe Católica que fue enseñada por Jesucristo a Sus Apóstoles, (y) predicado por los padres, definido por los papas y concilios y creído piadosamente por los fieles en toda época de la Iglesia. Así es como los papas lo definieron:

> - "Hay una sola Iglesia universal de los fieles, fuera de la cual ninguno

es salvo." (Papa Inocente III, Cuarto Concilio Laterano 1215).

- "Declaramos, decimos, definimos y pronunciamos que es absolutamente necesario para la salvación de cada criatura humana estar sujeto al Pontífice Romano". (El papa Bonifacio VIII, el Bula Unam Sanctam, 1302).

- "La Santísima Iglesia Romana firmemente cree, profesa y predica que ninguno de los que existen fuera de la Iglesia Católica, no solamente paganos, sino también judíos y herejes y cismáticos, pueden tener parte en la vida eterna; sino que irán al fuego eterno preparado para el diablo y sus ángeles, a menos que antes de la muerte se unan con Ella; y tan importante es esta unidad con este cuerpo eclesiástico que solo los que se mantienen dentro de esta unidad pueden aprovechar los sacramentos de la Iglesia para salvación, y solo ellos pueden recibir una recompensa eterna por sus ayunos, sus limosnas, sus otras obras de piedad cristiana y los deberes de un soldado cristiano. Nadie, sean sus limosnas tan grandes como fueran, o aun si derrama su sangre por el nombre de Cristo, puede ser salvo, a menos que se mantenga dentro del seno y la unidad de la Iglesia Católica". (El papa Eugenio IV, el Bula Cantate Domino, 1441)[3]

¿Quién tiene las llaves del reino?

Si alguna vez el lector ha caminado por la Plaza de San Pedro en Roma, sabe que hay una estatua de Pedro frente a la basílica, como ilustración de una de las creencias principales de la Iglesia Católica Romana. La estatua representa a Pedro, el discípulo que los católicos declaran que fue él quien Jesús escogió para ser el primer papa. Ellos dicen que el catolicismo romano es la única representación del cristianismo, porque sus creencias remontan sobre el nombramiento de Pedro como sucesor de Jesús. Ellos dicen que él recibió las "llaves del reino" de parte de Jesús.

Para poder investigar el origen de esta creencia, necesitamos mirar las Escrituras y ver si este argumento es válido. Se basa en el pasaje de Mateo capítulo 16, cuando Jesús preguntó a los discípulos *¿Quién dicen los hombres que es el Hijo del Hombre?*

El Reino De Dios En La Tierra Sin El Rey

> Viniendo Jesús a la región de Cesarea de Filipo, preguntó a sus discípulos, diciendo: ¿Quién dicen los hombres que es el Hijo del Hombre? Ellos dijeron: Unos, Juan el Bautista; otros, Elías; y otros, Jeremías, o alguno de los profetas. El les dijo: Y vosotros, ¿quién decís que soy yo? Respondiendo Simón Pedro, dijo: Tú eres el Cristo, el Hijo del Dios viviente. Entonces le respondió Jesús: Bienaventurado eres, Simón, hijo de Jonás, porque no te lo reveló carne ni sangre, sino mi Padre que está en los cielos. Y yo también te digo, que tú eres Pedro, y sobre esta roca edificaré mi iglesia; y las puertas del Hades no prevalecerán contra ella. Y a ti te daré las llaves del reino de los cielos; y todo lo que atares en la tierra será atado en los cielos; y todo lo que desatares en la tierra será desatado en los cielos. Entonces mandó a sus discípulos que a nadie dijesen que él era Jesús el Cristo. Desde entonces comenzó Jesús a declarar a sus discípulos que le era necesario ir a Jerusalén y a padecer mucho de los ancianos, de los principales sacerdotes y de los escribas; y ser muerto, y resucitar al tercer día. (Mateo 16:13-21)

Aunque los católico romanos creen firmemente que Jesús escogió a un hombre para sucederle como cabeza de la iglesia, ésto no es lo que Jesús dijo. Jesús estaba respondiendo a la respuesta de Pedro, "Tú eres el Cristo, el Hijo del Dios viviente". La roca o la base fundamental del Cristianismo no sería seguir a un hombre. El fundamento era saber quién era Jesús, y Su parte en la historia. Ésta era la llave del reino de los cielos, no una llave a un reino establecido aquí en la tierra por un hombre, aunque fuera hecho en el nombre de Jesús.

Según el dogma católico romano, la sucesión del papado a través de los siglos significa que la salvación solamente puede ser dada por Roma. Desde el principio, en Cesarea de Filipo, Jesús explicó claramente a los discípulos y a Pedro que de ninguna manera deben seguir a un hombre o darle un título como si fuera una representación de Jesucristo en la carne.

Cuando Jesús les dijo a los discípulos lo que venía, que El iba a tener que sufrir, morir, y resucitar, Pedro rehusó creer este mensaje vital de las Escrituras para el cumplimiento del Evangelio. La Biblia dice: "Entonces

Pedro, tomándolo aparte, comenzó a reconvenirle, diciendo: Señor, ten compasión de ti; en ninguna manera esto te acontezca" (Mateo 16:22).

Jesús inmediatamente respondió a la reacción equivocada de Pedro, diciéndole: "¡Quítate de delante de mí, Satanás!; me eres tropiezo, porque no pones la mira en las cosas de Dios, sino en las de los hombres" (Mateo 16:23).

El error sobre Pedro que se ha promulgado por generaciones ha impactando no solo la Iglesia Católica Romana, sino también muchos pastores protestantes y líderes que dicen creer el Evangelio de Jesús. Cristo es el mediador entre Dios y los hombres. El hombre no solo ha malentendido lo que Jesús dijo de la roca o fundamento sobre el cual descansa el Cristianismo, sino que los hombres toman el puesto del Buen Pastor, declarando que ellos, y solamente ellos, han recibido la custodia de las llaves del reino.

Los evangélicos del Reino-Ahora

A la vez que Roma sigue adelante con la firme declaración de que Dios escogió a Pedro y a los papas para tener el título del "vicario de Cristo", y que determinan lo que las ovejas deben creer o no creer, otros grupos insisten en tener el llamado de abrir camino para establecer el reino de Dios aquí en la tierra sin tener la presencia del Rey. Este grupo a menudo toma la posición de que Jesús no volverá físicamente para reinar durante mil años, sino que ellos son los escogidos por Dios como vasos humanos para este propósito.

Los nombres comúnmente aplicados a esta enseñanza son: El Reino Ahora, la Teología del Dominio, y el Re-construccionismo. La idea es que antes de que Cristo pueda volver, el mundo tiene que estar en unión y perfección; y esta obra será hecha por la iglesia cristiana. Esto es impulsado a través de varias avenidas, incluyendo P.E.A.C.E, el plan con propósito de Rick Warren; la agenda del evangelio social de Jim Wallis; y la iglesia emergente de Tony Campolo y Brian McLaren. La meta es básicamente erradicar todos los males del mundo (o sea, las enfermedades, la pobreza, el terrorismo y la polución), para así crear una utopía del "cielo en la tierra".

El Reino De Dios En La Tierra Sin El Rey

Aunque suena muy bonito crear un mundo así, esto no es lo que va a ocurrir según la Biblia. Muchas Escrituras del Antiguo Testamento y también del Nuevo, describen una situación muy diferente, como leemos aquí:

> Entonces os entregarán a tribulación, y os matarán, y seréis aborrecidos de todas las gentes por causa de mi nombre. Muchos tropezarán entonces, y se entregarán unos a otros, y unos a otros se aborrecerán. Y muchos falsos profetas se levantarán, y engañarán a muchos; y por haberse multiplicado la maldad, el amor de muchos se enfriará. Mas el que persevere hasta el fin, éste será salvo. Y será predicado este evangelio del reino en todo el mundo, para testimonio a todas las naciones; y entonces vendrá el fin. (Mateo 24:9-14)

La siguiente lista tiene algunas de las enseñanzas erróneas de la teología del Reino Ahora, y demuestra qué tan peligroso es este sistema de creencias; sin embargo, ésto se está extendiendo tremendamente en la iglesia de hoy:

- Las Escrituras proféticas se niegan o fueron cumplidas en el 70 D.C. (como dice el preterismo).

- La iglesia es la nueva Israel (la teología del reemplazo).

- Armagedón es la batalla continua entre las fuerzas de la luz y las tinieblas.

- El Anticristo es un espíritu, no una persona real.

- Estamos actualmente en la Gran Tribulación, pero a la vez, estamos en el Milenio.(¡Qué extraño—debe ser el uno o el otro!)

- En vez de seguir la profecía bíblica tradicional, ellos caminan según "nuevas revelaciones".

- Hay que obedecer a los profetas modernos, y no juzgarlos cuando se equivocan.

- Quieren restaurar la naturaleza del Edén aunque fue en el Edén donde entró el pecado.[4]

Este movimiento ha pasado por todo el planeta; y los que rehúsan unirse con ellos se consideran "anticuados", "fundamentalistas militantes" o "ilógicos de mente estrecha" que no quieren aceptar la "nueva ola" y compartir el gran avivamiento que moverá el mundo hacia la unidad y la paz. Muchos líderes de este movimiento no tienen ningún problema con apoyar el papa en Roma y los planes que él tiene del reino-en-la tierra, uniéndose con las otras religiones, incluyendo el islam.

Mientras algunos cristianos con discernimiento ven como esta corriente tiene relevancia a la luz de la profecía bíblica, hay una porción grande del cristianismo que no lo nota. Ellos son los que leen libros por autores que promueven las ideas de la iglesia emergente ("cristianismo progresivo") para la generación posmoderna, rechazan las enseñanzas de la Biblia y buscan establecer el reino de Dios en la tierra ahora. Están listos a unirse a otras religiones a través de re-inventar el cristianismo, que es una clase de espiritualidad "de camino ancho", donde todos son salvos y parte del reino de Dios. Ya no creen en el "camino angosto" a la eternidad. Ellos dicen que el reino de Dios es para todas las religiones, aun para los que no creen en nada. Todo lo que importa es la unidad, la paz, estar conectado y unidos; mientras tanto, la doctrina bíblica se deja a un lado como algo no relevante a la "nueva reforma" actual. Es obvio que este punto de vista deja poco espacio para la cruz y el Evangelio bíblico. Hacen caso omiso a las Escrituras como lo siguiente:

> Pasaba Jesús por ciudades y aldeas, enseñando, y encaminándose a Jerusalén. Y alguien le dijo: Señor, ¿son pocos los que se salvan? Y él les dijo: *Esforzaos a entrar por la puerta angosta; porque os digo que muchos procurarán entrar, y no podrán*. Después que el padre de familia se haya levantado y cerrado la puerta, y estando fuera empecéis a llamar a la puerta, diciendo: Señor, Señor, ábrenos, él respondiéndoos dirá: *No sé de donde sois*. (Lucas 13:22-25, énfasis Oakland)

El Reino De Dios En La Tierra Sin El Rey

Desafortunadamente, aunque puede haber muchos pastores como Rick Warren que todavía mantienen una creencia personal en Jesucristo como su Salvador, vendrá el tiempo cuando el camino que toman ahora puede costarles muy caro. Es mi esperanza que estos líderes despierten para ver lo que hacen, antes que sea tarde. Y no olvidemos el incontable número de personas que sigue a estos pastores y que posiblemente nunca tendrá un conocimiento de Jesucristo como Salvador, a causa de las verdades que se les han negado en nombre de "paz" y "unidad".

También es doloroso saber que un gran número de líderes "cristianos" ya no creen, (o que nunca han creído) en la cruz como expiación del pecado, tomando la actitud que eso es arcaico y bárbaro. Su punto de vista es que el cristianismo necesita ser re-inventado para nuestro tiempo. Brian McLaren, quien en el 2015 representó el "cristianismo" en el Parlamento de Religiones Mundiales en Utah, cree así. En una entrevista, dijo que el concepto de Dios enviando a Su Hijo a una muerte violenta es "propaganda falsa para Dios"; y de igual manera, rechaza el concepto del infierno.5

McLaren también ha tenido un papel importante en promover la teología del Reino Ahora, como se ve en su libro, *The Secret Message of Jesus: Uncovering the Truth That Could Change Everything* (*El mensaje secreto de Jesús: Descubriendo la verdad que lo podría cambiar todo*). McLaren en el pasado fue nombrado por la revista *Time Magazine* como uno de 25 individuos de influencia asociados con el cristianismo evangélico; y ha buscado actualizar la fe cristiana para hacerla más relevante en este día. Hace varias preguntas al principio de su libro que sugieren que la iglesia ha desvirtuado el mensaje principal de Jesús; y él promueve la idea de que los cristianos necesitan ser honestos con ellos mismos, aun si esto implica cambiar su fe. En su libro, hace la siguiente declaración:

> Tristemente, durante siglos en lugares demasiado numerosos para poder contar, la religión cristiana ha descontado, malinterpretado u olvidado completamente el mensaje secreto de Jesús. En vez de tratar el reino de Dios llegado a la tierra, la religión cristiana demasiadas veces se ha

concentrado en abandonar o escapar de la tierra e ir al cielo
. . . Hemos traicionado el mensaje de que el reino de Dios está al alcance de todos, empezando con el que es menos y dejado y perdido—y en su lugar han creído y enseñado que el reino de Dios está al alcance del élite, empezando con el correcto y el limpio y el poderoso.[6]

En el libro de McLaren del 2016, titulado *The Great Spiritual Migration: How the World's Largest Religion is Seeking a Better Way to be Christian* (*La gran migración spiritual: Cómo la religion más grande del mundo busca una mejor manera de ser cristiano*), él describe este inclusivo "reino de Dios", que incorpora las colaboraciones "multi-credo" (i.e. todas las religiones). El dice:

> Esta clase de colaboración lleva a un entendimiento fresco de lo que significa evangelizar. Me enseñaron que significaba convertir a la gente a la única verdadera religión, o sea, la mía (el cristianismo). Ahora creo que el evangelismo significa invitar a la gente a tener una comunión y colaboración corazón-a-corazón con Dios y los vecinos en *la gran obra de sanar la tierra*, edificar la comunidad amada, buscando primeramente el reino de Dios y *la justicia de Dios para todos*. Los miembros de cada tradición traen sus dones únicos a la mesa, listos a compartir y recibir, aprender y enseñar, dar y recibir, en un espíritu de generosidad y vulnerabilidad. *Ni mis vecinos ni yo estamos obligados a convertirnos o sentir que eso se espera de nosotros* . . . Mientras trabajamos juntos para el bien común, somos transformados. Los que no han experimentado esta clase de colaboración transformadora no saben lo que están perdiendo . . . a través de mis *colaboraciones multi-credo*, he llegado a ver como el lenguaje de Pablo sobre *un cuerpo con muchos miembros* (1 Corintios 12, Romanos 12:4-5) se aplica no solamente a los diferentes dones entre cristianos individuales, *sino también a los diferentes dones entre las religiones*.[7] (Énfasis Oakland)

El Reino De Dios En La Tierra Sin El Rey

A la vez que muchos evangélicos ahora han relegado a Brian McLaren del cristianismo evangélico, otros han seguido promoviendo su mensaje, a veces en forma sutil. Pero como dice la Biblia, no hay nada nuevo debajo del sol. Las artimañas del diablo siempre están presentes. Su meta es destruir el mensaje de la cruz; y aunque realmente nunca lo podrá hacer, puede causar que billones de personas rechacen el mensaje cuando les ofrece un sustituto. Pero sabemos que no hay nada que reemplace la obra que Jesucristo, el único Salvador de la humanidad, hizo en la cruz.

¿Qué es lo que esto nos dice?

Hay un cliché común: si algo grazna como pato, camina como pato y tiene plumas como pato—¡debe ser que es un pato! En este capítulo, hemos tratado tres puntos diferentes sobre la búsqueda de establecer ahora mismo el reino de Dios en la tierra, pero sin el Rey. ¿Así es cómo Jesús planeó, o es que nos engañan seres humanos que siguen los pensamientos de sus propias imaginaciones; o sería en el peor de los casos, la inspiración de Satanás?

Aunque ha existido por siglos la idea del reino de Dios establecido aquí en la tierra por líderes humanos, debemos poner mucho cuidado cuando los eventos actuales del mundo van empeorando, pero se nos dice que todo va mejorando. Cuando las religiones falsas lleguen a ser parte del reino, entonces es obvio que este no es el reino de Dios sino el reino que pertenece al dios de este mundo. Jesús, poco antes de Su crucifixión, dijo que hay dos reinos—el de Dios y el de este mundo, cuando le dijo a Poncio Pilato, "Mi reino no es de este mundo" (Juan 18:36). Jesús también en esta misma conversación le dijo a Pilato que "Todo aquel que es de la verdad, oye mi voz". El lector puede preguntarse así: ¿está oyendo la voz del Buen Pastor, o la voz del dios de este mundo que manda en un reino que no es de Dios?

17

SEÑALES Y PRODIGIOS MENTIROSOS

La Biblia está llena de referencias sobre los milagros del poder de Dios. Dios, porque El es Dios, no está limitado por Sus leyes naturales. La creación del universo es el primer gran milagro escrito en la Biblia. Numerosos otros milagros del Antiguo Testamento demuestran la intervención sobrenatural de Dios en los asuntos de los hombres. El hecho de que Dios se manifestó en la tierra en la persona de Jesucristo es el milagro más grande de la historia. Cuando Jesús caminó en la tierra, hizo muchos milagros como leemos en las Escrituras.

Hay personas que niegan que Dios hizo milagros en el pasado y todavía otros dicen que Dios no puede hacer milagros hoy en día. Se mofa de la fe en el poder sobrenatural de Dios o lo niega. Sin embargo, muchos otros, incluyendo a algunos cristianos, buscan prodigios y señales frívolas. Tienen una obsesión con lo milagroso sin darse cuenta que Satanás se mete en los asuntos de los hombres, y que él puede hacer cosas que tienen apariencia de señales y prodigios pero son falsos.

En cuanto a señales y prodigios de los últimos días, una búsqueda en las Escrituras revela dos ejemplos. En ambos casos, son mencionados para dar una advertencia contra el poder engañoso que habrá en esos días.

El primer ejemplo se encuentra en el capítulo 24 de Mateo, cuando Jesús advirtió sobre la llegada de falsos Cristos, falsos profetas y apariencias de un Jesús falso que hará milagros. El dijo:

> Entonces, si alguno os dijere: Mirad, aquí está el Cristo, o mirad, allí está, no lo creáis. Porque se levantarán falsos Cristos, y falsos profetas, y harán grandes señales y prodigios, de tal manera que engañarán, si fuere posible, aun a los escogidos. Ya os lo he dicho antes. Así que, si os dijeren: Mirad, está en el desierto, no salgáis; o mirad, está en los aposentos, no lo creáis. (Mateo 24:23-26)

Jesús estaba haciendo una declaración profética. Le pidieron que describiera las señales de Su regreso, y El las explicó. El habló sobre el futuro para que los que tomaran en serio Sus palabras hicieran caso y estuvieran preparados frente a esas señales. Una de las principales señales que El advirtió fue el hecho de que habría "señales y prodigios" mentirosos, y que muchos serían engañados.

El segundo ejemplo de señales mentirosas se encuentra en la carta de Pablo a los tesalonicenses. Describe un tiempo antes de la llegada del Anticristo caracterizado por señales y prodigios mentirosos. El escribe:

> Porque ya está en acción el misterio de la iniquidad; sólo que hay quien al presente lo detiene, hasta que él a su vez sea quitado de en medio. Y entonces se manifestará aquel inicuo, a quien el Señor matará con el espíritu de su boca, y destruirá con el resplandor de su venida; inicuo cuyo advenimiento es por obra de Satanás, con gran poder y señales y prodigios mentirosos, y con todo engaño de iniquidad para los que se pierden, por cuanto no recibieron el amor de la verdad para ser salvos. Por esto Dios les envía un poder engañoso, para que crean la mentira. (II Tesalonicenses 2:7-11)

Vemos que aunque la obra de Satanás se cumple a través de señales y prodigios milagrosos falsos, Dios permite que esto ocurra, porque los engañados rehúsan la verdad de la Palabra de Dios. Estarán sujetos a un fuerte engaño que Dios ha permitido. Los últimos días serán conocidos por esta característica. Debe ser un pensamiento serio para aquellos que se burlan de las declaraciones proféticas bíblicas que advierten a las ovejas y el mundo sobre lo que viene.

Un evangelismo de poder

El término "evangelismo de poder" fue ideado por John Wimber, y se basa en el conjunto de las siguientes ideas:

La unidad en el cuerpo de Cristo proveerá el ambiente para la manifestación de numerosas señales y prodigios y estas señales y prodigios atraerán a muchos incrédulos a Cristo.

Power Evangelism (*Evangelismo de poder*) también es el título de un libro escrito por Wimber para explicar esta técnica.

Un evangelista es una persona que proclama el Evangelio—las buenas noticias que Jesucristo murió para salvarnos de nuestros pecados. Según Wimber, un "evangelista de poder" es alguien que proclama el Evangelio y demuestra la verdad del Evangelio con "señales y prodigios". En esencia, el "evangelismo de poder" descansa sobre la suposición de que el mensaje del Evangelio por sí solo es mayormente sin eficacia a menos que sea acompañado con lo milagroso.

Wimber creía que para que los occidentales entendieran el "evangelismo de poder", sería necesario cambiar su cosmovisión. En su libro, explica como las personas que viven en países del tercer mundo son más abiertas al poder de Dios, porque tienen diferentes creencias y expectaciones.

Wimber tenía el punto de vista de que la cosmovisión materialista occidental evita que la gente experimente lo milagroso. Por ejemplo, en *Evangelismo de poder*, explica:

> La mayor parte de los cristianos occidentales tiene que experimentar un cambio de percepción, para poder involucrarse en un ministerio de señales y prodigios, y un cambio de cosmovisión que de lugar a la intervención milagrosa de Dios. No es cuestión de nosotros permitir la intervención de Dios: él no necesita nuestro permiso. El cambio es que empecemos a ver sus obras milagrosas y permitamos que afecten nuestras vidas.[1]

Aunque Wimber dice que Dios hará lo que El quiere a pesar de nosotros, parece que eso no es lo que realmente quiere decir. Cuando uno lee todo su libro, es obvio que señales y prodigios pueden producirse si se utiliza cierto método. De hecho, él cree que Jesús enseñó a Sus discípulos como hacer señales y prodigios. El dice:

> Pero el método de capacitación de Cristo es difícil para los cristianos occidentales entender. Hay varias razones para ello. Los evangélicos enfatizan la acumulación de conocimientos sobre Dios por el estudio bíblico. Cristo estaba más orientado a la acción; sus discípulos aprendieron haciendo como él lo hacía.[2]

Entonces, en la página 195, Wimber explica más plenamente cómo los discípulos aprendieron a hacer milagros. El dice:

> El los entrenó a hacer señales y milagros. Estuvieron unidos durante tres años, y cuando fueron soltados, los discípulos siguieron caminando según su ejemplo. Hacían señales y prodigios y enseñaron a la siguiente generación hacerlo también.[3]

¿Jesús "entrenó" a sus discípulos para hacer señales y prodigios? Tal declaración da la idea de que el hombre puede aprender a iniciar e imitar el poder de Dios. Dios no es una clase de títere cósmico que funciona según nuestras exigencias. Dios hace señales y prodigios según Su plan soberano. El evangelismo de poder puede ser parte de un "cambio rotundo" o una "tercera ola" como dice Wimber. Sin embargo, sería sabio examinar las advertencias de las Escrituras. "Señales y prodigios falsos" son las cosas que engañarán a las personas en los últimos días.

La promoción de los métodos de evangelismo de poder de Wimber y sus ideas todavía sigue impactando buena porción del cristianismo hoy. Es preocupante la premisa que, para ver más y más milagros atrayendo a la gente a Cristo, el requisito es la unidad de todos los que se consideran ser cristianos. Muchos de los que hoy se consideran ser cristianos creen en las apariciones de María, y también manifestaciones de "Jesús". ¿Es posible que estos supuestos "señales y prodigios" son los mismos contra los cuales advirtieron Jesús y Pablo?

Las apariciones de una mujer que dice ser la madre de Jesús

Ella aparece como una hermosa mujer translúcida rodeada de una luz brillante. Su rostro refleja paz, sus ojos son benévolos y amorosos. Los que la ven testifican sentir tanto gozo y placer que muchas veces usan el término de sentir "éxtasis" para describir la experiencia. Creen que es la Virgen María, la madre del Señor Jesucristo; y las apariciones de su imagen pueden ser más frecuentes de lo que piensa mucha gente. Se han visto en todas partes del mundo—Medjugorje, Bosnia; Fátima, Portugal; Lourdes, Francia; Guadalupe, México; Egipto; Rusia, y por todo Estados Unidos. Donde sea que ella aparece, incontables millones de seguidores fieles se congregan frente a los lugares sagrados hechos para honrarle.

Muchas veces cuando hay una aparición, la acompañan señales milagrosas: sanidades, estatuas que sangran o lloran, aceite que sale de las estatuas e imágenes de María, rosarios que parecen dorados, luces extraños en el cielo, y fenómenos en el sol. Ella tiene mucho que decir a sus seguidores. Sus palabras son copiadas fielmente y distribuidas entre los fieles. Ella habla de futuros eventos y la mayor parte de lo que dice puede encontrarse en las páginas de las Escrituras. Sin embargo, un examen crítico de sus mensajes revela que ella predica un evangelio falso.[4]

Aunque parecen ser inocuos sus mensajes de paz y unidad, ¿sería posible que ella tenga una agenda de la cual habla la Biblia?[5] ¿Qué tal si estas apariciones de María realmente no son ella? ¿Qué tal si es el supremo engañador que inspira estos mensajes no-bíblicos o anti-bíblicos? No hay duda de que hay personas en todo el mundo experimentando alguna clase de lo sobrenatural. Entonces, la pregunta es ¿qué es lo que experimentan? ¿De dónde viene todo eso? ¿Y cómo lo podemos saber?

Aunque mayormente se supone que el movimiento de las apariciones marianas es principalmente para católicos, hay razón para sugerir que la alianza ecuménica protestante/católico carismático basada en experiencias puede ser un puente para una aceptación más amplia. Por ejemplo, consideremos un artículo que salió en *Charisma* en marzo 1999 titulado "Evangelista pentecostal anima a los cristianos a esperar lo insólito cuando llegue el avivamiento".⁶ Según este artículo, la evangelista pentecostal Ruth Heflin ha estado desafiando a las iglesias a dejar de limitar lo que Dios puede hacer. Heflin dijo, "Sé que el avivamiento viene, porque veo unidad desarrollándose en el cuerpo de Cristo. Las personas anhelan tanto a Dios que están listas a olvidar sus diferencias doctrinales y unirse".⁷

Heflin también cree que todas las iglesias principales como la Iglesia Católica estarán involucradas en el avivamiento que ella pronostica. El artículo dice que "ella ministró hace poco en una Iglesia Católica en Filadelfia".⁸ Heflin también cree que la iglesia en los Estados Unidos empezará a experimentar más señales y maravillas sobrenaturales a medida que nos acerquemos a un tiempo de avivamiento. Dijo, "Estamos

UNA FOTO DE UNA PERCIBIDA APARICIÓN DE
LA VIRGEN MARIA ENCIMA DE LA IGLESIA DE
LA VIRGEN MARÍA EN ZEITOUN, CAIRO, ÁFRICA
(1966 DOMINIO PÚBLICO)

empezando a ver más milagros en nuestras reuniones de campamentos en Virginia. Juntamente con las sanidades hemos visto aceite aparecer en las manos de las personas, y hemos sentido literalmente la lluvia del Espíritu Santo bajando durante un culto".[9]

La edición de *Charisma* del julio 1999 explica que los católicos carismáticos y los pentecostales carismáticos tienen muchas creencias en común. Ambos abrazan señales y prodigios, y ambos creen que están formando un precedente para un evento especial espiritual próximo a ocurrir. Según el obispo católico Sam Jacobs, un respetado líder del movimiento carismático de Alexandria, Luisiana, "muchos dirigentes carismáticos anticipan algo que va a tomar lugar".[10] Además dice:

> El poder de Dios va a caer en el mundo, en una manera fresca, no solo entre los de la renovación carismática, sino también en la iglesia y en el mundo.[11]

El obispo Jacobs basó su predicción sobre las palabras del papa Juan Pablo II, quien pronosticó una nueva primavera para el cristianismo empezando con nuevo milenio. En las mismas palabras de Jacob, "Algo nuevo va a ocurrir. El próximo siglo (XXI) abrirá lugar para un nuevo movimiento espiritual."[12]

Una señora de todas las naciones

Aunque los "mensajes del cielo" son un poco diversos, algunos factores comunes pueden identificarse. Uno es la idea extra-bíblica que la paz en el mundo sólo puede ocurrir si el papa proclama un dogma de que María comparta el acto de redención juntamente con su hijo Jesús.

Amsterdam es uno de los lugares donde se han visto apariciones de esta naturaleza y los mensajes copiados y enviados al mundo. Los promotores creen que María, la madre de Jesús, apareció a la visionaria Ida Peerdeman el 25 de marzo de 1945. Esta fue la primera de unas sesenta apariciones que supuestamente tomaron lugar entre 1945 a 1959, y llegaron a conocerse como los "Mensajes de la Señora de Todas las Naciones".[13]

Según un folleto, *Lady of All Nations Worldwide Action* (*Un Señora de Todas las Naciones del Mundo*), los mensajes de Amsterdam son únicos en la historia del movimiento de apariciones marianas porque "María está llegado a nuestros tiempos modernos bajo un nuevo título, LA SEÑORA DE TODAS LAS NACIONES; y está pidiendo un dogma mariano final".[14] Este dogma, se dice, tendrá una triple verdad:

> El Padre y el Hijo quieren enviar a María, la Señora de Todas las Naciones, en este tiempo como Co-redentora, Mediadora y Abogada. Cuando el dogma se haya proclamado, la SEÑORA DE TODAS LAS NACIONES dará paz, una verdadera paz, al mundo.[15]

La doctrina de la Señora de Todas las Naciones se está extendiendo por todo el mundo. Una publicación titulada *Third International Day of Prayer in Honor of the LADY OF ALL NATIONS* (*El tercer día internacional de oración en honor a la SEÑORA DE TODAS LAS NACIONES*) dice que la Señora de Todas las Naciones no es solo para un país, sino está destinada para toda la gente del mundo.[16]

Seis cardenales y cuarentaisiete obispos de treintaicinco diferentes países asistieron al Tercer Día Internacional de Oración en Amsterdam en 1999, juntamente con más de 12.000 otros delegados que llegaron de todo el continente. También el anterior arzobispo de Nueva York, el cardenal John O'Connor, envió sus saludos desde los Estados Unidos, y expresó su pesar de no poder participar en la "celebración a la gloria de Nuestra Señora".[17]

El punto principal del movimiento de la Señora de Todas las Naciones es que los participantes se enfoquen en cierta oración. El 11 de febrero de 1951, Peerdeman proclamó que la "Señora" le enseñó cómo hacer una oración al Señor Jesucristo, implorándole enviar al Espíritu Santo. En la aparición siguiente, el 4 de marzo del 1951, la "Señora" apareció a Peerdeman como la "Señora delante de la Cruz". Estaba parada sobre el globo terrestre. Peerdeman dijo que la "Señora" hizo la siguiente petición: "Tú harás que esta imagen sea hecha y esparcida juntamente con la oración que recité".[18]

La oración y la imagen tenían que enviarse a todo el mundo para la preparación e ilustración de un dogma nuevo. Según la "Señora", este nuevo dogma sería la última y más grande: María, Co-redentora, Mediadora y Abogada. La "Señora" también pronosticó una controversia grande y conflicto a causa de este dogma, pero que al aceptarse finalmente, abriría una "nueva era para la humanidad".[19]

Esta oración mayormente se imprime juntamente con un cuadro de la imagen de la Señora de Todas las Naciones. Ella está parada sobre la tierra, tiene los brazos extendidos, y tres rayos de luz se proyectan hacia abajo, iluminando un rebaño grande de ovejas. Una cruz muy prominente se ve detrás de la "Señora", y la oración dice:

> Señor Jesucristo, Hijo del Padre, envía ahora Tu Santo Espíritu sobre la tierra. Que el Espíritu Santo viva en los corazones de todas las naciones, que sean preservados de degeneración, desastre y guerra. Que la SEÑORA DE TODAS LAS NACIONES, que antes era María, sea nuestra Abogada.[20]

El folleto Worldwide Action (Acción mundial) distribuido por el centro de la Señora de Todas las Naciones en St. Louis, Missouri, anima a toda la gente repetir la siguiente oración. El folleto dice:

> Que la gente repita esta oración corta y sencilla todos los días. Esta oración es corta y sencilla, para que todos en este mundo moderno y agitado, puedan repetirla. Ésta se ha dado para pedir bajar el Verdadero Espíritu al mundo.[21]

Muchos de los mensajes de Peerdeman advierten a la Iglesia de Roma sobre la seriedad de los peligros pendientes si el nuevo dogma no se adopta y se promueve. La "Señora" pide a toda la humanidad hacer caso de estos mensajes. Ella llama a todos los cristianos unirse; y con la cruz en las manos, enfrentar al mundo. Además, la "Señora" ordena que la Iglesia sea unida y una sola comunidad grande de todos los pueblos".[22]

¿Quién es esta reina?

El libro de Apocalipsis advierte sobre un sistema religioso falso. Los cristianos que creen en la Biblia llaman a esta religión "la novia falsa". El apóstol Juan llamó esta iglesia falsa la gran ramera. Las Escrituras también indican que la gran ramera tiene que ver con una "reina". En Apocalipsis leemos:

> Porque todas las naciones han bebido del vino del furor de su fornicación; y los reyes de la tierra han fornicado con ella, y los mercaderes de la tierra se han enriquecido de la potencia de sus deleites. Y oí otra voz del cielo, que decía: Salid de ella, pueblo mío, para que no seáis participes de sus pecados, ni recibáis parte de sus plagas; porque sus pecados han llegado hasta el cielo, y Dios se ha acordado de sus maldades. Dadle a ella como ella os ha dado, y pagadle doble según sus obras; en el cáliz en que ella preparó bebida, preparadle a ella el doble. Cuanto ella se ha glorificado y vivido en deleites, tanto dadle de tormento y llanto; porque dice en su corazón: Yo estoy sentada como reina, y no soy viuda, y no veré llanto; por lo cual en un solo día vendrán sus plagas; muerte, llanto y hambre, y será quemada con fuego; porque poderoso es Dios el Señor, que la juzga. (Apocalipsis 18:3-8)

¿Qué es el cristianismo? ¿Se basa el cristianismo sobre la Palabra de Dios y las enseñanzas de Jesucristo, o se basa sobre mensajes del cielo atribuidos a supuestas apariciones de María? ¿Y qué de los otros dogmas extra-bíblicos que han sido proclamados en el pasado por líderes de la iglesia? ¿Quién tiene la autoridad para añadir al canon de las Escrituras? Es importante que consideremos seriamente las respuestas a estas preguntas. Los humanos somos diseñados como seres de pensamiento racional con poder para tomar decisiones. Y es importante que hagamos decisiones correctas. Si no lo hacemos, la Biblia dice que resultarán consecuencias serias.

En este libro se ha presentado la premisa de que todas las enseñanzas que se hacen en el nombre de Cristo deben probarse y examinarse según la Palabra de Dios. En este momento también quiero hacer otra petición a los cristianos: que consideren la Palabra de Dios como la autoridad final en todos los temas que se relacionan con el cristianismo. Si decimos que somos cristianos pero no lo hacemos, entonces libremente abrimos la puerta para el engaño. Como comenté antes en este libro, como los ciudadanos de Berea que escudriñaron "cada día las Escrituras", (Hechos 17:11) debemos examinar todas las cosas de acuerdo con la Palabra de Dios. En las Escrituras no hay ninguna enseñanza que dice que debemos creer sin reserva las opiniones de los hombres sin un análisis cuidadoso.

En cuanto al movimiento mariano y otros movimientos basados sobre experiencias y enseñanzas anti-bíblicas en el nombre de Cristo, el tiempo ha llegado para tomar una posición firme en contra. Si no lo hacemos, hay el peligro que lleguemos a ser parte de la iglesia falsa. El cristianismo no bíblico puede llegar a ser babilónico en su naturaleza, y se verá la gran ramera de quien escribió Juan en el libro de Apocalipsis.

El Jesús Eucarístico

Las apariciones de María comparten numerosos mensajes dados a miles de visionarios, y tratan una variedad de temas. Uno de los temas principales reportado consistentemente por los que reciben los mensajes de "María" es la gran importancia de la Eucaristía. No solo apologistas católicos como Peter Kreeft dicen que las experiencias centradas alrededor de la hostia son importantes para la unidad, sino también eso es repetido por las apariciones de María y las supuestas manifestaciones de "Jesús".

La siguiente cita trata aparición de María que ocurrió en Roma, Italia. Por supuesto, es en Roma donde la "Madre de Todas las Iglesias" está ubicada. Fue ahí donde "María" dijo que ella es la "Madre de la Eucaristía":

> Habla de la Madre de la Eucaristía, porque la Madre de la Eucaristía cierra la historia. La Concepción Inmaculada* abre la Historia, y la Madre de la Eucaristía la cierra . . . Todos los mensajes vienen de Dios y en todo lugar donde aparezco, estoy diciendo lo mismo, porque a través del triunfo de la

---

*La Concepción Inmaculada, a veces confundida con el nacimiento virginal, es la doctrina que declara que María era libre de la naturaleza pecaminosa desde el momento de su concepción. Esta doctrina se defiende con una anatema eclesiástica (maldición del infierno) contra el que niega esta doctrina.23 Sin embargo la verdadera María declaró su necesidad de un Salvador (Lucas 1:47). ¿Por qué tendría necesidad de un Salvador si estuviera sin pecado? La jerarquía eclesiástica del papa erraba gravemente cuando quemaba a las personas en la hoguera sobre tales asuntos.

Eucaristía la Madre quiere que todas las Iglesias sean unidas de nuevo, para que haya una sola Iglesia para toda la gente.[24]

En el lugar de esta aparición en Roma, la visionaria Marisa Rossi también ha recibido muchos mensajes de "Jesús" en la Eucaristía. Es interesante que él también hable de su gran deseo para la unidad, especialmente la unidad religiosa:

> Es el deseo de Dios el Padre unir todas las religiones y las razas, para que lleguen a ser una sola comunidad y la Eucaristía llegue a ser el centro de todas las religiones y razas... quiero que todas las religiones se unan, las razas se unan, quiero una sola religión, un solo amor, porque Dios es amor.[25]*

También la aparición de María habló al padre Gobbi, el líder del movimiento mariano de sacerdotes, y comentó la importancia del reino eucarístico de Jesús:

> Hoy pido que todos abran las puertas a Jesucristo quien viene. Yo soy la Madre del Segundo Adviento, y la puerta que se abre en la nueva era. Esta nueva era coincidirá con el más grande triunfo del reino eucarístico de Jesús... El Jesús Eucarístico soltará todo su poder de amor, que transformará las almas, la Iglesia y toda la humanidad.[26]

De estos mensajes y muchos otros, podemos ver que "María" y el Jesús Eucarístico están preparando al mundo para una nueva era de unidad bajo la Iglesia Católica Romana. Ellos introducirán este nuevo

---

*Si este fuera el verdadero Jesús que habla, ¿sería posible que El haya cambiado de opinión sobre lo que dijo en el Nuevo Testamento? Jesús tenía la posición que donde no hay verdad, no puede haber amor; porque el amor nunca puede nutrirse comprometiendo la verdad. Por eso dijo a Sus discípulos, "Pensáis que he venido para dar paz en la tierra? Os digo: No, sino disensión" Lucas 12:51. Jesús no era divisivo, pero nunca promovió la unidad a costa de la verdad, especialmente si eso significaba cambiar lo verdadero a favor de otro Jesús, otro evangelio, u otro espíritu.

período con poderosos prodigios y señales. Este hecho está bien respaldado, como explica el investigador y autor mariano, Thomas Petriski, en su libro *Call of the Ages* (*Llamado de los siglos*):

> A la vez que la Bendita Virgen María realmente es la gran señal a la cual se refiere el capítulo 12:1 del libro de Apocalipsis, las apariciones numerosas de Jesús a muchos visionarios a través de todo el mundo es otro fenómeno que merece un estudio cuidadoso. Como las apariciones de María, estas reportadas visiones no son para tomar a la ligera, porque llevan en sí increíbles milagros y mensajes profundos según se dice, del mismo Señor.[27]

Experiencias eucarísticas

Las "experiencias eucarísticas" son extremadamente interesantes a la luz de una explicación por Peter Kreeft, el autor de *Ecumenical Jihad:Ecumenism and the Culture War* (*La yihad ecuménica :El ecumenismo y la guerra cultural*). En un capítulo titulado "La eucaristía y el ecumenismo", Kreeft, católico que antes era calvinista de la iglesia holandesa reformada, hace la siguiente declaración a favor del dogma católico de la Eucaristía. Escribe:

> Una vez que ha tragado el camello de la Encarnación, ¿por qué colar la mosca de la Eucaristía? Si el eterno Creador-Espíritu puede llegar a ser hombre de carne y sangre, ¿por qué no puede el cuerpo de ese hombre tomar la apariencia de pan y vino? La división entre el pan y la carne humana solo es finita; la división entre el hombre y Dios es infinita. Si Dios puede saltar la división infinita, ciertamente El puede saltar la que es finita.[28]

Por supuesto no es asunto de que si Dios puede tomar la apariencia de pan: el asunto es ¿la Biblia enseña esto? En el peregrinaje de Kreeft desde el calvinismo de la iglesia holandesa reformada al catolicismo romano, fue el dogma de la Eucaristía que era lo más importante en su proceso de conversión. Kreeft escribe, "Ningún dogma católico es tan distintivo y aparentemente tan anti-ecuménico como el dogma de la Presencia Real de Cristo en la Eucaristía; pero este dogma puede ser la ayuda más grande para el ecumenismo y la última unidad".[29]

Kreeft también explica esto en su libro, de cómo llegó a esta conclusión. Escribe:

> Si llegara a ser católico, sería por amor a Cristo; y si Cristo estuviera realmente presente en la Eucaristía, como la iglesia dice que es, entonces mi amor hacia El me atraería como un imán, llevándome desde una iglesia donde Cristo es solamente presente en forma subjetiva en las almas de buenos cristianos protestantes, a una iglesia donde El esté plenamente presente, presente también en forma objetiva, en la Eucaristía.[30]

Desde su conversión, Peter Kreeft ahora cree que a los protestantes les hace falta lo que es el verdadero cristianismo. El dice:

> Cuando pienso en cuánta falta les hace a mis hermanos y hermanas protestantes tener la Verdadera Presencia de Cristo en la Eucaristía; cuando me arrodillo delante de la Eucaristía y entiendo que estoy verdaderamente en la presencia de Cristo como lo estuvieron los apóstoles, lo que ignoran o no creen mis hermanos y hermanas protestantes, al principio siento una tremenda división entre ellos y yo. ¡Qué tremenda cosa les hace falta! Es como si Cristo hiciera una visita a Capernaum, y un residente de Capernaum ni se molestara a salir de su casa para verlo. ¡Qué punto de división es la Eucaristía! Uno de los dos lados está muy equivocado. Como dije antes, que si los protestantes tienen la razón, los católicos se equivocan terriblemente, adorando en forma idólatra el pan y el vino como Dios. Pero si los católicos tienen la razón, los protestantes están cometiendo un error igualmente terrible al rehusar adorar a Cristo donde El

está; y ellos están perdiendo una de las uniones más reales ontológicamente con Cristo que es posible en esta vida, en la Santa Comunión.³¹

Ahora que Peter Kreeft ha llegado a ser un miembro ferviente de la Iglesia Católica y promovedor de ella, él guarda la esperanza de que otros protestantes lleguen a ser transformados como él. También ve que estos *hermanos separados* algún día podrían ser llevados de nuevo a la Iglesia Católica por el Jesús Eucarístico juntamente con la ayuda de María, quien él cree podrá tener una parte clave en esto. Explica:

> Encontré que esta doctrina, que al principio parecía repelar y dividir, a la vez atraía y unía. Lo mismo con María: ella, que es un punto de división entre católicos y protestantes, puede de nuevo unir a las iglesias y sanar las lágrimas en el cuerpo visible de su Hijo en la tierra; ella, la misma que parece dividir a los católicos de los protestantes. Las doctrinas católicas más distintivas, especialmente las que tienen que ver con la Eucaristía y María, pueden terminar siendo las que más eficazmente unen y atraen.³²

Me preocupa bastante que muchos reconocidos cristianos, en sus libros, citan favorablemente a Peter Kreeft. es David Jeremiah cita a Kreeft en su libro popular, Life Wide Open(La vida sin límites).³³ Aunque Jeremiah, un muy respetado maestro evangélico, unos años atrás fue cuestionado sobre esto por mi casa editorial, el nombre de Kreeft todavía se encuentra en ese libro. Kenneth Boa, otro maestro y autor evangélico popular, promueve a Kreeft en su libro, *Faith Has Its Reasons* (*La fe tiene sus razones*); y concede que Kreeft es "popular entre protestantes y católicos por igual".³⁴

Estos endosos y otros acontecimientos en estos días demuestran que las esperanzas de Kreeft se están cumpliendo. Más y más protestantes testifican que se sienten atraídos hacia la Iglesia Católica, especialmente a través de la Eucaristía. Algunos dicen que han encontrado la presencia de Cristo en una manera nueva y emocionante.

Señales Y Prodigios Mentirosos

Un ejemplo es el pastor presbiteriano, Steven Muse. Muse es uno de los autores de *Mary the Mother of All: Protestant Persectives and Experiences of Medjugore* (*María la madre de todos: Perspectivas protestantes y experiencias de Medjugore*), publicado por la editorial Loyala University Press; y editado por Sharon E. Cheston.

Según Muse, su visita a Medjugorje le cambió la vida, especialmente después de encontrar al Cristo Eucarístico. Escribe:

> El hecho es que nunca antes en mi vida, ni después, había tenido semejante encuentro con Cristo en la Eucaristía. Creo que se debe a que nunca había recibido el pan y el vino como el Cuerpo y la Sangre de Cristo, entonces lo que amaba en mi corazón y creía en mi mente nunca me dio una experiencia viva en el presente en mi cuerpo como lo encontré vez tras vez en esa semana. A veces me pasaba dos veces al día cuando recibía la comunión en la mañana durante la misa en inglés y otra vez en la noche durante la misa croata, cuando no entendía lo que decían o cantaban pero repetía el rosario en mi propio idioma juntamente con los demás, como si hubiera estado repitiendo "Ave María" toda mi vida. Lo que fue real era la realidad del Padre, del Hijo y del Espíritu Santo. *Y María era real*.[35]

A la vez que Muse testificó de un encuentro real con "Cristo" y con "María" cuando estuvo en Medjugorje, otros protestantes reconocidos como Benny Hinn han hecho pronósticos que "Cristo" empezará a aparecer en la plataforma durante sus campañas. El 29 de marzo del 2000, Hinn hizo la siguiente declaración:

> Les voy a mostrar el poder de Dios con los jóvenes... Ahora van a ver lo que de costumbre ocurre la última noche al final del servicio para los jóvenes. Será una cruzada poderosa, con muy grandes cosas. Déjenme decirles algo. El Espíritu Santo ha hablado, El me dijo que El está a punto de aparecer. Oh, les voy a decir esto justo antes de salir. Tuve una palabra de profecía de Ruth Heflin, ¿ustedes saben quién es Ruth Heflin?

Ruth profetizó sobre mí en la década de los setenta. Todo lo que ella dijo ha ocurrido. Ella me envió palabra a través de mi esposa y dijo: "El Señor le habló en forma audible y dijo . . . dile a Benny que voy a aparecer físicamente en la plataforma de sus reuniones. ¡Señor, hazlo en Phoenix, Arizona, en el nombre de Jesús! Y en Kenia también, Señor, por favor, Señor, de hecho, hazlo en todas las cruzadas en el nombre de Jesús".[36]

¿Podría ser que el mismo fenómeno que a veces aparece como Cristo en la Eucaristía eventualmente aparecerá físicamente a los protestantes? ¿Serían éstas las señales y prodigios de las profecías bíblicas? Recordemos lo que dijo Jesús:

> Porque se levantarán falsos Cristos, y falsos profetas, y harán grandes señales y prodigios, de tal manera que engañarán, si fuere posible, aun a los escogidos. Ya os lo he dicho antes. Así que, si os dijeren: Mirad, está en el desierto, no salgáis; o mirad, está en los aposentos, no lo creáis. Porque como el relámpago que sale del oriente y se muestra hasta el occidente, así será también la venida del Hijo del Hombre. (Mateo 24:24-27)

¿Las señales y prodigios son la evidencia de que un gran avivamiento pronto ocurrirá? Si "María" y la Eucaristía proveen semejantes señales y prodigios, ¿es lógico que podrían representar fenómenos que unirán a los protestantes y los católicos? Y si es así, ¿podría "María" atraer a todos los "cristianos" bajo la cobertura de la Iglesia Católica Romana, que según ella, es la única que tiene la verdad? Si estas apariciones son de naturaleza engañosa, ¿podemos predecir que las religiones del mundo se unirán también, y que llegarán a formar la iglesia babilónica falsa que Juan menciona en Apocalipsis 17 y 18? Finalmente, ¿podemos pronosticar que muchos de los que profesan estar en "la fe" apostatarán para abrazar "señales y prodigios mentirosos"?

18

ISRAEL, LOS JUDÍOS Y LA IGLESIA

Todo aquel que ha leído la Biblia sabe que el Dios de Israel es el Dios de la Biblia. El Antiguo Testamento explica la historia de los judíos desde la creación hasta el tiempo de Cristo. La nación de Israel empezó con un solo hombre, Abraham. Israel tiene un verdadero lugar histórico en el planeta tierra, con gente real que sufrió y sobrevivió con el transcurso del tiempo, y existe todavía hoy en día. Jesús, el fundador de la iglesia cristiana, era judío. La iglesia no es una nación sino un cuerpo de creyentes que sigue a Jesús como su Salvador. La iglesia e Israel son dos entidades completamente distintas.

Hay muchos hoy en día que rehúsan ver la importancia de Israel desde el punto de vista de Dios. De hecho, una gran parte de la iglesia ha quitado a Israel, reemplazándolo con la iglesia. Esta posición se llama la teología del reemplazo, y ha estado en vigencia durante mucho tiempo. La Iglesia Católica Romana, buscando establecer su propia versión del reino de Dios en la tierra, ha promovido la idea de que ella ha reemplazado a Israel. Sin embargo, no es solamente la Iglesia Católica Romana que sostiene esta posición. Un porcentaje grande de protestantes evangélicos (especialmente los de doctrina reformada y de la iglesia emergente) también creen en el reemplazo. Ellos ven al reino de Dios como algo establecido por la iglesia. Algunos de la Reforma, como Lutero y Calvin, no tenían un entendimiento bíblico sobre Israel y los judíos, sino que aceptaron lo que Roma enseñó sobre las Escrituras.

Es posible que el lector se pregunte ¿por qué es tan popular hoy esta interpretación de la Biblia, relegando a Israel a la historia y elevando a la iglesia a una posición de poder, a pesar de que las profecías del Antiguo Testamento claramente demuestran que Dios tiene un plan especial para Israel?

En este capítulo, examinaremos varios aspectos del asunto. Se han escrito muchos libros sobre el tema, de modo que solamente voy a dar un resumen. Pero el que realmente estudia la Palabra de Dios puede ver que Israel es Israel, pasado, presente y futuro.

Fueron esparcidos

Si usted es cristiano, ha escuchado un argumento que dice algo como: "El cristianismo es una creencia para gente de mente débil. La gente cree sin usar su cabeza". La mejor manera para acercarse a la persona que cree que la Biblia es falsa es presentarle la realidad del esparcimiento de los judíos. Dios, por medio de Su profeta Ezequiel, advirtió al pueblo judío que iba a ser quitado de su tierra antes de que eso ocurriera.

> Mas dejaré un resto, de modo que tengáis entre las naciones algunos que escapen de la espada, cuando seáis esparcidos por las tierras. (Ezequiel 6:8)

Más adelante en Ezequiel, Dios dijo que estarían esparcidos por todo el mundo:

> Y a todos los que estuvieren alrededor de él para ayudarle, y a todas sus tropas, esparciré a todos los vientos, y desenvainaré espada en pos de ellos. Y sabrán que yo soy Jehová, cuando los esparciere entre las naciones, y los dispersare por la tierra. (Ezequiel 12:14-15)

> Te dispersaré por las naciones, y te esparciré por las tierras; y haré fenecer de ti tu inmundicia. Y por ti misma serás degradada a la vista de las naciones; y sabrás que yo soy Jehová. (Ezequiel 22:15-16)

Como hemos dicho, el Antiguo Testamento es un record escrito sobre ciertos eventos en la historia judía. Según la Biblia, los judíos eran y son, el pueblo escogido por Dios. Sin embargo, cuando rehusaron obedecer el plan de Dios para sus vidas, Dios usó a Sus profetas para advertirles de los juicios que vendrían. Aunque el pueblo judío pensó que era libre para adorar como los paganos, Dios tenía una idea distinta. Ezequiel, inspirado por Dios, advirtió a los judíos sobre el juicio; y más adelante en la historia, eso se cumplió.

Por sí solo, el esparcimiento del pueblo judío por todo el mundo, sería suficiente prueba. La próxima vez que usted vea a un judío, piense cómo ellos han sido regados alrededor del mundo, pero siempre han logrado mantener su identidad. Es todavía una razón más para creer en el Dios de la Biblia.

Moisés vio su esparcimiento

Pregunte a alguien si sabe quién era Moisés. Casi toda persona le diría que es un hombre en la Biblia que Dios usó para sacar al pueblo judío del cautiverio que sufría en Egipto. Aunque su padre y su madre eran judíos, Moisés fue criado como egipcio. La hija del faraón lo encontró en un barquito en el río Nilo y lo prohijó desde pequeño. Lo llamó Moisés, que quiere decir sacado de las aguas.

Otro aspecto de la vida de Moisés que la gente recuerda es el liderazgo que proveyó para su pueblo antes de llegar a la tierra prometida. Aunque estos judíos experimentaron toda clase de dificultades a causa de sus quejas e incredulidad, Moisés explicó anticipadamente que sus sufrimientos apenas empezaban. Profetizó que su futuro iba a estar lleno de pruebas, incluyendo ser esparcidos por todo el mundo. En una ocasión, Moisés dijo:

> Y Jehová os esparcirá entre los pueblos, y quedaréis pocos en número entre las naciones a las cuales os llevará Jehová. (Deuteronomio 4:27)

Después Moisés profetizó un fin aún más terrible:

> Jehová te entregará derrotado delante de tus enemigos; por un camino saldrás contra ellos, y por siete caminos huirás delante de ellos; y serás vejado por todos los reinos de la tierra. (Deuteronomio 28:25)

Finalmente, otro ejemplo demuestra claramente esta profecía contundente:

> Y Jehová te esparcirá por todos los pueblos, desde un extremo de la tierra hasta el otro extremo; y allí servirás a dioses ajenos que no conociste tú ni tus padres, al leño y la piedra. (Deuteronomio 28:64)

Hay que tener en cuenta que todas las profecías fueron escritas hace unos 3.500 años, antes de llegar los judíos a la tierra de Israel. Se les dijo que su hogar sería solamente temporal. A causa de sus pecados, iban a estar esparcidos en todas las naciones del mundo.

De nuevo vemos la certeza de la profecía bíblica: ¿Hay judíos en Rusia? ¿También en Argentina, Chile o Perú? ¿Y en cuanto a los Estados Unidos y Canadá? ¿Hay judíos en Australia, África del Sur, México, El Salvador, Inglaterra o Europa Oriental? La respuesta a todas estas preguntas es sí: ¡el pueblo judío ha sido esparcido entre todas las naciones del mundo, tal como Dios había dicho.

Moisés era profeta de Dios. Lo que profetizó ha ocurrido. La profecía bíblica y el pueblo judío comprueban que podemos confiar en la Biblia.

La Biblia cuenta su esparcimiento

Como hemos visto, Dios usó a Moisés para profetizar que la nación de Israel estaría esparcida por todo el mundo. Estas palabras se pronunciaron y se escribieron antes que aconteciera. Esto significa que Moisés, para tener esta clase de conocimiento sobre el futuro, habría tenido necesidad de la inspiración de un ser inteligente que conoce el principio y el fin. La Biblia dice que esto es posible. La fuente de este conocimiento es Dios.

Israel, Los Judíos Y La Iglesia

Otro aspecto asombroso de la Biblia es que fue escrita sobre un período de miles de años. No solo nos cuenta este libro de eventos antes de que ocurrieran, sino que después los documenta históricamente, demostrando que Dios cumple lo que dice.

Por ejemplo, en el libro de Ester, leemos:

> Y dijo Amán al rey Asuero: Hay un pueblo esparcido y distribuido ente los pueblos en todas las provincias de tu reino, y sus leyes son diferentes de las de todo pueblo, y no guardan las leyes del rey, y al rey nada le beneficia el dejarlos vivir. (Ester 3:8)

Notemos las palabras que utilizó Amán: "esparcido" y "distribuido". Se refería a los judíos que habían sido llevados a Persia. Era parte de un grupo más grande que había sido forzado a salir de su tierra, tal como lo había profetizado Ezequiel.

Pero así como la historia en la Biblia dice, otras dispersiones ocurrieron en otros períodos de tiempo. El evangelio de Lucas da las palabras que Jesús habló sobre más esparcimientos después de Su salida:

> Y caerán a filo de espada, y serán llevados cautivos a todas las naciones; y Jerusalén será hollada por los gentiles, hasta que los tiempos de los gentiles se cumplan. (Lucas 21:24)

Una vez más, un vistazo a la historia demuestra que se ha cumplido la profecía bíblica. En el año 70 D.C., los romanos demolieron Jerusalén. Quemaron el templo y cada piedra de las paredes fue echada a tierra. Ninguna quedó en su puesto original, cumpliendo las palabras de Jesús: "No quedará aquí piedra sobre piedra, que no sea derribada" (Mateo 24:2).

Finalmente, miremos el libro de Santiago, que dice: "Santiago, siervo de Dios y del Señor Jesucristo, a las doce tribus que están en la dispersión: Salud" (Santiago 1:1). Fueron dispersos porque habían sido esparcidos. La profecía bíblica se ha comprobado repetidamente. La Biblia no es un cuento, es históricamente acertada y veraz.

El renacimiento de Israel

Los profetas de la Biblia pronosticaron que Israel iba a ser esparcido como nación, y la historia ha demostrado que estas profecías se cumplieron cien por ciento. El sufrimiento y dolor que ha experimentado el pueblo escogido de Dios es sin precedente en toda la historia.

Pensemos en lo que ocurrió en el holocausto nazi, y la represión y secularización que pasaron los supervivientes después. Parece increíble que este grupo de gente hubiera podido sobrevivir. Pero el pueblo judío está con nosotros hoy en día. Es un testimonio asombroso de la verdad que Dios cumple Sus promesas.

Desde 1948, el año en el cual nació la nación de Israel, centenares de miles de judíos de todas partes del mundo han emigrado a Israel. Eventos actuales demuestran que Israel está en el centro de la atención mundial. Es fascinante ver cumplirse la profecía bíblica. Consideremos este informe de 1995, sobre el pueblo judío en Europa oriental:

> En Budapest, Praga, Varsovia, Moscú, Berlín, en centenares de pueblos y villas desde el Báltico hasta el Mar Negro, comunidades judías se están uniendo. Sinagogas y escuelas se levantan de nuevo, algunas sobre fundaciones de instituciones judías existentes desde la Edad Media. Los judíos otra vez con orgullo se identifican como judíos, avivando tradiciones y culturas sepultadas en las cenizas de los hornos de Hitler.[1]

Aunque en el pasado, la mayoría de los judíos que emigraron a Israel procedía de Europa occidental, África del Norte y el Medio Oriente, un artículo de Newsweek en el 2016 reportó que miles de judíos también están saliendo de Europa occidental (Francia, Bélgica, etc.)[2] Desde la caída de la Cortina de Hierro, una generación perdida se ha encontrado. Renovado interés en el judaísmo es parte de una amplia búsqueda de espiritualidad que ha surgido del desierto de la muerte de una ideología. Aunque algunos pueden ver el avivamiento y recogimiento del pueblo judío como un misterio o algo pasajero, el que tiene conocimiento de las Escrituras del Antiguo Testamento sabe exactamente lo que ocurre.

Estamos viviendo en los mismos días de los cuales escribieron los profetas. Ezequiel explicó lo que Dios iba a hacer en los postreros días:

> Y sabréis que yo soy Jehová, cuando abra vuestros sepulcros, y os saque de vuestras sepulturas, pueblo mío. Y pondré mi Espíritu en vosotros, y viviréis, y os haré reposar sobre vuestra tierra; y sabréis que yo Jehová hablé, y lo hice, dice Jehová. (Ezequiel 37:13-14)

Dios está avivando al pueblo judío y llevándolo de nuevo a su tierra. Lo leemos a diario en los noticieros. Es triste que mientras se cumple la profecía bíblica, la iglesia se deje seducir, creyendo que Israel ya no tiene ningún significado; que Dios lo ha olvidado, y pasado a la iglesia las promesas que dio a Israel.

Israel y los postreros días

El pueblo judío, por cierto, no es perfecto. Como las otras naciones, también se ha rebelado contra Dios. Sin embargo, sigue siendo el pueblo escogido por Dios por causa del pacto eterno que Dios hizo (Génesis 17:7). La Biblia habla mucho sobre cómo las naciones del mundo van a ver a Israel en los postreros días.

La historia demuestra que los judíos han experimentado el anti-semitismo por doquier que fueran esparcidos. Ahora que muchos han regresado a su tierra como pronosticó la Biblia, son aún más odiados y despreciados. No es posible entender lo que ocurre hoy en el Medio Oriente sin un entendimiento desde la perspectiva bíblica de lo habrá de venir. Ezequiel pronosticó lo que pasará cuando las naciones del mundo se levanten contra Israel en los últimos días en su intento de borrar del mapa a Israel.

> Y subirás contra mi pueblo Israel como nublado para cubrir la tierra; será al cabo de los días; y te traeré sobre mi tierra, para que las naciones me conozcan, cuando sea santificado en ti, oh Gog, delante de sus ojos. (Ezequiel 38:16)

No es sorprendente entonces, que los eventos del mundo se estén desarrollando como los vemos. Aun las naciones que antes eran aliadas de Israel están cambiando de opinión, llegando a ser indiferentes o hasta hostiles.

Vemos esto también en nuestro propio país, los Estados Unidos. Lo que es todavía más deplorable es el cambio de actitud de parte de muchos en la iglesia. No solamente han aceptado la teología del reemplazo, sino que ahora muchos creen que el "Dios" de Islam es el mismo Dios de Israel; y que Israel ya no tiene ninguna parte en la profecía bíblica y los postreros días.

El favor al islam de parte de la iglesia que ha rechazado a Israel

Aunque debe ser obvio para los cristianos que leen la Biblia que Israel tiene una parte importante en la historia actual y futura, parece no ser así. Va en aumento el número de los que dicen ser cristianos, pero que creen que Dios ha terminado con Israel; y que la iglesia reemplaza a Israel, recibiendo las bendiciones que supuestamente ha perdido Israel.

Además, con la ayuda de los medios de comunicación anti-Israel, muchos han llegado a creer que Israel y los judíos no solo carecen de importancia en el mundo de hoy, sino que realmente son perjudiciales; mientras que el Islam y los musulmanes son significativos. En un artículo titulado "La teología del reemplazo de los judíos de parte del la izquierda musulmana", el escritor Daniel Greenfield explica lo que los medios de comunicación buscan infundir en la gente:

> Los musulmanes son los nuevos judíos. Puede verse esta posición insultante repetida por todos lados en los medios. Es una terrible analogía, el comparar a los judíos, una pequeña minoría étnica de millones que careció de un estado durante miles de años, con una población mundial global de musulmanes, con 1.6 billones en unos 50 países, no representando ninguna etnia ni raza en particular. Comparar a los dos tiene tanto sentido como el comparar a los finlandeses con toda Asia . . .

Israel, Los Judíos Y La Iglesia

> En esta torcida revisión de la historia, los judíos, una minoría acosada que se aferra a un país un poco más grande que Fiji, con la esperanza de ser dejados tranquilos, han pasado los últimos 40 años cortando pedazos de su pequeña tajada del mundo para entregarlos a la inmensa mayoría musulmana de la región, los nuevos nazis.
>
> Y los billones de musulmanes que mandan en vastos territorios, donde los derechos humanos para los no-musulmanes son más escasos que dientes de gallina, donde la población no-musulmana merma año tras año a causa de conversiones forzadas o huídas por causa de sus opresores musulmanes, son de alguna manera los nuevos judíos...
>
> Esta analogía no tiene ningún sentido. Pero eso no ha obstaculizado, de todos modos, a que los medios la mantengan...[3]

Greenfield dice que los medios buscan pintar a los judíos como los nazis, y a los musulmanes como los "nuevos judíos", perseguidos semejante al Holocausto. Dice que el pretender que los "musulmanes son los nuevos judíos" tiene el olor a la teología del reemplazo. Prosigue Greenfield:

> A los antiguos judíos les hace falta algo. Establecer un país y defenderlo contra el terrorismo musulmán los ha hecho víctimas malas. Los musulmanes son víctimas de reemplazo superiores. Tienen derecho a Israel y a la historia judía...
>
> l acto final de un pueblo reemplazando a otro es el genocidio. Pregúntelo a Herodes o a Mahoma, cuyo deseo final en su lecho de muerte era que los judíos y los cristianos fueran echados de Arabia. O pregunte al último experto la explicación sobre por qué los judíos no pueden vivir cerca a Belén, pero que es necesario llevar a musulmanes a vivir en Nueva York.

Los musulmanes no son los nuevos judíos. Y la idea de que los musulmanes han reemplazado a los judíos y que tienen el derecho de apoderarse de su tierra e historia para su propio uso, no es solo anti-semitismo sino que es genocidio.[4]

Increíblemente, la gente está aceptando esta teología islámica del reemplazo por montones. Este punto de vista levantará a las naciones del mundo contra Israel, en la gran batalla de Armagedón escrita en la Biblia.

Tony Blair, antiguo primer ministro del Reino Unido, convertido del anglicismo al catolicismo romano, resultó con un punto de vista interesante sobre la teología del reemplazo. En un artículo publicado por el Consejo de Relaciones Exteriores y titulado "Una batalla global por valores," escribe:

> Para mí, lo más admirable del Corán es que es muy progresivo. Yo escribo con gran humildad como miembro de otro credo. A mí, como extranjero, el Corán parece ser un libro reformador, buscando regresar el judaísmo y el cristianismo a sus orígenes, semejante a lo que los reformadores buscaron hacer con la iglesia cristiana siglos después. El Corán es inclusivo. Alaba la ciencia y el conocimiento y odia la superstición. Es práctico y muy adelantado por su tiempo referente a actitudes hacia el matrimonio, las mujeres y gobernar.[5]

Puede ser que las palabras de Tony Blair le parecen extrañas. ¿Cómo es posible que una persona que llegó a ser vocero frente a poderes mundiales incluyendo Rusia, los EE.UU., la Unión Europea y Naciones Unidas, haga semejante declaración? Pero viene lo peor, porque Blair continúa:

> Bajo su dirección, la extensión del Islam y su dominio sobre tierras previamente cristianas o paganas era asombrosa. A través de los siglos, el Islam fundó un imperio y lideró al mundo en descubrimientos, artes y cultura. Los abanderados de la tolerancia en la Edad Media temprana se encontraban más en las tierras musulmanas que en las cristianas.[6]

Los comentarios de Blair proceden de una persona que pretende ser cristiano pero que no es versado en la Biblia ni tampoco en la historia secular. Cuando uno no entiende a Israel y lo que Dios dice sobre ella, es fácil dejarse engañar.

Una triste conclusión

Por lo que leemos en la Biblia, sabemos que Satanás odia al pueblo escogido de Dios. El diablo puede leer la Palabra de Dios, y también sabe lo que Dios ha dicho, que El bendice a los que apoyan a Su pueblo. Esto es lo que Dios le dijo a Abraham:

> Y haré de ti una nación grande, y te bendeciré, y engrandeceré tu nombre, y serás bendición. Bendeciré a los que te bendijeren, y a los que te maldijeren maldeciré; y serán benditas en ti todas las familias de la tierra. (Génesis 12:2-3)

Dios está comprometido con el pueblo de Israel como está escrito en Romanos:

> ¿Ha desechado Dios a su pueblo? En ninguna manera. Porque también yo soy israelita, de la descendencia de Abraham, de la tribu de Benjamín. (Romanos 11:1)

La explicación de Oppenheimer sobre la teología del reemplazo dice:

> En Ezequiel 36, Dios expresa claramente que El nunca desamparará a Israel—no solo por ellos mismos, sino por causa de Su nombre y Su reputación. Jeremías escribe también sobre la promesa de un nuevo pacto:

> "Así ha dicho Jehová, que da el sol para luz del día, las leyes de la luna y de las estrellas para luz de noche; que parte el mar, y braman sus ondas; Jehová de los ejércitos es su nombre: Si faltaren estas leyes delante de mí, dice Jehová, también la descendencia de Israel faltará para no ser nación delante de mí eternamente. (Jeremías 31:35-36)

Dios es tan firme en Su pacto con Israel que escogería más bien revocar la existencia de las estrellas y los planetas antes de quitar Su pacto con Israel.[7]

Es incomprensible que los que dicen ser seguidores de Jesucristo quisieran re-interpretar lo que Dios ha dicho, y reemplazar a Israel con la iglesia. Esto es muy peligroso y una señal de que estamos en los postreros días, cuando el mundo y la iglesia son influidos por el que engaña al mundo entero. El les hace creer que Dios ya no tiene ningún plan especial ni pacto con los judíos, sino que El los ha rechazado y quitado su derecho a una nación propia. Esta mentira tergiversa toda la Escritura y añade leña al fuego del anti-semitismo.

Cuando los cristianos lleguen a odiar a los judíos, sabemos que el tiempo es corto. El espíritu del anticristo ya está obrando en los que dicen conocer a Dios pero que son víctimas del engaño que acosará al mundo en los postreros días. La profecía se está cumpliendo; desafortunadamente, estos cristianos están en el lado equivocado de la ecuación.

19

CÓMO EDIFICAR UNA IGLESIA

El tema del crecimiento de la iglesia es popular en círculos cristianos. A menudo, el éxito de una denominación o una iglesia se mide por las cifras en tablas del número de personas. El tamaño ha llegado a ser el indicador de qué tan bien va una iglesia o denominación. Es lógico que esto ocurra ahora, siendo que la doctrina bíblica se deja a un lado, y la búsqueda de números es todo lo que importa. En esta misma línea, una medida de qué tan exitoso es un ministerio es cuánto dinero entra en las ofrendas. El meollo del asunto no es lo que se predica lo que vale sino lo que atrae a las multitudes.

La Gran Comisión como es presentada en el último capítulo del libro de Mateo explica el deber que se pasa de generación en generación de los creyentes en Jesucristo. Lo que Jesús dijo debe ser muy bien entendido:

> Por tanto, id, y haced discípulos a todas las naciones, bautizándolos en el nombre del Padre, y del Hijo, y del Espíritu Santo; enseñándoles que guarden todas las cosas que os he mandado; y he aquí yo estoy con vosotros todos los días, hasta el fin del mundo. (Mateo 28:19-20)

Ciertamente debe entenderse que la gran comisión es la obra de llevar las buenas nuevas del Evangelio de Jesucristo a todo lugar. Nadie puede negar que los tiempos han cambiado, pero el mensaje básico sigue siendo el mismo que cuando Jesús comisionó a los discípulos hacía unos dos mil años. Y es obvio, según las declaraciones que hizo Jesús, que el mandato es estar alcanzando, con fervor y constancia, a los perdidos, hasta cuando El regrese al final del tiempo.

De acuerdo con los estándares de hoy en la iglesia evangélica protestante, las iglesias o denominaciones más grandes son las que han sido las más exitosas en cumplir la gran comisión. Pero esto no es necesariamente cierto.

Un breve vistazo a algunos programas de crecimiento de la iglesia indica que muchas actividades de las iglesias realmente no producen fruto espiritual permanente. En otras palabras, una iglesia puede tener muchas personas en sus bancas y en el edificio, pero si no son alimentadas y discipuladas con la Palabra de Dios, sino con cosas del hombre, no serán afectadas permanentemente.

Una de las estrategias más populares de los "expertos" de crecimiento de la iglesia es el concepto de que vivimos en una sociedad orientada al mercado. A menudo los pastores y juntas de las iglesias son animados a estudiar a sus comunidades para ver qué tipo de programas o actividades atrae a la gente o qué la hace sentirse cómoda y no amenazada al llegar a sus iglesias. Después de ver cuáles son estas necesidades o deseos, entonces hay que diseñar los programas, entretenimientos o servicios que atraen a las masas.

Puede ser un paso importante lograr que la gente llegue a su iglesia y eventualmente oiga el Evangelio; pero una versión endulzada del cristianismo nunca era parte de la iglesia nuevo testamentaria. Pablo escribió que el Evangelio no era algo que ocultar, camuflar o alterar por completo. En lugar de eso, dijo que es poderoso y transforma vidas.

Actualmente demasiadas iglesias buscan crecer por medio de decirle a la gente lo que quiere oír, en vez de decirle lo que Dios quiere que oiga. ¿No es tiempo de volver a predicar la Palabra de Dios con denuedo, y dar enseñanza que producirá cristianos bien alimentados, personas que podrán vivir su fe y compartir la Palabra con otros?

¿De qué se trata, el crecimiento de la iglesia?

Estamos viviendo en un período de tiempo cuando cambios radicales están ocurriendo en cómo los pastores conducen sus iglesias. Hay iglesias que todavía siguen la Biblia, pero son cada vez más escasas. Hay iglesias que dicen seguir la Biblia, pero que han añadido principios mundanos para hacerse más aceptables a nuestra generación. Y también, por supuesto, hay iglesias que quitan casi toda enseñanza de las Escrituras, toda mención del pecado y del infierno, y que Jesús murió en la cruz como sustituto por nosotros (El pagó el precio que deberíamos pagar).

En esencia, el crecimiento de la iglesia ahora está ligado a métodos humanistas de la mercadotecnia. Los maestros en crecimiento de la iglesia dicen que si la iglesia está llegando a ser cada vez más grande, eso es todo lo que importa. Sin embargo, desde la perspectiva bíblica, para un crecimiento sano, es necesario que el pueblo de Dios reciba la enseñanza de la verdad. La fe bíblica viene por oír la Palabra de Dios y actuar de acuerdo con ella. Entonces, ¿qué pasa si una metodología de crecimiento de la iglesia incorpora métodos humanistas que atraen a las personas por medio de apelar a la carne y a la mente pecaminosa?

Mayormente existen dos clases de pensamiento sobre el crecimiento de la iglesia. Hay los que dicen que es necesario averiguar lo que la gente busca y proveer el ambiente o atracción que suplirá sus necesidades. Este estilo tiende a apelar al egoísmo del consumidor que dice: "¿Qué hay para mí?" Por otro lado, hay los que dicen que debemos presentar la Palabra de Dios a la gente, centrarnos en Cristo, y guiados por el Espíritu tener una enseñanza sistemática de las Escrituras.

Obviamente estas dos filosofías del ministerio van en direcciones opuestas. ¿Cuál es la correcta y cuál la equivocada? ¿Qué hay de malo con atraer a la gente a la iglesia, aunque nunca se mencione el pecado o el arrepentimiento? ¿No podemos abrirnos a nuevos métodos para presentar el cristianismo a la gente? ¿No vivimos en el siglo XXI y no la Edad Media?

Es posible que usted conozca todos los argumentos que sostienen el crecimiento de la iglesia según el pensamiento humano. Sin embargo,

¿me permite hacerle una pregunta? Si es necesario esconder el Evangelio o aguarlo para hacerlo más atractivo y eficaz, ¿es ese "Evangelio" aguado el verdadero Evangelio?

Es interesante notar que el apóstol Pablo proclamó fervientemente el Evangelio con denuedo. Cuando escribió a la iglesia en Roma, declaró:

> Porque no me avergüenzo del evangelio, porque es poder de Dios para salvación a todo aquel que cree; al judío primeramente, y también al griego. Porque en el evangelio la justicia de Dios se revela por fe y para fe, como está escrito: Mas el justo por la fe vivirá. (Romanos 1:16-17)

Pablo no se avergonzaba del Evangelio. Llamó el Evangelio el "poder de Dios", porque tenía el poder para transformar vidas y cambiar corazones. Los programas inspirados por el hombre y el mercado pueden tener apariencia de hacer esto temporalmente, pero para ver un verdadero y duradero cambio de corazón, tiene que venir de lo que es auténtico. Los caminos del hombre pueden dar la apariencia de lo bueno, pero solo los caminos de Dios producen lo que es verdaderamente bueno.

> Hay camino que al hombre le parece derecho; pero su fin es camino de muerte. (Proverbios 14:12)

La influencia de Drucker y el crecimiento de la iglesia

El término "Druckerismo" puede ser desconocido para el lector. Esta palabra no se encuentra en el diccionario. "Druckerismo" es una palabra que utilizo para describir el movimiento del crecimiento de la iglesia que ha devastado lo que todavía llamamos la iglesia evangélica. El Druckerismo nos ayudará a explicar lo que pasa con el movimiento del crecimiento de la iglesia, por qué ocurre esto, y adónde irá buena parte de la iglesia en el futuro. Esto se basa en los conceptos promovidos por el austríaco Peter Drucker (1909-2005), un gurú en el manejo de crecimiento de negocios, que ha tenido un tremendo impacto en el mundo, y últimamente en la iglesia también.

Cómo Edificar Una Iglesia

El Instituto Drucker declara lo siguiente:

Peter F. Drucker era autor, profesor, consultor en administración de empresas y auto-denominado "ecologista social", que investigó, al estilo ecologista del mundo biológico, cómo los seres humanos se organizan e interactúan.

Elogiado por *Business Week* como "el hombre que inventó la administración de empresas", Drucker influyó en forma directa sobre un gran número de líderes en un amplio espectro de organizaciones a través de todos los sectores de la sociedad. Entre estos están: General Electric, IBM, Intel, Proctor & Gamble, Girl Scouts de EE.UU., El Ejército de Salvación, la Cruz Roja, United Farm Workers y varias administraciones presidenciales (EE.UU.).

Los 39 libros de Drucker, juntamente con sus incontables y eruditos artículos populares, pronosticaron muchos de los acontecimientos que ocurrieron a finales del siglo XX, incluyendo la privatización y de-centralización, el surgimiento de Japón como poderoso líder económico mundial, la importancia decisiva de la mercadotecnia e innovación, y el surgimiento de la sociedad de información, con su exigencia de aprendizaje de por vida. A finales de la década de los '50, Drucker inventó el término "trabajador de conocimiento", y pasó el resto de su vida investigando una época donde un inaudito número de personas usa su cerebro más que su espalda.[1]

Las ideas humanistas de administración de Drucker aplicadas al crecimiento de la iglesia han cambiado lo que antes eran asociaciones de creyentes que se reunían para la enseñanza de la Palabra de Dios, a un cristianismo moderno compuesto de corporaciones prósperas que se enfocan en la acumulación de bienes. Drucker creía que las mega-iglesias representaban tierra muy fértil para sus ideas humanistas y que tendrían la mayor influencia para rehacer la espiritualidad sobre una base planetaria.

Aunque Drucker ya murió, sus estratagemas de mercadotecnia para la iglesia siguen. El era globalista reconocido, con énfasis en un gobierno mundial y una religión mundial. Su concepto es mejor conocido como el plan del taburete de tres patas. Fue un famoso consejero para tres super-pastores americanos muy reconocidos: Robert Schuller, finado fundador y pastor de la Catedral de Cristal de Orange, California; Bill Hybels, fundador y pastor principal de Willow Creek Church cerca a Chicago, Illinois; y Rick Warren, pastor principal de Saddleback Church en Lake Forest, California, y fundador/autor de los libros "con propósito" e iglesias afiliadas por todo el mundo.

En el 2011, el imperio de Robert Schuller se derrumbó, y después de años de éxito, quedó en banca rota. Algunos se han preguntado si eso era señal de que la época del crecimiento de la iglesia llegaba a su fin. Otros han encontrado que las mega-iglesias sobrevivientes buscan nuevas maneras de crecer, uniéndose a lo que se llama el movimiento de la iglesia emergente. Esto lo veremos en el próximo capítulo de este libro.

Es poco probable que la época del crecimiento de la iglesia al estilo de Drucker haya terminado. Aun si eso fuera a ocurrir, de todos modos sus efectos seguirán sintiéndose todavía durante muchos años. Una cosa que vemos claramente ahora es que el modelo amistoso de Bill Hybels y el modelo con propósito de Rick Warren se están transformando en una locura mística Nueva Era que es un avivamiento de lo babilónico antiguo. También hay fuertes evidencias que ambos movimientos promovidos por Peter Drucker están uniéndose al catolicismo romano, y el plan de establecer el reino de Dios aquí en la tierra, pero sin el Rey.

Ésto, por supuesto, es lo que Roma ha planeado durante siglos. Es el plan complejo de los jesuitas de infiltrar a cada iglesia bíblica y organización, buscando alcanzar la meta de una religión mundial encabezada por el papado. Es fácil ver eso.

Los planes de paz global de Rick Warren y Tony Blair

En el 2011, Rick Warren y Tony Blair se reunieron para un foro en la iglesia Saddleback, titulado "Paz en una sociedad globalizada", para hablar sobre su plan de globalización de religión por la paz.[2] Warren y Blair hablaron sobre el plan de P.E.A.C.E de Warren y su plan de "taburete de tres patas". Tony Blair habló sobre su fundación de fe inter-credo. Ambos líderes demostraron su entusiasmo sobre lo que estaban haciendo por el mundo.

En el foro, Warren y Blair dijeron que la única manera para tener una paz global en el futuro, en el planeta tierra, era que todos los credos trabajaran juntos y que unidos, hicieran lo bueno. La audiencia del foro parecía estar hipnotizada y maravillada, mientras oía discursos sobre la fe, las buenas obras, la democracia y la unidad de todos.

Parece que ni Rick Warren ni Tony Blair entendían que sus metas de un plan de paz estaban cumpliendo la profecía bíblica, que habla de una paz engañosa que no es de Dios.

Warren y Blair tienen mucho en común referente a planes para el mundo. Warren tiene su plan de paz, P.E.A.C.E., y Blair tiene su Foro de Paz; y últimamente, van en la misma dirección. Hay un plan de paz que llegará a la tierra, pero no es el plan de paz de Dios, sino una paz falsa que engañará a muchos.

> Sí, por cuanto engañaron a mi pueblo, diciendo: Paz, no habiendo paz. (Ezequiel 13:10)

> Destrucción viene; y buscarán la paz, y no la habrá. (Ezequiel 7:25)

> En aquellos tiempos no hubo paz, ni para el que entraba ni para el que salía, sino muchas aflicciones sobre todos los habitantes de las tierras. (II Crónicas 15:5)

La mercadotecnia de la mega-iglesia

El modelo de Drucker utilizado ahora por una multitud de iglesias de todas las denominaciones funciona bajo la suposición de que la iglesia debe manejarse como un negocio. Un negocio exitoso funciona según los siguientes principios: averiguar cuáles son las necesidades, producir un producto o servicio que llenará esas necesidades, y después informar a las masas.

Esto ha tenido un impacto mayor sobre pastores y líderes que desean ser exitosos, a menudo a causa de la presión de congregaciones y juntas de iglesias, que creen que el tamaño de la iglesia refleja la calidad del pastor. Como vivimos en tiempos que la Biblia pronostica, cuando muchos va a querer oír cosas lindas en lugar de estar convencidos del pecado y servir al Señor, a menudo los que van a la iglesia solo quieren tener un entretenimiento en un ambiente cómodo.

Cuando los pastores de la antigua generación son reemplazados por líderes jóvenes que han recibido las técnicas del crecimiento de la iglesia/ mercadotecnia en sus institutos bíblicos, universidades y seminarios, vemos que el mensaje de la Biblia es diluido o es interpretado con un significado diferente.

Los pastores e iglesias que antes enseñaban fielmente la Palabra de Dios y amonestaban a sus rebaños, ahora buscan mensajes que son más como historias que sermones. Dado que el énfasis ahora es atraer a la generación joven y posmoderna, el mismo pastor es obligado a llegar a ser posmoderno también. Ahora no puede declarar: "Así dice la Biblia", sino que tiene que encontrar maneras para re-inventar el cristianismo y hacer su mensaje más atractivo.

Estos métodos han sido eficaces, y las iglesias han crecido. Cuando el pastor es exitoso y llega a ser famoso, muchos otros empiezan a seguirle, leer sus libros, y por internet conseguir bosquejos de sus mensajes para ver cómo tener éxito también.

A medida que va creciendo la iglesia, va creciendo más el negocio y aumenta el número de personal. Un negocio grande requiere un presupuesto grande; y al crecer el presupuesto, hay necesidad de más ofrendas. Esto hace que el pastor y los ancianos eviten tratar temas controvertidos que las ovejas necesitan oír, temiendo ofender a los que más ofrendan. Entonces, el pastor guarda silencio.

Al leer esto, es posible que usted reconozca que este mismo caso ha pasado en una iglesia conocida o donde usted antes asistía. Este hecho está tomando lugar en todas partes del mundo. Muchas ovejas que antes eran parte de iglesias que creían en la Biblia, han sido excluidas de sus rebaños. Al compartir sus inquietudes con los pastores o miembros de las juntas, se les ha dicho que si no están de acuerdo con la dirección que toman los líderes, deben salir y buscar otra iglesia. Pero a menudo, estas personas han encontrado que ninguna otra iglesia en su ciudad o pueblo está libre del mismo impacto del "Druckerismo".

Como ovejas al matadero

La Biblia está llena de ilustraciones que nos facilita entender algunos de los principios más básicos del cristianismo. Por ejemplo, Jesús utilizó parábolas. Usó un ejemplo de la agricultura fácil de entender sobre el sembrador que sembró la semilla. Algunas semillas cayeron en buena tierra y brotaron, mientras otras cayeron en pedregales y no produjeron.

Jesús dijo también que era el Buen Pastor. La mayoría de las personas entiende qué quiere decir buen pastor. Desafortunadamente, hay ministros que deben ser pastores, pero que aparentemente no conocen las características de un buen pastor.

Durante una gira de conferencias que hice en Inglaterra, un pastor me contó una historia que explica bien lo que es un buen pastor y lo que no es. Resulta que un grupo de cristianos estaba viajando por bus en Israel. Su guía los llevó de lugar en lugar, describiendo las diferentes cosas que veían. Durante el viaje, el guía explicó cómo en Israel, los pastores guían y protegen a las ovejas.

En una parada de bus en un lugar de campo, el guía compartió información con el grupo; y mientras hablaba, un rebaño de ovejas le pasó por detrás. La atención del grupo se enfocó en las ovejas, y había algo extraño. El pastor no estaba guiando al rebaño; más bien, estaba detrás de las ovejas y las mandaba, golpeando su cayado en tierra.

Un poco desconcertado, el guía del grupo pidió permiso para salir un momento, y se acercó al pastor. "¿Qué está haciendo?" preguntó enfáticamente. "Acabo de comentar a este grupo de cristianos que el pastor va delante del rebaño. Usted está detrás del rebaño y lo está mandando".

"Uf, ¿qué le hace pensar que soy pastor?" preguntó el hombre al guía. "No soy pastor. Soy el carnicero. Estoy llevando a las ovejas al matadero".

Esta ilustración demuestra que sucede con muchas iglesias hoy en día. Las ovejas deben ser guiadas, no mandadas. Por eso, el cristiano siempre debe ser guiado por el Espíritu. Cuando quitamos nuestros ojos de Jesús y los centramos en un hombre, es fácil perder de vista la importancia de ser guiados por el Señor, especialmente si la prioridad es el crecimiento de la iglesia.

En algún momento de sus ministerios, estos pastores, impactados por influencias del estilo propósito, popularidad, y Drucker, dejaron de guiar, liderar y proteger a sus rebaños; sucumbieron a los métodos humanos.

¿Es posible que un pastor llegue a ser carnicero y no se de cuenta que eso le ha pasado? Hay un movimiento mundial de un plan diseñado por el hombre, para desviar a las ovejas del rebaño a través de muchos pastores falsos. Diciendo que la iglesia tiene que cambiar para poder alcanzar a la generación actual, una apostasía en el nombre de Cristo está produciendo una espiritualidad que abraza cualquier cosa. Parece que pocos entienden que hay una novia falsa, bien descrita como el "cristianismo babilónico" de la cual advierte la Biblia, que está preparando un "Cristo" falso.

20

CÓMO SABER CUÁNDO LA IGLESIA EMERGENTE SURGE EN SU IGLESIA

Hubo un tiempo, no hace mucho, cuando la Biblia se consideraba ser la Palabra de Dios por la mayoría de los cristianos evangélicos. Ahora que estamos bien entrados en el tercer milenio y la época del posmodernismo y pos-cristianismo, el término evangélico puede significar casi cualquier cosa. ¿Qué ha pasado? ¿y por qué? ¿Qué futuro puede esperar el cristianismo común y corriente?

Durante los últimos años, he dado conferencias por todo el mundo sobre las tendencias que impactan al cristianismo. Después de estas presentaciones, muchos cristianos de diferentes iglesias me saludan. Expresan sus preocupaciones sobre lo que ocurre en sus iglesias al tomar nuevos rumbos. Aunque no siempre entienden qué hay de malo, saben que algo no está bien y que necesitan enfrentarlo.

También muchos me han comentado de sus intentos de comunicar sus inquietudes a sus pastores o ancianos de la iglesia. En muchos casos, ellos fueron informados que tenían que tomar una decisión—seguir de acuerdo con el nuevo programa, o salir de la iglesia.

Este movimiento hacia un cristianismo re-inventado o un "nuevo" cristianismo no es algo pasajero. Aunque algunos dentro de este movimiento de la iglesia emergente han buscado cambiar este nombre a causa de las críticas sobre los peligros y enfoque no-bíblico de ella, sigue siendo el mismo movimiento peligroso. No importa si se llama la iglesia emergente, el cristianismo original, la antigua fe, iglesia orgánica, iglesia progresiva, el cristianismo de letra roja, el evangelio social, o la nueva espiritualidad, es el mismo cristianismo re-inventado y re-imaginado que ha estado cambiando la cara del cristianismo durante muchos años.

Muchas veces, hermanas y hermanos cristianos preocupados me piden una explicación para poder entender lo que han encontrado. Quieren saber por qué estos cambios han llegado, y qué esperar del futuro. También quieren saber qué se puede hacer para detener esta ola. Es por eso que he escrito este capítulo: proveer entendimiento bíblico sobre la iglesia emergente, y hacia dónde va en el futuro.

El Evangelio según las Escrituras

En el transcurso de la historia de la iglesia, varias tendencias han aparecido y desaparecido. Aunque las culturas varían según el lugar, el cristianismo bíblico siempre se ha basado en el mensaje central de la Biblia, el Evangelio de Jesucristo; y este mensaje nunca cambia. El Evangelio trata de quién es Jesucristo y lo que ha hecho. Un niño puede entender el mensaje del Evangelio, uno que proclama que la vida aquí en la tierra es finita, y que la vida después de la muerte es eterna; Jesús murió en la cruz para quitar nuestros pecados y así podemos estar con El en el cielo. En Hechos capítulo 2, Pedro proclamó un sencillo mensaje del Evangelio, diciendo quién era Jesús y animando a la gente a arrepentirse para el "perdón de pecados" por fe en Cristo, y después seguirle (Hechos 2:36-38).

Es según cómo respondemos al mensaje del Evangelio durante nuestro tiempo en la tierra que se determina dónde pasaremos la eternidad—en el cielo o en el infierno. Jesús, el Creador del universo, proveyó un camino (el único camino) para poder pasar la eternidad con El. Es una decisión personal, aceptar o no el plan que El ha provisto.

El adversario de Dios no quiere que la humanidad entienda el sencillo mensaje. Su plan es engañar al mundo. Si puede esconder el Evangelio de las personas o convencerlas que creen el Evangelio cuando en realidad no lo hacen, su plan ha tenido éxito.

El Evangelio según el posmodernismo

● Los tiempos cambian! Sin embargo, el Evangelio tiene que permanecer igual, no importa los cambios alrededor. Vivimos en una época posmoderna.* En un intento sincero para alcanzar a la generación posmoderna con el Evangelio, muchos cristianos han llegado a ser posmodernos de pensamiento. En otras palabras, han permitido que la cultura actual influya en ellos en vez de ellos influir en su cultura.

Posiblemente para usted es nuevo el término posmodernismo. Vamos a examinar su significado. La época moderna se caracterizaba por un tiempo de pensamiento racional basado sobre la observación directa. Muchos dicen que la época moderna terminó a mediados del siglo XX.

El pensamiento posmoderno pasa más allá de lo racional y de los hechos hacia la experiencia y lo místico. En otras palabras, en el pasado fue posible distinguir entre lo bueno y lo malo. En el tiempo posmoderno, todas las cosas son relativas según la persona. Lo que es correcto para usted puede ser malo para la otra persona. Se dice que no existe la verdad absoluta. El único absoluto es que no existen absolutos.

Entonces, el posmodernismo es lo que vivimos ahora en este tiempo de la historia. Los profesores en las universidades enseñan a los estudiantes que no hay lo bueno o lo malo. Todo es relativo. El mensaje del Evangelio para la mente posmoderna es demasiado dogmático y restrictivo. Se dice que es necesario encontrar un evangelio más moderno, que pueda ser aceptado por las masas y que permita a todos ir al cielo, no importa sus creencias.

Muchos líderes de iglesias buscan maneras para alcanzar a la generación posmoderna. Creen que pueden encontrar métodos apropiados de hacerlo sin cambiar el mensaje. Sin embargo, en su intento de alcanzar a esta generación, ellos mismos han llegado a ser posmodernos y han cambiado el mensaje. Como el Evangelio se basa en las Escrituras, esto

---

*Algunos dicen que ya se ha terminado la "época posmoderna" y que estamos actualmente viviendo una era "pos-posmoderna", pero esto es un concepto relativamente nuevo este libro solamente menciona de paso. Lo reservaremos para un futuro proyecto.

no puede cambiar sin llegar a ser "otro evangelio", del cual advierte la Biblia. Esto es lo que está pasando en la iglesia emergente.

El no llegó

Muchos han observado que desde la llegada del nuevo milenio, sus iglesias han cambiado sus posiciones sobre la profecía bíblica y la segunda venida de Jesús. Mucha gente ha dejado de creer en el regreso de Jesús. Durante las décadas de los '60 y '70, hubo mucho entusiasmo sobre el pronto regreso de Jesús. Los jóvenes del "movimiento de Jesús" estaban animados sobre la profecía bíblica y veían señales que en cualquier momento Jesús iba a descender desde los cielos para Su novia.

El año 2000 tuvo una importancia particular. Como Jesús no llegó, muchos estaban desanimados. "Tal vez Jesús ha postergado su venida", dijeron algunos. Otros tomaron la posición que a lo mejor El no volvería, o por lo menos, no en la forma que se les habían enseñado. Ahora están convencidos de que necesitamos ocuparnos en "edificar Su reino" aquí en la tierra "a través de cualquier esfuerzo humano".

El Evangelio del reino

Uno de los principales indicadores que demuestra que algo ha cambiado es cómo se percibe el futuro. La urgencia de proclamar con fervor el Evangelio bíblico porque el tiempo es corto, ha cedido a otro énfasis. Ahora las "señales de los tiempos" no son relevantes. La llamada a la acción es muy diferente. Un énfasis mayor entre los evangélicos es la idea de que el mundo puede mejorar radicalmente a través de planes sociales y de paz.

Este concepto, aunque al principio puede sonar lógico, tiene serias fallas desde el punto de vista bíblico. Según las Escrituras, no habrá ningún reino de Dios hasta que llegue el Rey. Todo esfuerzo humano quedará corto para traer una utopía. De hecho, según las Escrituras, el hombre caído solo nos llevará más lejos hacia una sociedad de desespero y anarquía como en los días de Noé. Jesús dijo, "Porque como en los días antes del diluvio . . . así será también la venida del Hijo del Hombre" (Mateo 24:38-39). En otras palabras, Jesús está diciendo que cuando regrese, el mundo se encontrará bajo la misma clase de inmoralidad y anarquía que existía cuando Dios decidió destruir la tierra.

Así que, este punto de vista con propósito, que busca establecer una utopía global, puede ser un plan; pero es "dirigido" por razonamientos humanistas y no por el Espíritu Santo. Por supuesto, el hacer bien a otros, buscar la paz con todos los hombres y demostrar caridad cristiana cuando sea posible, es correcto y agrada al Señor. Pero todo el buen esfuerzo nuestro no basta.[1]

Libros o la Biblia

Debe ser obvio que el propósito de este libro sea de guiar a los pastores y las ovejas a Jesucristo y Su Palabra. La Biblia, la Palabra de Dios, es el libro más importante en el mundo. Es inspirado. Los libros escritos por hombres y mujeres, incluyendo este libro, no lo son. Los humanos son seres falibles que tienen sabiduría y conocimiento incompleto; ¡la Biblia siempre ha demostrado ser totalmente verdadera!

Entonces, es trágico que los pastores y las ovejas se dejen influir fácilmente por libros escritos por humanos. Desde el invento de la prensa por Johannes Gutenberg alrededor del año 1440, los humanos han sido influidos por la palabra escrita. Hasta la llegada del internet, la prensa era la herramienta más poderosa en el planeta para moldear las mentes y las acciones de otros. "Deme 26 soldados de plomo, y cambiaré el mundo" a menudo se atribuye a Gutenberg, Karl Marx o Benjamín Franklin. Quién haya pronunciado el dicho no es importante. El significado de esta declaración habla por sí mismo. La palabra impresa es una manera poderosa y eficaz para extender la propaganda o la verdad.

La prensa de Gutenberg abrió la puerta para la impresión de Biblias que pudieron ser traducidas a diferentes idiomas y distribuidos por todo el mundo. Obviamente, esto fue uno de los factores principales que contribuyó a la Reforma. Con la Biblia impresa disponible, la gente corriente tenía acceso a la Palabra de Dios. Por supuesto, esto molestó a la Iglesia Católica Romana, que había reservado solo a los sacerdotes y a la jerarquía de la Iglesia Católica la autoridad de leer la Palabra e interpretarla correctamente. La gente vivía en oscuridad espiritual porque la Biblia les fue prohibida, y por dogmas y tradiciones de hombres.

Los que actualmente aman la verdad y la Palabra de Dios, y la enseñan con diligencia, saben que estamos entrando en una época similar a la Edad Media. La Biblia ha sido puesta a un lado, y las personas están leyendo y estudiando libros escritos por seres humanos con ideas y motivos que a menudo contradicen las Escrituras. Grandes editoriales cristianas, para tener éxito financiero, buscan libros fáciles de vender, escritos por autores que satisfacen los caprichos de los lectores.

También encontramos a pastores que recomiendan libros de "estudio bíblico" escritos por autores populares que poco citan la Biblia, la toman fuera de contexto, o que usan paráfrasis de la Biblia que tuercen su mensaje. Así vemos que la iglesia tiene un problema grande. Sin entrar en detalle, mencionaré tres de los libros más preocupantes y peligrosos que han impactado el mundo como una tormenta: *Una vida con propósito* por Rick Warren, *La cabaña* por William P. Young, y *Jesús te llama* por Sarah Young.[2] Las casas editoriales han acumulado millones de dólares a la vez que incontables millones de ovejas están siendo engañadas.

A la vez, el mercado cristiano está inundado por editoriales con una agenda que busca re-estructurar el cristianismo, presentando prácticas religiosas orientales e ideas y enseñanzas por místicos católico romanos y fundadores de iglesias. Tengo bases para creer que las bibliotecas de la mayoría de los pastores evangélicos y protestantes están llenas de libros escritos por personas como Henri Nouwen, Richard Foster, Richard Rohn, Brennan Manning y Thomas Merton. Todos ellos promueven lo que se llama la formación espiritual. Otros libros cuyas citas a menudo aparecen en mensajes de pastores provienen de los escritos de los padres del desierto, Agustino, Bernardo de Clairvaux, Tomás Aquino, Madame Guyón, Juliana de Norwich, Tomás a Kempis, Teresa de Ávila, Ignacio de Loyola, y el hermano Lawrence con *The Cloud of Unknowing* (*La nube de lo desconocido*).[3]

Estos individuos ayudaron a formar las tradiciones y dogmas de la Iglesia Católica Romana como la mariología y la adoración de la Eucaristía; también jugaron un papel muy grande en cambiar el curso del cristianismo bíblico y lo que significaba seguir únicamente a Jesucristo. Verdaderamente, todo cristiano que cree en la Biblia debe sentir rechazo cuando desde el púlpito, estos nombres son mencionados como modelos de la verdad.

La formación espiritual y la transformación

Mucha parte de lo que he descrito explica la fórmula para formar un cristianismo mediocre que abre camino a una apostasía que se intensificará en el futuro. Esta tendencia de dejar la autoridad de la Palabra de Dios a favor de un cristianismo "re-imaginado" ha alcanzado como una avalancha la mayoría de las denominaciones evangélicas (y que ha influido de alguna medida en *todas* las denominaciones). Pocos maestros de la Biblia pudieron ver anticipadamente esa avalancha. Y ahora que ha ocurrido, pocos se dan cuenta de ello.

Para poder entender lo que pasa en la iglesia emergente, existe todavía otra pieza del rompecabezas que necesita identificarse. Creer en la Palabra de Dios ha dado lugar a buscar experiencias prohibidas por ella. Mientras que el enfoque en la Palabra de Dios y confianza en ella merman en importancia, el aumento de experiencias místicas es alarmante. Y estas experiencias se presentan para convencer a los ingenuos que el cristianismo consiste en sentimientos, olores y ver a Dios. La mente posmoderna provee el ambiente perfecto para recibir lo que se llama la "formación espiritual". Esta enseñanza sugiere que hay varias maneras de acercarse más a Dios. Personas como Richard Foster y Dallas Willard, que promueven la formación espiritual, enseñan equivocadamente que cualquier persona puede practicar estas "disciplinas espirituales" y llegar a ser más "como Cristo". No consideran como requisito una relación con Cristo ni es ese el enfoque. La formación espiritual es un programa basado en obras que merman o extinguen el énfasis en el estudio de la Palabra de Dios y la relación que el creyente pueda tener con Jesucristo. En vez de enfocar la guía del Espíritu Santo y ser transformado por la persona de Jesucristo viviendo dentro del creyente, se concentran en las "disciplinas" y prácticas místicas de oración (lo que los promotores de la formación espiritual llaman "entrar en el silencio" o "espacio sagrado"). Estos maestros contemplativos dicen que no podemos conocer realmente a Dios sin acallar la mente hasta un estado neutral (igual a lo que se hace en la meditación oriental). Ellos dicen que cuando acallamos nuestras mentes, podemos deshacernos de los pensamientos y las distracciones, y así realmente oír a Dios.

Estas enseñanzas, con raíces en la sabiduría antigua (el ocultismo), fueron presentadas al cristianismo después del Nuevo Testamento y no se encuentran en la Palabra de Dios. El movimiento de la formación espiritual se basa en las experiencias de los ermitaños del desierto y los místicos católico romanos. Esas personas místicas fomentaban el uso de ritos y prácticas para experimentar la presencia de Dos. En realidad, estas prácticas hipnóticas como mantras llevaban a estos monjes, con los mismos métodos utilizados por los hindúes y budistas, a estados alterados de consciencia para entrar en una área espiritual prohibida por las Escrituras, el lugar de los espíritus engañadores.

Estos métodos son peligrosos y prohibidos en el Antiguo Testamento (Deuteronomio 18:9-13) y por Jesús mismo en el Nuevo Testamento (Mateo 6:7). La Biblia advierte severamente contra la adivinación, que es la práctica de un rito o proceso de consciencia alterada para obtener información de una fuente espiritual. Aunque promovedores de la formación espiritual, (como Richard Foster, que escribió el clásico *Celebración de disciplina*) dicen que estos métodos demuestran que el Espíritu Santo está haciendo algo para refrescar el cristianismo, yo sugiero que lo que pasa no es nuevo ni es del Espíritu Santo.

El movimiento de la formación espiritual se promueve ampliamente en universidades y seminarios como la mejor manera, y más nueva, para llegar a ser un líder "como Cristo" en estos días. A su vez, estas ideas son llevadas desde los seminarios a las iglesias por graduados que han sido preparados para levantar al cristianismo a un "nuevo" nivel de iluminación.[4]

Señales de que la iglesia emergente está surgiendo en una iglesia

Ciertas señales específicas indican que una iglesia puede estar moviéndose hacia lo emergente/contemplativo. En algunos casos, el pastor puede ignorar que está en este camino y no entender su destino final. Estas son algunas señales de advertencia:

- Las Escrituras ya no se consideran la autoridad final y el fundamento de la fe cristiana.

- La sana doctrina bíblica se ve como algo pasado de moda (o peligrosa) y divisiva, y las experiencias tienen más importancia que la doctrina. Las imágenes y cosas que tocan los sentidos se promueven como claves para experimentar y conocer a Dios.

- La profecía bíblica no se enseña, más bien se ve como una pérdida de tiempo.

- El estudio bíblico es reemplazado por el estudio de libros y métodos de alguien.

- El Evangelio de Jesucristo como el enfoque central se reemplaza por métodos humanistas que promueven el crecimiento de la iglesia y un evangelio social.

- Se enfatiza el edificar el reino de Dios ahora mismo, y se resta importancia a las amonestaciones de las Escrituras sobre el regreso de Jesucristo y el futuro juicio que viene.

- La enseñanza de que la iglesia reemplaza a Israel, y que ella ya no tiene ninguna importancia profética.

- Se promueve el libro de Apocalipsis, presentándolo como algo que ocurrió en el pasado y por lo tanto, sin relevancia en cuanto a los eventos del futuro.

- Se empieza a fomentar un cristianismo de experiencias místicas como método para alcanzar a la generación posmoderna. Estas experiencias incluyen el uso de música con ritmo repetitivo meditativo, iconos, velas, incienso, liturgia, laberintos, estaciones de oración, oración centrada y contemplativa, lectio divina y experimentar los sacramentos, especialmente la Eucaristía.

- El punto de vista de que es necesario re-inventar el cristianismo con ideas diseñadas para ser "relevante" a esta generación.

- La salud de la iglesia se mide por la cantidad de personas que asisten.

- La Palabra de Dios, y los conceptos del infierno, el pecado y el arrepentimiento se ponen a un lado para no ofender al inconverso cuando llegue a la iglesia.

- El pastor puede utilizar una idea llamada "futuro antiguo" o "el cristianismo original" diciendo que la iglesia avanzará si volvemos a la historia de la iglesia buscando cuáles experiencias fueron eficaces para que más gente aceptara el cristianismo.

- Un énfasis fuerte en el ecumenismo, indicando que se establece un puente dirigido hacia la unión con la Iglesia Católica Romana.

- Algunos líderes evangélicos protestantes dicen que la Reforma fue demasiado drástica. Ellos vuelven a examinar los reclamos de los "padres de la iglesia", diciendo que la comunión es más que solamente un símbolo, y que Jesús realmente está presente en el pan de la comunión.

Actualmente estamos notando un crecimiento en la tendencia hacia una unidad ecuménica por la causa de la paz mundial, proclamando la validez de otras religiones y que hay muchos caminos hacia Dios.

Miembros de iglesias que cuestionan o resisten los nuevos cambios implementados por el pastor reciben regaños o la petición de salir.

¿Está pasando de moda la iglesia emergente?

Hace poco leí en Facebook algo escrito por un pastor de California, diciendo que la "iglesia emergente" ya no era problema para él o para su iglesia. Dijo que la iglesia emergente era solamente algo pasajero que había surgido y después desaparecido sin más comentarios. Su iglesia iba a enfocar lo positivo, insinuando que los ministerios "hiper-discernimiento" estaban asustando a sus ovejas, haciéndoles creer que estaban viviendo en los últimos días, y que la apostasía estaba fuera de control.

Los comentarios de este pastor no son aislados. De hecho, hoy en día hay muy pocos pastores que están advirtiendo a las ovejas sobre los peligros fuera del rebaño y también adentro. El pastor bueno tiene que vigilar el redil, porque muchos lobos andan alrededor buscando a quién devorar. Descuidar estos peligros no los hace desaparecer. Las ovejas fácilmente pueden extraviarse por falsas enseñanzas anti-bíblicas, inadvertidas como una pizca de arsénico en una malteada. Aunque la apariencia y sabor parecen buenos, esta pizca de veneno puede bastar para matar a alguien.

Cuando un pastor proclama que la iglesia emergente es cosa del pasado, eso demuestra que no está bien informado o que quiere ignorar los hechos. Tristemente puede ser ambas cosas sin él darse cuenta. La iglesia emergente tiene muchos métodos sutiles para pasar por debajo del radar. Satanás es el engañador por excelencia y sabe lo que hace. En el principio, los métodos de la iglesia emergente pueden haber parecido más evidentes, por lo menos para quienes tenían el discernimiento dado por Dios.

Ahora que una clara mayoría de las iglesias ha recibido una dosis del veneno, parece que buena parte de las ovejas han sido víctimas del mal y se han dormido. El discernimiento se ha disminuido. Peor aún, los pastores (i.e. pastores y maestros) que deberían proteger a las ovejas también se han dormido. Todavía buscan maneras de reemplazar a la antigua generación que "olía el mal" y que se fue. Así que estos pastores buscan maneras de llenar las bancas a través de novedosas ideas que apelan a la "mente carnal" (Romanos 8:7).

Hay una señal que demostrará que la iglesia emergente todavía es activa en muchas iglesias, ministerios, universidades cristianas y seminarios. El misticismo contemplativo, juntamente con otras creencias místicas orientales, está entrando encubierta y eficazmente a través de libros recomendados para las mujeres de la iglesia activas en el "ministerio de las damas". Millones de mujeres jóvenes están leyendo libros como *Jesús te llama* por Sarah Young; y se dedican a leer y estudiar libros por Beth Moore en lugar de la Biblia.

Realmente, en muchas iglesias, la Biblia se reemplaza totalmente por estos libros. En lugar de enseñar versículo por versículo un libro de la Biblia, la líder del estudio para damas instruye página por página un libro que es atractivo a la carne y que provee revelación fuera de la Biblia. Cuando una señora con discernimiento va al pastor y expresa sus preocupaciones, a menudo recibe un regaño como persona divisiva o sus preocupaciones son dejadas a un lado.

Uno de los problemas es que frecuentemente la que dirige el estudio de las damas es la esposa del pastor. Puede ocurrir que él sabe o ignora el error de su esposa. Pero cualquiera que sea la situación, el reconocer el peligro y tomar medidas no forma parte de su agenda, porque no quiere crear problemas. Pronto los esposos de esas mujeres están leyendo sus libros, y ellos también se infectan con ideas anti-bíblicas. Y en una nada, la iglesia que antes estaba bien termina mal.

La apostasía emergente se extiende como llamas sin control alrededor del mundo. La única manera para frenar este engaño es enfocar la luz de la Palabra de Dios sobre el plan de Satanás. Pero el problema es esto: el orgullo humano nunca se corrige por la verdad a menos que los líderes se humillen. Desafortunadamente, la mayoría que ha escogido este camino no tiene ninguna intención de cambiar. Aunque se les llama la atención en actitud de amor, ellos responden con palabras duras en lugar de arrepentirse.

¿Qué ofrece el futuro?

Si la iglesia emergente, progresiva y de la nueva espiritualidad, sigue desarrollándose a la misma velocidad que vemos ahora, el cristianismo evangélico tradicional va a desaparecer totalmente. Se considerará que el Evangelio de Jesucristo según las Escrituras es demasiado estrecho e intolerante. En otras palabras, el camino angosto eventualmente será dejado atrás para un camino ancho que abraza las experiencias de prácticas paganas. Yo llamo "cristianismo babilónico" a la forma del cristianismo que se está desarrollando.

Este "nuevo" cristianismo va a reemplazar la fe bíblica con una "fe" que dice que el hombre puede establecer el reino de Dios aquí en la tierra. La Palabra se mantendrá en segundo lugar frente a un sistema de obras motivadas y animadas por las experiencias.

Un patrón ecuménico hacia la unión con Roma llegará a ser más visible. Se considerarán a los que rehúsan aceptar esta nueva tendencia como extraños espiritualmente que necesitan ser reprendidos.

Los que apoyan la fe bíblica serán considerados como estorbos para la espiritualidad mundial que se presentará como la solución para tener la paz.

La mejor manera para prepararse para lo que viene es lograr un entendimiento sobre lo que ocurre actualmente. Aunque muchos no parecen lograr discernir la corriente del día, hay otros que sí, lo hacen. Sin la Biblia y el Espíritu Santo como guía, la oscuridad sería abrumadora. Pero la luz de la Palabra de Dios penetra las tinieblas, y los que entienden lo que está pasando serán librados del engaño.

Estoy convencido de que estamos observando el aumento en la apostasía, exactamente como pronosticó las Escrituras. Eso quiere decir que este movimiento actual no va a desaparecer. Tenemos que seguir proclamando con amor la verdad en medio del engaño. Como Pablo amonestó a Timoteo:

> Porque el siervo del Señor no debe ser contencioso, sino amable para con todos, apto para enseñar, sufrido; que con mansedumbre corrija a los que se oponen, por si quizá Dios les conceda que se arrepientan para conocer la verdad, y escapen del lazo del diablo, en que están cautivos a la voluntad de él. (II Timoteo 2:24-26)

Todavía hay pastores e iglesias dedicados a proclamar la verdad. Hay que buscarlos donde se encuentren y apoyarlos. Si está en un lugar donde eso no parece ser posible, busque materiales disponibles de parte de ministerios sólidos basados en la Biblia, y ofrezca estudios bíblicos en su propio hogar.

> Te encarezco delante de Dios y del Señor Jesucristo, que juzgará a los vivos y a los muertos en su manifestación y en su reino, que prediques la palabra; que instes a tiempo y fuera de tiempo; redarguye, reprende, exhorta con toda paciencia y doctrina.
>
> Porque vendrá tiempo cuando no sufrirán la sana doctrina, sino que teniendo comezón de oír, se amontonarán maestros conforme a sus propias concupiscencias, y apartarán de la verdad el oído y se volverán a las fábulas. Pero tú sé sobrio en todo, soportando las aflicciones, haz obra de evangelista, cumple tu ministerio. (II Timoteo 4:1-5)

21

LA UNIFICACIÓN DEL CRISTIANISMO BAJO EL PAPA

Es difícil no querer al papa Francisco. Parece ser un hombre humilde que se preocupa por los pobres y olvidados. Constantemente está haciendo puentes. Aun ha pedido perdón de parte de la Iglesia Católica por la persecución y el sufrimiento experimentado en el pasado por los centenares de miles que habían enfrentado a Roma. En un artículo publicado por Christian Post titulado "El papa Francisco pide perdón a los protestantes por errores católicos," se hace la siguiente declaración:

> El líder de la Iglesia Católica Romana, el papa Francisco, ha pedido que los cristianos de otras tradiciones perdonen a los católicos que los hayan ofendido en el pasado, y pidió a su vez a los católicos hacer lo mismo.
>
> "Como obispo de Roma y pastor de la Iglesia Católica, quiero pedir misericordia y perdón por el comportamiento de los católicos hacia los cristianos de otras iglesias que no han reflejado los valores del evangelio", dijo el papa Francisco en la basílica de San Pablo a principios de la semana, durante la víspera final de la Semana de Oración por la unidad.

La Unificación Del Cristianismo Bajo El Papa

"A la vez, invito a todos los hermanos y hermanas católicos a perdonar, si ellos hoy, o en el pasado, han sido ofendidos por otros cristianos. No podemos negar lo que ha pasado, pero no queremos dejar que el peso de faltas pasadas continúe contaminando nuestras relaciones".

El papa habló extensamente sobre la naturaleza del perdón, y dijo: "Más allá de las diferencias que todavía nos separan, reconocemos con gozo que al principio de nuestra vida cristiana siempre hay un llamado de Dios mismo. Podemos progresar en el camino a la plena comunicación entre nosotros los cristianos, no solo cuando nos acercamos más los unos a los otros, sino sobre todo cuando nos convertimos al Señor, quien por Su gracia, nos escoge y nos llama a ser Sus discípulos".[1]

Las palabras del papa Francisco sobre perdonar a otros se basa en las mismas palabras de Jesús, que tenemos que perdonar a los que han pecado contra nosotros. El papa, como cabeza de la Iglesia Católica Romana, ha proclamado que el tiempo ha llegado para dejar de lado las diferencias, y tener comunión con los que "se salieron" de la Iglesia Católica Romana. En un tiempo de historia con tanta violencia, alboroto, pobreza y sufrimiento en el mundo, ¿cómo no admirar a alguien que quiere traer la paz, la tranquilidad y el perdón a la tierra?

La influencia del papa ha sido profunda en protestantes y evangélicos. Consideremos el siguiente artículo, titulado "De anticristo a hermano en Cristo: Cómo los pastores protestantes ven al papa", por Lisa Cannon Green, editora principal para la revista *Facts & Trends* (*Hechos y tendencias*) publicada por la denominación Bautista del Sur. Green escribe:

> Más de la mitad de los pastores evangélicos dice que el papa Francisco es su hermano en Cristo.
>
> Más de un tercio dice que aprecia el punto de vista del papa sobre la teología, y 3 de 10 dicen que ha mejorado su punto de vista de la Iglesia Católica.

Estas cifras se toman del resumen de un nuevo estudio de 1.000 pastores protestantes principales, publicado esta semana por LifeWay Research de Nashville.

Mayormente, la encuesta demuestra que muchos pastores protestantes ven favorablemente al papa Francisco.

Casi 4 de cada 10 dicen que el papa, conocido por su humildad y preocupación por los pobres, ha tenido un impacto positivo en sus opiniones de la Iglesia Católica.[2]

Estas estadísticas repiten lo que yo había dicho, que ¡la influencia del papa en protestantes y evangélicos ha sido profunda!

El papa y los luteranos

Durante varios años, Roma ha estado dando la bienvenida a casa a los que se fueron a causa de la Reforma. No es extraño hoy en día oír comentarios desde el Vaticano invitando a los "hermanos separados" a volver a casa. Aunque a primera vista, esta bienvenida parece ser muy amplia y sin restricciones, es importante leer con cuidado la letra pequeña. ¿Se ha reformado Roma, o existe un esfuerzo encubierto para no dar claramente las reglas del camino a casa?

Un artículo del *New York Times* titulado "El papa Francisco, los católicos y luteranos, recordarán la Reforma", provee una evidencia sobre esto. Citamos el artículo:

> Hace casi 500 años Martín Lutero pegó sus 95 tesis en la puerta de una iglesia alemana, comenzando así la Reforma protestante que llevó a millones a romper con la Iglesia Católica Romana, y comenzó más de un siglo de conflicto y guerra. El lunes, el Vaticano anunció que el papa Francisco participará en un culto luterano-católico romano en Suecia este octubre, dando inicio a una serie de eventos planeada para el 2017, conmemorando el 500º aniversario de la Reforma.

La Unificación Del Cristianismo Bajo El Papa

El programa para reparar las relaciones con los protestantes ha estado en la agenda de muchos papas antes de Francisco, pero es un esfuerzo delicado. El culto de adoración en Suecia ha sido denominado por sus patrocinadores, el Vaticano y la Asociación Mundial Luterana, como una "conmemoración" pero no "celebración", para así evitar cualquier nota de triunfo. Algunos católicos han criticado la noción de un papa celebrando el aniversario de un cisma.[3]

Este mismo artículo amplía un mensaje dado por el papa Francisco en la basílica de Roma en una reunión ecuménica, cuando habló el último día de la Semana de Oración por la unidad cristiana:

> El pidió el perdón por "el pecado de nuestras divisiones, una herida abierta en el cuerpo de Cristo". Añadió que "cuando se reúnen los cristianos de diferentes iglesias, escuchan la palabra de Dios y tratan de ponerla en práctica, alcanzan importantes pasos hacia la unidad"[4]

Si al lector le parece demasiado bueno como para ser cierto, puede hacer una investigación como yo lo hice en Google, sobre los luteranos, el papa Francisco y la Eucaristía. Encontrará un artículo que describe el camino hacia la unidad con Roma, pero es un camino en un solo sentido. Por Google encontré un artículo del 6 de marzo del 2015 que se titula "El papa Francisco les dice a los obispos que la unidad de la iglesia se encuentra en Cristo (y) la Eucaristía". El artículo dice:

> El miércoles el papa Francisco les recordó a los obispos dirigir sus ojos hacia la Eucaristía, en vez de hacia sí mismos, como la fuente de la unidad para la iglesia.
>
> "El obispo no reúne gente para sí mismo ni para sus propias ideas, sino alrededor de Cristo, quien está presente en su palabra y en el sacramento de su Cuerpo y Sangre", dijo el papa el 4 de marzo durante una audiencia con los obispos participantes esta semana en una reunión del movimiento del Focolare.

Dijo "El obispo es el principio de la unidad en la Iglesia; pero esto no toma lugar fuera de la Eucaristía. De otro modo, la unidad perdería su polo divino de atracción, reduciéndola a solamente una dinámica psicológica y sociológica.[5]

El Vaticano y el papa Francisco, sin hacerlo evidente a los "hermanos separados", tienen una sola idea en mente: Nunca habrá una unidad a menos que los que hayan "salido" de la "única Verdadera Madre Iglesia" reconozcan la presencia de Jesús en la hostia dada en la misa. Si usted recuerda una sola cosa de este capítulo, recuerde *esto*. Y tenga presente que la Iglesia Católica se aferra a la creencia que únicamente el sacerdote católico tiene el poder de Reconocimiento Claudio Peri/ Foto de prensa agencia europea transformar el pan y el vino en el cuerpo y sangre de Jesucristo; y los sacerdotes no darán la Eucaristía a los que no son católicos, aunque se reporta que a veces sacerdotes católicos lo han hecho sin permiso papal. En otras palabras, la única manera para conseguir esta unidad ecuménica es que los "hermanos perdidos" sean recibidos por la Iglesia Católica. Pero en un ejemplo citado abajo, hicieron una excepción a esta regla de la comunión cerrada en una misa del Vaticano, de modo que es posible que en el futuro esta regla sea más flexible. De todos modos, lo cierto es que la Iglesia Católica no puede cambiar su vista literal de la Eucaristía, porque a lo contrario, desaparecería el significado total de la misa. Si la Iglesia Católica perdiera la misa, su estructura teológica de conseguir la salvación a través de las obras se derrumbaría. En vista de la certeza de todo esto, si los protestantes piensan que pueden seguir siendo protestantes, están muy equivocados. Tenga en mente esta verdad la próxima vez que oiga a líderes cristianos como Rick Warren, Beth Moore, James Robison o Kenneth Copeland sugerir que la Iglesia Católica es parte del cuerpo de Cristo, y que necesitamos unirnos con ellos.

La unión entre los luteranos y católico romanos está sucediendo actualmente con tanta rapidez que es imposible medir su progreso. Un artículo de la revista *Christianity Today* de enero del 2016 titulado "Luteranos reciben la Santa Comunión en el Vaticano a pesar de la prohibición de la inter-comunión" dijo:

La Unificación Del Cristianismo Bajo El Papa

Un grupo de luteranos han recibido la Santa Comunión en el Vaticano después de una reunión con el papa Francisco, según informes de Roma.

Los luteranos de Finlandia, guiados por el obispo Samuel Salmi de Oulu, indicaron por la tradición de cruzar brazos sobre pecho que no debían recibir el sacramento de la misa en la basílica. Pero los sacerdotes, de todos modos, se lo dieron, reportó Edward Pentin al NCRegister en Roma. "Los católicos compartieron la Eucaristía. Yo también tomé parte", dijo el obispo Salmi, que aclaró que los sacerdotes católicos sabían quiénes eran los luteranos, de modo que no los invitaron a tomar parte equivocadamente. También habló de los oponentes del papa, que rechazan cualquier acción para alterar las reglas sobre quiénes pueden recibir la comunión.[6]

En el 2017, se conmemorará el 500º aniversario de cuando Martín Lutero pegó las 95 tesis en la puerta de la iglesia del castillo de Wittenberg, Alemania; y con ello, los luteranos están volviendo al redil católico romano. Como acabamos de explicar, la transubstanciación requiere un

EL PAPA FRANCISCO DIRIGE VÍSPERAS ECUMÉNICAS EN ROMA EN ENERO DEL 2016

sacerdote católico ordenado. La unidad que promueve el papa Francisco es la que se basa sobre el entendimiento católico romano del sacramento de la Eucaristía. Es posible que el lector no está de acuerdo con mi conclusión, pero una documentación adicional demostrará que el papa Francisco tiene una agenda aún más amplia. Quiere ver también la unión de la Iglesia Católica Romana con la Iglesia Ortodoxa.

El papa y la Iglesia Ortodoxa

Cuando la Reforma empezó a mitad del siglo 1400, la división con Roma que resultó en la formación de la Iglesia Ortodoxa había ocurrido cuatro siglos antes. El Dr. George T. Dennis, profesor de historia de la Catholic University of America en Washinton, D.C., presenta un breve resumen de lo que ocurrió. Mayormente citan el año 1054 D.C. de cuando tomó lugar el cisma; pero hubo muchos problemas antes de esta fecha, como el Dr. Dennis explica:

> El sábado 16 de julio de 1054, antes de empezar las oraciones de la tarde, el cardenal Humberto, legado del papa Leo IX, entró en la catedral Hagia Sofía hasta el altar principal, y depositó allí el pergamino que declaró que el patriarca de Constantinopla, Miguel Cerulario, había sido excomulgado. Después, salió de la iglesia, sacudió el polvo de sus pies y dejó la ciudad. Una semana más tarde, el patriarca solemnemente condenó al cardenal.
>
> Siglos después, este dramático incidente se fijó como el principio del cisma entre las iglesia latina y la griega, una división que todavía separa a los católico romanos y los ortodoxos orientales (griego, ruso y otro). Sin embargo, actualmente ningún erudito serio cree que la división empezó en el año 1054. El proceso que llevó a la rotura definitiva fue mucho más complicado y no debido a ninguna causa o evento precipitante.[7]

Notables diferencias separan a la Iglesia Católica Romana de la Iglesia Ortodoxa Oriental (rusa y griega). No invertiré tiempo en este

La Unificación Del Cristianismo Bajo El Papa

libro para comentar sus diferencias. El punto es que ambos lados han discutido entre sí durante el transcurso de los años, a veces fuertemente. Sin embargo, el papa Francisco y sus predecesores han tomado grandes pasos buscando la unidad. Los noticieros constantemente reportan este progreso. Por ejemplo, el 19 de junio del 2015, en la revista *National Catholic Inquirer*, salió un artículo titulado "El papa y el patriarca ortodoxo expresan compromiso para la unidad". Dice textualmente:

> El papa Francisco y el patriarca de la Iglesia Siriaca Ortodoxa de Antioquía expresaron su deseo de trabajar hacia una comunión completa de las dos iglesias. El papa se reunió con el patriarca Ignacio Aphrem II el viernes en el Vaticano. Fue la primera visita oficial de Aphrem con Francisco. Los dos líderes hablaron en privado, y después, cada uno dio un discurso público.
>
> Aphrem dijo: "Expresamos nuestro deseo y disponibilidad para buscar nuevas maneras para acercar más nuestras iglesias, pavimentando el camino para Antioquia y Roma, las únicas sedes apostólicas donde predicó San Pedro, para establecer una comunión plena".[8]

Los eventos actuales, con el cristianismo uniéndose bajo un solo estandarte centrado en Roma, jamás se habría considerado unos pocos años atrás. Nadie puede negar que algo esté pasando, pero casi no se oyen nada de advertencias de parte de líderes cristianos.

En enero del 2016, mientras escribía este mismo capítulo, llegó una alerta de Google a mi correo electrónico, indicando que acababa de llegar un artículo sobre la Iglesia Católica Romana y la Nueva Evangelización. Lo abrí y lo leí de inmediato: "La evangelización deformada o demorada: Un peligro para la búsqueda de la unidad religiosa" por el Dr. Jeff Mirus, de Catholicculture.org. ¡Qué interesante! Aquí al momento, una evidencia que confirmaba los planes del papa Francisco para unir al rebaño esparcido de Roma, bajo el pretexto de la unidad cristiana.

El Dr. Jeff Mirus citó al papa Francisco, que acababa de hacer una declaración en una homilía terminando la Semana de Oración para la unidad cristiana. El papa dijo:

Más allá de las diferencias que todavía nos separan, reconocemos con gozo el camino a la plena comunión visible entre nosotros como cristianos, no solo cuando nos acercamos más los unos a los otros, sino sobre todo, mientras nos convertimos al Señor... Y convertirnos significa dejar al Señor vivir y obrar en nosotros.[9]

Después, el Dr. Mirus prosiguió con este comentario:

Pero me parece que el papa tiene una ventaja en estos asuntos que no tienen el resto de los católicos, y que nunca está muy lejos de las mentes de los protestantes, los ortodoxos y los judíos. Estos saben, de manera oposicional y desconocida a veces por los católicos, que el papa significa la plenitud de la fe y la autoridad de la Iglesia Católica. Al notar la búsqueda del papa para la unidad, ninguno de estos otros creyentes supone ni por un momento, que el papa quitará las diferencias por medio de abandonar la fe católica. El no negará que Cristo es Dios para promover la unidad con los judíos, no abandonará su jurisdicción eclesiástica para quitar divisiones con los ortodoxos ni declarar a que los siete sacramentos sean opcionales, para conciliar a los protestantes.[10]

El papa Francisco y los evangélicos

En julio del 2016, un evento llamado Together 2016 (Juntos) tomó lugar en el National Mall de Washington, D.C., al cual asistieron decenas de miles de personas. Los conferencistas y músicos incluyeron a Ravi Zacharias, Luís Palau, Michael J. Smith, Josh McDowell, Francis Chan, Ann Voskamp, Mark Batterson, Sammy Rodríguez y Hillsong. El organizador del evento, Nick Hall, había esperado la asistencia de un millón y dijo, "Together 2016 tiene que ver con dejar a un lado lo que nos divide, para levantar a Jesús, quien nos une".[11]

Aunque era un evento evangélico, otra persona que fue invitado a hablar era el papa Francisco. Según un artículo del *Christian Post*,

La Unificación Del Cristianismo Bajo El Papa

el papa habló por video a la muchedumbre, que en su mayoría era la generación milenia.

> "Dios no deja a ninguno desilusionado. Jesús te espera. El es Quien plantó en su corazón las semillas de inquietud. ¡Dele una oportunidad! ¡No tiene nada que perder! ¡Pruébelo! Después me lo puede contar", añadió el papa.[12]

Desde hacía más de quince años, el pionero contemplativo Richard Foster compartió su visión de la unión de católicos y evangélicos;[13] y hace dos décadas, Chuck Colson ayudó a escribir un documento titulado "Evangélicos/católicos unidos".[14] Más de una década atrás, Rick Warren anunció su esperanza de causar una segunda reforma que incluyera a personas de diferentes religiones.[15] Más recientemente, líderes evangélicos como Beth Moore[16], Franklin Graham[17] y Kenneth Copeland han tomado un rol en ayudar a quitar las barreras entre la iglesia evangélica/protestante y la Iglesia Católica Romana.

Otro evento que tomó lugar en el 2016 se llamó The Gathering, e incluyó los conferencistas Jonathan Falwell, Kay Arthur, Tony Evans, Greg Laurie, Anne Graham Lotz, Max Lucado y Priscilla Shirer. La declaración de la misión de The Gathering fue: "Una visión, una voz, una agenda"[18], y proclamó:

> The Gathering tiene un solo propósito; unir al Cuerpo de Cristo en los Estados Unidos—todos los creyentes no importa su raza, edad o denominación—en oración por el perdón, la sabiduría y provisión para nuestra nación.[19]

Este único propósito suena muy noble. Ciertamente los Estados Unidos desesperadamente necesita la ayuda de Dios. Pero tristemente, cuando la iglesia dice "todos los creyentes", esto ya no quiere decir solamente evangélicos o protestantes. He mostrado en este capítulo como los líderes evangélicos y protestantes han incluido en esta definición del "cuerpo de Cristo" la Iglesia Católica. The Gathering no es una excepción. Uno de los conferencistas del evento fue el obispo Ray Sutton, decano de Asuntos Provinciales y Ecuménicos de la Iglesia Anglicana en Norteamérica. Sutton está involucrado con actividades ecuménicas y romanas como la Reunión Ecuménica con la Iglesia Católica Nacional de Polonia en el 2016.[20] Sutton también apoya la transubstanciación católica de los elementos de comunión (una constante repetición del sacrificio de Cristo en el altar, una contradicción de Hebreos 9:24-28; 10:10, 12,14).[21] En esencia, Sutton hace lo que Tony Palmer trataba de hacer en sus labores para unir a protestantes y católicos.

Los líderes evangélicos y protestantes, a sabiendas o no, están ayudando al papa con su programa de la Nueva Evangelización para terminar la Reforma, quitar la separación entre la iglesia protestante y católica romana, y unir a los "hermanos perdidos" para ser reabsorbidos en la "Madre Iglesia". Estos líderes a propósito ignoran las diferencias doctrinales mayores (i.e. el Evangelio) a favor de la unidad, la paz y trabajar juntos.

El lema de The Gathering fue; "Antes de cada gran despertar, había una asamblea solemne".[22]. Pero ¿qué clase de gran despertar espera el mundo y la iglesia si la verdad tiene que dejarse a un lado para tener la unidad y la paz? Realmente puede haber un avivamiento o "Nueva Reforma" o gran despertar, cuando la premisa es ecuménica, inter-credo o aún panenteísta? Puede ocurrir, pero no será de Dios. Antes bien, será el cumplimiento de la profecía bíblica de lo que va a ocurrir en los días antes del regreso de Cristo.

¿No es hora de quitar las vendas y ver lo que está pasando? La agenda ecuménica para unir al cristianismo bajo un solo estandarte debe ser obvia. Sin embargo, es sólo una pequeña parte del témpano.

22

EL CRISTIANISMO BABILÓNICO UNE A TODAS LAS RELIGIONES

La palabra "Evangelio" es usada por Pablo para definir el entendimiento de quién es el Buen Pastor, y lo que El hizo por nosotros. El Evangelio explica la relación que ocurre como resultado de aceptar y reconocer el sacrificio del Salvador, arrepentirnos de nuestros pecados y después seguirle. Cuando Pablo escribió a los romanos, empezó así:

> Pablo, siervo de Jesucristo, llamado a ser apóstol, apartado para el evangelio de Dios . . . acerca de Su Hijo, nuestro Señor Jesucristo, que era del linaje de David según la carne, que fue declarado Hijo de Dios con poder, según el Espíritu de santidad, por la resurrección de entre los muertos, y por quien recibimos la gracia y el apostolado, para la obediencia a la fe en todas las naciones por amor de su nombre; entre las cuales estáis también vosotros, llamados a ser de Jesucristo. (Romanos 1:1, 3-6)

El cristianismo se centra en el Evangelio de Dios. Este es el mensaje que nos ha sido dado hoy por la Biblia. Es un mensaje único, que solo puede ser definido por la Biblia. El Evangelio se refiere a Jesús únicamente.

Anteriormente en este libro, establecimos que la historia se repite por ciclos. Lo que ha pasado anteriormente casi siempre vuelve a ocurrir (Eclesiastés 1:9). Estamos viviendo de nuevo ese tiempo. Vemos otra vez los eventos que ocurrieron durante la era babilónica, cuando la humanidad se unió política y económicamente, obsesionada con una espiritualidad que adoraba a Satanás en lugar del Creador. Aunque la Biblia nos ha advertido anticipadamente sobre los últimos días, pocos ven los eventos que están tomando lugar, y muy pocos están dispuestos sonar la alarma.

Anteriormente, Babilonia era una ciudad ubicada en cierto lugar del planeta tierra. Ahora vemos que el plan babilónico se desarrolla en forma global. Para poder tratar debidamente este tema, sería necesario un libro entero. Las alianzas políticas y económicas, juntamente con el sistema global de tecnología a través del internet y de los satélites, han provisto el fundamento moderno para establecer la nueva Babilonia como una estructura global de tres patas. Este capítulo tratará la tercera de las tres patas del taburete babilónico, que es una espiritualidad global reavivada de la antigua Babilonia. Se está desarrollando una espiritualidad en el nombre de Cristo, pero con las creencias de muchos dioses diferentes. Este cambio radical no tiene raíces en el cristianismo bíblico, sino que es la religión del Anticristo.

Nunca antes en la historia se había visto eso en forma tan pronunciada, ni tampoco habría sido posible antes. La presión para encontrar una solución global para las diferencias religiosas, por la amenaza del terrorismo global, ha sido el catalizador para permitir esto. Además, otro incentivo es la preocupación de cómo solucionar los problemas globales de los residuos de nuestra tecnología. La posibilidad de destruir el planeta es actualmente un peligro real.

A la vez que numerosos gobiernos, organizaciones e individuos están jugando un papel en la búsqueda de establecer una Babilonia mundial moderna, hay cierto individuo y cierta entidad que tiene la delantera. De nuevo estoy tomando el riesgo de ofender a algunos lectores, y otra vez quiero intentar revelar mi corazón. Por favor, con una mente abierta

El Cristianismo Babilónico Une A Todas Las Religiones

y los ojos enfocados en la Palabra de Dios, examine los hechos que serán presentados en el resto de este capítulo. Puede parecer que la búsqueda de unir a todas las religiones para la causa de paz sea lo correcto, pero no lo es bíblicamente. Si usted se considera cristiano, recuerde lo que Jesús dijo:

> Entrad por la puerta estrecha; porque ancha es la puerta, y espacioso el camino que lleva a la perdición, y muchos son los que entran por ella; porque estrecha es la puerta, y angosto el camino que lleva a la vida, y pocos son los que la hallan. (Mateo 7:13-14)

Para que el *camino angosto* que describe Jesús llegara a ser el camino espacioso en el cual va la mayor parte de la población del mundo, Satanás tendría que idear un plan para engañar espiritualmente a muchos (un número inmenso). Por supuesto, eso no podría ocurrir de un día para otro ni tampoco ser algo fácilmente detectado por los desprevenidos.

El papa político

El papa posiblemente sea el hombre de más influencia en el mundo. A donde él llegue, el mundo, la iglesia y los medios de comunicación le ponen cuidado. Antiguamente, antes de la facilidad de transporte por todo el mundo, el papa estaba confinado a Europa y pasó la mayor parte de su tiempo en Roma. Los últimos tres papas han viajado extensamente; pero con la tecnología moderna, el papa ahora tiene diariamente un domino global a través de los medios.

También es importante notar que actualmente, los papas han estado involucrados mucho más políticamente de lo que estaban al final de la contrarreforma. El mejor ejemplo de esto es el papa Francisco, que continuamente hace declaraciones sobre cómo los gobiernos y líderes de naciones deben manejar el mundo, también él ha llegado hasta el punto de visitar las Naciones Unidas y el congreso de los EE.UU. para dar sus mensajes. A continuación hay un reportaje sobre su mensaje para las Naciones Unidas el 25 de septiembre del 2015. Un artículo titulado, "El papa ruega a la ONU: El planeta es nuestro para cuidar", dice:

> El viernes, el papa, de pie ante las Naciones Unidas, declaró que la organización había fallado. Animó a los miembros a cuidar del medio ambiente y la humanidad viviendo allí, y tomar los retos desde el tráfico de blancas y de drogas hasta la pobreza extrema y corrupción gubernamental. Dijo, "No podemos permitirnos aplazar ciertas agendas hasta el futuro".
>
> Este discurso, que es la quinta vez que un papa se ha dirigido al cuerpo internacional, sigue sus anteriores temas de los escritos y homilías . El pasado junio, el papa Francisco publicó una encíclica sobre el medio ambiente, Laudato Si. Ahí escribió sobre sequías, inundaciones, contaminación del medio ambiente y el desperdicio. Habló de la obsesión cultural con la tecnología, y los cambios de clima causados por el hombre. El centro de su argumento fue un llamado a cuidar de la humanidad, pero también una acusación: Las instituciones internacionales han hecho muy poquito para proteger al medio ambiente".[1]

Por supuesto, no fue la primera vez que un reconocido líder religioso se dirigiera a las Naciones Unidas con un mensaje de paz centrado en la política. Aparentemente el papa ha tomado uso del liderato como líder espiritual, para tratar problemas globales con soluciones globales; y mezclar estas ideas con una espiritualidad que transciende el catolicismo romano. En un mensaje anterior dado el 18 de junio del 2015, un artículo titulado "El papa Francisco: Se necesita 'una revolución' para combatir el cambio de clima":

> Como antiguo profesor, el papa Francisco sabe dar una conferencia severa. El jueves, presentó una histórica. A la vez que criticaba una cantidad de tendencias modernas—la adoración inútil de la tecnología, nuestra adicción al combustible fósil y consumismo compulsivo—el papa dijo que el comportamiento "imprudente" ha mandado al planeta hacia un "punto límite".

"Pronósticos sobre el fin del mundo" advirtió el papa, "ya no pueden ser recibidos con ironía o desprecio".

Citando el consenso científico que el recalentamiento de la tierra es una preocupación real, Francisco dejó poca duda sobre los responsables.

El comercio, compañías de energía, políticos miopes, científicos inescrupulosos, economistas laissez faire, individuos indiferentes, cristianos insensibles y profesionales de medios miopes. Casi ninguna área de la sociedad escapó de su crítica fulminante.

"La tierra, nuestro hogar, empieza a verse más y más como un inmenso montón de porquería," dijo Francisco. "En muchas partes del planeta, los ancianos lamentan que los paisajes, antes hermosos, ya están cubiertos de basura".

El manifiesto fuerte de Francisco llegó el jueves en la forma de una encíclica, una carta tradicionalmente dirigida desde la Plaza de San Pedro a los más de un billón de católicos por todo el mundo. Derivada de la palabra griega para "círculo", una encíclica es uno de los más autoritarios documentos de enseñanza.[2]

Este mensaje del papa Francisco suena bastante similar a un comentario en un mensaje del papa Benedicto en el 2007. En un artículo titulado "El papa: Conflicto entre creación vs. evolución 'una locura'", leemos que el papa Benedicto restó importancia a la creación bíblica. También hizo esta declaración muy significativa:

Benedicto también dijo que la raza humana tiene que escuchar "la voz de la Tierra" o arriesgar la destrucción de su misma existencia".[3]

"Escuchar la voz de la Tierra" es una frase de muchísima importancia. Esta práctica fue común para todas las creencias paganas provenientes de Babilonia. El término para la diosa de la tierra que adoraban los griegos era Gaia. "Gaia" como término fue reintroducido a nuestra generación por James Lovelock, y significa que la tierra es una entidad viviente que se auto regula.

La evolución es el fundamento para las religiones orientales como budismo e hinduismo, que no creen en un Dios personal. Creen que la evolución es Dios.

El papa y el budismo

El papa y otros que dirigen el programa de la Nueva Evangelización católica romana del tercer milenio insisten que están edificando puentes a otras religiones a favor del amor, la unidad y la amistad. Pero numerosos temas en las noticias indican que hay mucho más que solo esto. Casi no pasa un día sin una noticia que indique que otro puente se establece en alguna parte del mundo. Por ejemplo, lo que estoy diciendo se comprueba por un artículo titulado "El papa Francisco hace una visita sorpresiva a templo budista".

> COLOMBO, Sri Lanka—el papa Francisco tiene fama como hombre multifacético y de superación; y un miércoles por la tarde en Sri Lanka, encontró la manera de combinar los dos, haciendo una visita imprevista a un templo budista en la capital de la ciudad. Estando allí, según un vocero del Vaticano, Francisco fue llevado a un cuarto donde había una estatua de Buda y dos otras figuras santas de la tradición religiosa budista. Sus anfitriones también le mostraron un frasco con reliquias que solo se abre ocasionalmente, pero que se las mostraron a él.
>
> También hubo cantos, que el papa "escuchó con respeto" según el vocero. No fue el primer acontecimiento así, ya que el papa Juan Pablo II visitó un líder budista tailandés llamado Vasana Tara en un centro budista durante una gira a Bangkok en 1984, pero ciertamente la parada de Francisco fue insólita.

> Un vocero del Vaticano dijo que una de las autoridades budistas que saludó a Francisco cuando llegó al aeropuerto en Sri Lanka el martes le había invitado a visitar, y que Francisco "quería demostrar su amistad y actitud positiva" hacia los budistas. La parada no programada, que el vocero dijo duró 20 minutos, ocurrió después del regreso de Francisco de una excursión el miércoles a un santuario mariano en la parte norte de Sri Lanka, que había sido una zona de mucho conflicto en el país durante la guerra civil de 30 años.[4]

Varias cosas me llegan a la mente después de leer este artículo. Como viajo por lo menos una vez al año a Myanmar para nuestro programa de Hogares Bryce, estoy bien familiarizado con el budismo y las semejanzas que tiene con el catolicismo romano. Las estatuas de María y de Jesús son similares a las estatuas donde se inclinan los budistas como acto de adoración. Los católicos y los budistas utilizan cuentas de oración para contar palabras repetidas que parecen darles la confianza que se comunican con el mundo espiritual.

Ciertamente no es malo que el papa Francisco "quiera demostrar su amistad y actitud positiva hacia los budistas" como dice el artículo. Sin embargo, desde este encuentro con budistas en Sri Lanka, el papa ha declarado que los budistas adoran al mismo Dios de los cristianos. En este capítulo, mostraremos qué hay detrás ocurriendo aparte de solo el evangelismo "amistoso" que el papa promueve.

Se necesitaría una viva imaginación para poder justificar por qué el papa no está promoviendo el Evangelio de Dios con los budistas. La creencia fundamental del budismo es que el hombre evoluciona hacia adelante; y que por medio de técnicas meditativas, el humano puede convertirse en un ser superior. Esto es totalmente opuesto a lo que enseña la Biblia. El papa puede mencionar la palabra Cristo cuando habla con los líderes budistas, pero desde la perspectiva de ellos, el único "Cristo" que entienden es mediante una forma de "consciencia de cristo", uno de los caminos místicos que creen que lleva a la divinidad.

¿Por qué el papa no comparte con los budistas su necesidad de aceptar al único Dios verdadero y el sacrificio que Jesús hizo para salvarlos del infierno? Ningún "evangelismo amistoso" los guiará a esta verdad. Solo el Evangelio enseñado en las Escrituras, presentado con amor, los convencerá de su pecado.

El papa, el islam y la paz

No es solo con los budistas que el papa Francisco está estableciendo puentes. Con el paso de los años hemos visto la evidencia de varios papas católico romanos dirigiéndose hacia la religión de islam, con el mensaje que son hermanos y hermanas que adoran al mismo Dios. Para demostrar esto, consideremos un artículo publicado el 30 de noviembre del 2015, que se titula: "El papa dice que cristianos y musulmanes son 'hermanos'". Dice el artículo:

> El papa Francisco dijo el lunes que los cristianos y musulmanes son "hermanos", animándolos a rechazar el odio y la violencia, (cuando él visitó) una mezquita en la capital de la Republica de África Central, que había sido devastada por conflictos sectarios.[5]

Francisco dijo que su visita a la RAC "no habría sido completa sin incluir este encuentro con la comunidad musulmana", comentando que los que creen en Dios "tienen que ser hombres y mujeres de paz".[6]

Algunos de los comentarios de católicos entrevistados en este artículo pueden parecer chocantes, a menos que uno entienda la Biblia y hacia dónde va el mundo, una religión mundial para la paz:

> "Debemos comer juntos, vivir juntos con los musulmanes", dijo Clarisse Mbai, una madre que perdió todas sus pertinencias en la violencia entre religiones. "Saquearon todo, quemaron mi casa y no tengo nada, pero estoy lista a olvidar".

> Nicole Ouabangue, cuyo esposo murió hecho pedazos por hacha, dijo que había oído antes muchos discursos, pero que las palabras del papa fueron "diferentes". "El papa Francisco tiene mucha influencia. Si hay alguien que puede resolver nuestros problemas en la tierra, es él", dijo.[7]

¿Adoran todas las religiones al mismo Dios?

En el prefacio de este libro, mencioné que no había pensado escribir otro libro, hasta que leí un artículo de enero del 2016 del *Catholic News Agency*, y vi un video dirigido al mundo donde el papa Francisco proclamó que todas las religiones adoran al mismo Dios. El artículo, que llegó a ser el catalizador para este libro, se titula "En el primer video de oración, el papa enfatiza la unidad inter-credo: 'Somos todos hijos de Dios'". Leemos:

> El mensaje de primer video del papa acerca de sus intenciones de oración mensual buscó . . . enfatizar la importancia del diálogo inter-credo y las creencias que diferentes tradiciones de fe tienen en común, como la figura de Dios y el amor.
>
> El papa Francisco dijo en su mensaje: "Muchos piensan en forma diferente, se sienten diferentes, buscando a Dios o encontrándose con Dios de distintas maneras. En este grupo, en esta variedad de religiones, hay una sola certeza que tenemos para todos: *Todos somos hijos de Dios*". Al principio del video de un minuto y medio, el papa cita el hecho de que la mayoría de los habitantes de la tierra profesan tener alguna clase de creencia religiosa.
>
> El dijo que esto "debe llevar a un diálogo entre religiones. No debemos dejar de orar por esto y colaborar con los que piensan en forma diferente". El video después muestra representantes del budismo, cristianismo, islam y judaísmo, que proclaman sus creencias respectivas en Dios, Jesucristo, Alá y Buda.[8] (Énfasis Oakland)

El papa Francisco propone una nueva bienaventuranza: Ver a Dios en cada persona

Poco antes de la publicación de este libro, el *Catholic News Service* presentó un artículo que también me impactó fuertemente. Esta noticia de noviembre del 2016 reportó que el papa Francisco había propuesto seis bienaventuranzas nuevas. Cuatro de las "bienaventuranzas" tenían que ver con perdonar a otros, cuidar la tierra, y ayudar a los pobres y necesitados. Una fue de naturaleza ecuménica: "Bienaventurados los que oren y trabajen por la plena comunión entre cristianos (o sea, cristianos y católicos)."[9] Pero la que más me impresionó fue "Bienaventurados los que vean a Dios en cada persona y busquen que otros también lo descubran".[10] Los comentarios anteriores del papa Francisco, de que todas las religiones adoran al mismo Dios, ciertamente fueron suficientes como para demostrar hacia dónde va; pero esta bienaventuranza (como si las bienaventuranzas de las Escrituras necesitaran ampliarse) confirma en lo absoluto que este papa no solo es ecuménico sino que también es inter-credo (todos los caminos llevan a Dios) y panenteísta (Dios es en todo). Pero así como el autor y conferencista Warren Smith señala en su librito *Esté quieto y sepa que usted no es Dios*, la Iglesia Católica siempre ha creído eso. La mayor parte de la gente no lo sabe, porque no ha sido publicado como ahora lo hace el papa Francisco. El catecismo católico dice así:

> Vamos a regocijarnos entonces, y dar gracias, que no solo hemos llegado a ser cristianos sin Cristo mismo. ¿Ustedes, hermanos, entienden y comprenden la gracia de Dios para con nosotros? Maravíllense y gócense que hemos llegado a ser Cristo.[11]
>
> Porque el Hijo de Dios llegó a ser hombre para que nosotros podamos ser Dios.[12]

En vista de todo esto, ¿alguien lo denunciará, o solo habrá silencio de parte de los líderes y pastores en la iglesia cristiana? Bíblicamente, estamos avanzando hacia el cumplimiento de la profecía, que indica que estamos en los últimos días cuando todas las religiones se unirán y el hombre declarará su propia divinidad. Se están haciendo las preparaciones para que el mundo adore al Anticristo.

23

SALID DE EN MEDIO DE ELLA

La Biblia llama al cuerpo de Cristo *la novia*. Apocalipsis dice:

> Vino entonces a mí uno de los siete ángeles que tenían las siete copas llenas de las siete plagas postreras, y habló conmigo, diciendo: Ven acá, yo te mostraré la desposada, la esposa del Cordero. (Apocalipsis 21:9)

Pablo también explicó a la iglesia de Éfeso;

> Porque el marido es cabeza de la mujer, así como Cristo es cabeza de la iglesia, la cual es su cuerpo, y él es su Salvador. (Efesios 5:23)

La iglesia es casada con el Cordero. El Cordero es Jesucristo, y la novia de Cristo es la iglesia de Jesucristo. La iglesia se compone de creyentes nacidos de nuevo que entienden que Jesús es el camino angosto y el único camino. La iglesia no se compone de una mezcla del cristianismo y creencias religiosas paganas que busca establecer una espiritualidad ecuménica global por la causa de paz.

Los cristianos son llamados a seguir a Jesucristo (Marcos 8:34). Seguir a Jesús significa oír y creer Su Palabra (Romanos 10:17), porque no es posible agradar a Dios sin fe (Hebreos 11:6). Si creemos en Su Palabra, se espera que la obedeceremos (Juan 15:7), y que enseñaremos la Biblia como la base de la sana doctrina (II Timoteo 4:2). Debemos desenmascarar la doctrina falsa que caracterizará los días postreros peligrosos, cuando Satanás y el reino caído espiritual obren para engañar a todo el mundo (I Timoteo 4:1).

Las Escrituras citadas arriba son vitales para entender algunos de los principios básicos de lo que significa ser cristiano. En los capítulos anteriores, hemos documentado varias tendencias actuales dentro de lo que se considera ser el cuerpo de Cristo. Las ideas y prácticas que se promueven contradicen las enseñanzas explicadas en la Palabra de Dios.

En vista de que estas corrientes pueden verse como señales de los postreros días, y que estamos muy cerca a los eventos pronosticados en el libro de Apocalipsis cuando el mundo sea juzgado, es el momento de estar a la alerta y actuar.

Una novia falsa

En el libro de Apocalipsis, Juan advierte sobre un falso sistema religioso babilónico mundial. Los cristianos que creen en la Biblia llaman este sistema de alcance global *la novia falsa*. El apóstol Juan llamó a esta iglesia falsa la gran *ramera*, y advirtió sobre su juicio:

> Vino entonces uno de los siete ángeles que tenían las siete copas, y habló conmigo diciéndome: Ven acá, y te mostraré la sentencia contra la gran ramera, la que está sentada sobre muchas aguas; con la cual han fornicado los reyes de la tierra, y los moradores de la tierra se han embriagado con el vino de su fornicación. Y me llevó en el Espíritu al desierto; y vi a una mujer sentada sobre una bestia escarlata llena de nombres de blasfemia, y que tenía siete cabezas y diez cuernos. Y la mujer estaba vestida de púrpura y escarlata, y adornada de oro, de piedras preciosas y de perlas, y tenía en la mano un cáliz de oro lleno de abominaciones y de la inmundicia de su fornicación; y en su frente un nombre escrito, un misterio: BABILONIA LA GRANDE, LA MADRE DE

Salid De En Medio De Ella

LAS RAMERAS Y DE LAS ABOMINACIONES DE LA TIERRA. (Apocalipsis 17:1-5)

En el capítulo 18 del libro de Apocalipsis antes mencionado Juan presenta más información sobre esta religión falsa descrita como la "gran ramera" y referencia a una "reina". El dijo que *"todas las naciones* han bebido del vino del furor de su fornicación; y *los reyes de la tierra* han fornicado con ella, y *los mercaderes de la tierra* se han enriquecido de la potencia de sus deleites (versículo 3, énfasis Oakland). Entonces Juan oyó una voz del cielo diciendo *"Salid de ella,* pueblo mío, para que no seáis partícipes de sus pecados, ni recibáis parte de sus plagas (versículo 4, énfasis Oakland). Este pasaje dice que los pecados de la gran ramera "han llegado hasta el cielo, y Dios se ha acordado de sus maldades" (versículo 5). Después describe los juicios que vendrán sobre esta ramera:

> Cuanto ella se ha glorificado y ha vivido en deleites, tanto dadle de tormento y llanto; porque dice en su corazón: Yo estoy sentada como reina, y no soy viuda, y no veré llanto; por lo cual en un solo día vendrán sus plagas; muerte, llanto y hambre, y será quemada con fuego; porque poderoso es Dios el Señor que la juzga. (Apocalipsis 18:7-8)

Entonces, ¿qué vio Juan en la visión recibida de Dios? El versículo 3 indica que una espiritualidad mundial se había formado basada en un resurgimiento de la Babilonia antigua. Está apelando a los que habían sido seducidos y engañados por la ramera, diciéndoles las palabras del Señor, "Salid de ella".

Juan no es el único profeta que pronosticó sobre una reina ramera que iba a ser juzgada frente a todo el mundo a final del tiempo. Isaías también advirtió sobre una mujer engañosa llamada la "virgen hija de Babilonia" que iba a ser juzgada por Dios. En Isaías leemos:

> Desciende y siéntate en el polvo, virgen hija de Babilonia. Siéntate en la tierra, sin trono, hija de los caldeos; porque nunca más te llamarán tierna y delicada. Toma el molino y muele harina; descubre tus quedejas, descalza los pies,

descubre las piernas, pasa los ríos. Será tu vergüenza descubierta, y tu deshonra será vista; haré retribución, y no se librará hombre alguno. Nuestro Redentor, Jehová de los ejércitos es su nombre, el Santo de Israel. Siéntate, calla, y entra en tinieblas, hija de los caldeos; porque nunca más te llamarán señora de reinos. (Isaías 47:1-5)

¿Quién es esta "señora de reinos" de quien profetiza Isaías? Aparentemente es una entidad femenina que había tenido un papel engañoso en el pasado y conectada de alguna manera con las prácticas religiosas paganas de la antigua Babilonia. Las palabras de Isaías revelan una retribución fuerte y condenación sobre los que han rechazado al verdadero Redentor, el "Santo de Israel"; "Jehová de los ejércitos es Su nombre".

Sabemos por la historia bíblica que una reina, la reina del cielo, tenía un parte importante en el engaño de la gente en el pasado (Jeremías capítulos 7 y 44). ¿Es posible que esta misma reina del cielo podría tener un rol para engañar al mundo otra vez, cuando la novia falsa promueve un Cristo falso y todas las religiones se unan bajo la cobertura de un cristianismo apóstata que engaña el mundo en el nombre del Salvador Jesucristo?

Salid de en medio de ella

¿Cómo es posible que tanta gente sea engañada en el nombre de Jesús? Constantemente me pregunto esto. Aunque el cristianismo parece tener un problema para poder entender lo que pasa, hay una respuesta bíblica sencilla.

Hemos buscado enfatizar la importancia de seguir al Buen Pastor, Jesucristo, el Salvador y Señor. Sin aceptar el Evangelio de Jesús y Su obra perfecta en la cruz, no hay salvación para nadie, no en el pasado, ni presente, ni futuro. Antes de Jesús, la gente miraba hacia adelante a la cruz y a la futura obra del Salvador. Ahora para la salvación, miramos hacia atrás a la cruz, y seguimos esta fe hasta la segunda venida de Jesús.

Teniendo en mente la importancia de la cruz, recordemos que la meta de Satanás es engañar al mundo entero (Apocalipsis 12:9). Dada la verdad de que él odia el Evangelio, ¿cómo sería la manera más eficaz y devastadora para tratar de destruirlo? Creo que la respuesta es sencilla: engañar al mundo entero con una religión o espiritualidad en el nombre del Salvador Jesucristo, o sea, un cristianismo falso.

Por eso investigué varias veces el término cristianismo babilónico. Como es tan poderoso y maligno el plan para engañar al mundo en nombre de la paz, muchos de los que realmente creen en el Jesús de la Biblia podrían ser engañados.

Si el apóstol Juan viviera hoy en día, su mensaje no sería diferente a lo de hace dos mil años. Considere seriamente sus palabras y pregúntese si usted está siguiendo el llamado del Buen Pastor, o si ha sido engañado por la voz de un pastor falso. Si es este último, entonces,¡ salga de donde esté!

> Y oí otra voz del cielo, que decía; Salid de ella, pueblo mío, para que no seáis partícipes de sus pecados, ni recibáis parte de sus plagas. (Apocalipsis 18:4)

24

UN LLAMADO A LA ACCIÓN PARA LOS PASTORES Y LAS OVEJAS

Aunque parece inevitable que el cristianismo basado en la Biblia desaparezca, dadas las tendencias actuales, todavía hay esperanza. Tal como Dios prometió que nunca iba a ocurrir otro diluvio mundial, también prometió que nunca iba a "desamparar" ni "dejar" al cuerpo de Cristo (Hebreos 13:5). Aunque la historia del pasado revela muchas épocas difíciles con grandes apostasías, Dios siempre ha levantado un remanente.

Es verdad que hay un camino ancho que lleva a la destrucción y que muchos van por ahí; pero por el otro lado, Jesús es el camino angosto; y El protegerá y preservará a los que caminan por ahí. Dios siempre levantará un estandarte en medio de la oscuridad.

Aunque vemos en nuestros tiempos un abandono de la fe y una oscuridad aparentemente sin remedio, la luz de la Palabra de Dios brilla más intensamente durante este tiempo de fuerte engaño.

La tarea de cada persona firmemente aferrada a la Biblia es levantar la luz de la Palabra de Dios para los que están en tinieblas. Como dijo Jesús, "Así alumbre vuestra luz delante de los hombres, para que vean vuestras buenas obras, y glorifiquen a vuestro Padre que está en los cielos" (Mateo 5:16).

Un Llamado A La Acción Para Los Pastores Y Las Ovejas

Hablando de la luz de Dios, consideremos lo que Jesús enseñó:

> Nadie pone en oculto la luz encendida, ni debajo del almud, sino en el candelero, para que los que entran vean la luz. La lámpara del cuerpo es el ojo; cuando tu ojo es bueno, también todo tu cuerpo está lleno de luz; pero cuando tu ojo es maligno, también tu cuerpo está en tinieblas. Mira pues, no suceda que la luz que en ti hay, sea tinieblas. Así que, si todo tu cuerpo está lleno de luz, no teniendo parte alguna de tinieblas, será todo luminoso, como cuando una lámpara te alumbra con su resplandor. (Lucas 11:33-36)

¿No deben los creyentes ser testigos de la gracia y misericordia de Dios en este tiempo cuando la Palabra de Dios es atacada fuertemente, despreciada y puesta en ridículo? Es correcto advertir a los que andan en el engaño de estos tiempos; pero a la vez, debemos entender que muchos son seducidos y engañados, porque el dios de este mundo ha enceguecido sus mentes.

Realmente, yo habría preferido nunca haber tenido que escribir este libro. Pero me sentí impelido a hacerlo, porque vi la gran necesidad de los cristianos de poner su casa en orden. Sé que hay personas que comparten mis convicciones y fielmente advierten a otros; y creo que los hermanos y hermanas del mismo pensar deben animarse a través de vincularse con los otros. Hay pastores, ministerios, editoriales, hombres, mujeres y jóvenes que fielmente están haciendo su parte en la obra. Dios los ha llamado en estos tiempos peligrosos a advertir a las ovejas.

Un solo mensaje y una identidad común

Para establecer una identidad común de sana doctrina y mensaje del ministerio de atalaya en los postreros días, miremos el llamado del profeta Ezequiel:

> Hijo del hombre, habla a los hijos de tu pueblo, y diles; Cuando trajere yo espada sobre la tierra, y el pueblo de la

tierra tomare un hombre de su territorio y lo pusiere por atalaya, y él viere venir la espada sobre la tierra, y tocare trompeta y avisare al pueblo, y cualquiera que oyere el sonido de la trompeta y no se apercibiere, y viniendo la espada lo hiriere, su sangre será sobre su cabeza. El sonido de la trompeta oyó, y no se apercibió; su sangre será sobre él; mas el que se apercibiere librará su vida. Pero si el atalaya viere venir la espada y no tocare la trompeta, y el pueblo no se apercibiere, y viniendo la espada, hiriere de él a alguno, éste fue tomado por causa de su pecado, pero demandaré su sangre de mano del atalaya. (Ezequiel 33:2-6)

No hay ninguna alternativa para los creyentes. Hemos sido llamados a ser atalayas. Por la gracia de Dios hemos recibido la verdad, y necesitamos compartirla con otros. La Palabra de Dios es nuestra guía. Tenemos que evaluar las tendencias actuales a la luz de la Palabra de Dios. Tal vez nos toca tratar controversias como el tema de orígenes, el movimiento Nueva Era, el cristianismo basado en experiencias, dogmas, tradiciones, la importancia de Israel, el infierno, el cielo, el movimiento ecuménico, o la futura religión mundial para la paz. Para todos estos, tenemos que escudriñar siempre las Escrituras para ver lo que Dios ha revelado. En cada instancia, notaremos que es una minoría los que se ciñen a la Biblia, y una mayoría los que sostienen el punto de vista humano. Es una realidad que hace doler el corazón, pero así son las cosas. Si uno estudia la historia bíblica, verá que siempre ha sido el caso. Juan, en su primera epístola, escribió sobre este hecho, señalando que el mundo en general ha rechazado la verdad; y por consiguiente, rechazarán lo que nosotros decimos también.

Ellos son del mundo; por eso hablan del mundo, y el mundo los oye. Nosotros somos de Dios; el que conoce a Dios nos oye; el que no es de Dios, no nos oye. En esto conocemos el espíritu de verdad y el espíritu de error. (I Juan 4:5-6)

Entonces, si usted se encuentra en la minoría, ánimo; a lo mejor está en el lugar escogido por Dios.

El plan de Satanás es usar al hombre para atacar a las Escrituras infalibles. Si él puede causar que el hombre tenga dudas de Dios o que rechace lo que Dios revela en Su Palabra, ha ganado. Tenemos que siempre confiar en las Escrituras como nuestra autoridad final para establecer la verdad y proclamarla a otros. El Evangelio siempre tiene que ser nuestra guía.

Posiblemente un repaso de las Escrituras sería de ayuda en este momento. El salmista escribió muchos versículos sobre nuestra necesidad de confiar en Dios y creer en Su Palabra.

> El principio de la sabiduría es el temor de Jehová; buen entendimiento tienen todos los que practican sus mandamientos; su loor permanece para siempre. (Salmo 111:10)

> Más que todos mis enseñadores he entendido, porque tus testimonios son mi meditación. Más que los viejos he entendido, porque he guardado tus mandamientos; de todo mal camino contuve mis pies, para guardar tu palabra. No me aparté de tus juicios, porque tú me enseñaste. (Salmo 119:99-102)

> De tus mandamientos he adquirido inteligencia; por tanto, he aborrecido todo camino de mentira. Lámpara es a mis pies tu palabra, y lumbrera a mi camino. (Salmo 119:104-105)

> Llegue mi clamor delante de ti, oh Jehová; dame entendimiento conforme a tu palabra. (Salmo 119:169)

Pablo también enseña sobre esto en una de sus cartas a Timoteo. Cité este versículo antes en este libro pero es tan vital, vale verlo de nuevo:

> Toda la Escritura es inspirada por Dios, y útil para enseñar, para redargüir, para corregir, para instruir en justicia, a fin de

que el hombre de Dios sea perfecto, enteramente preparado para toda buena obra. (II Timoteo 3:16-17)

Escribiendo a la iglesia en Corinto, Pablo dice claramente que los creyentes tienen una ventaja sobre los que no han nacido de nuevo:

> Pero el hombre natural no percibe las cosas que son del Espíritu de Dios, porque para él son locura, y no las puede entender, porque se han de discernir espiritualmente. En cambio, el espiritual juzga todas las cosas; pero él no es juzgado de nadie. Porque ¿quién conoció la mente del Señor? ¿Quién le instruirá? Mas nosotros tenemos la mente de Cristo. (II Corintios 2:14-16)

Por supuesto, eso no garantiza que la persona tenga entendimiento y conocimiento completo, aunque es creyente y tiene al Espíritu Santo morando en él. Muchas veces, la voluntad del hombre y la de Dios van en direcciones contrarias. La única manera para conocer la voluntad de Dios es conocer Su Palabra, y confiar que El siempre será fiel para cumplirla.

> Me postraré hacia tu santo templo, y alabaré tu nombre por tu misericordia y tu fidelidad; *porque has engrandecido tu nombre, y tu palabra sobre todas las cosas.* (Salmo 138:2, énfasis Oakland).

Nuestro adversario constantemente se mete en los asuntos personales y corporativos de la humanidad. Su agenda desde el principio ha sido engañar al mundo. Esto también significa que aún los del cuerpo de Cristo están expuestos al engaño. Pablo escribió a la iglesia de Éfeso:

> Porque no tenemos lucha contra sangre y carne, sino contra principados, contra potestades, contra los gobernadores de las tinieblas de este siglo, contra huestes espirituales de maldad en las regiones celestes. (Efesios 6:12)

Un Llamado A La Acción Para Los Pastores Y Las Ovejas

Para poder encontrar una identidad común para pastores, líderes de iglesias y cristianos consagrados de diferentes trasfondos y denominaciones, sería importante establecer algunas bases. Creo que el remanente levantado por Dios en los postreros días incluiría a los que están comprometidos en llevar la obra y defenderla.

Por ejemplo, quiero compartir mi experiencia personal durante el bachillerato, con el futbol americano. Estudié en una escuela de un pueblo del departamento de Saskatchewan (Canadá), donde había pocos jugadores para formar un equipo. Algunos tenían que hacer dos funciones, a veces en la parte defensiva cuando el otro equipo tomaba la ofensiva, y después la ofensiva cuando el otro tomaba la defensiva. Así jugué, y durante tres años, defendí el extremo del lado derecho y también la posición líder de la ofensiva. En cualquier de las dos posiciones, ofensiva o defensiva, no actuaba solo sino era parte del equipo. Teníamos que trabajar unidos con una sola meta en mente: ganar el partido.

Veo esto como ejemplo de lo que debemos hacer ahora en la iglesia. Jugadores talentosos son muy capaces de jugar en varias posiciones en el equipo. Sin embargo, el objetivo común debe exaltar al Buen Pastor delante de la iglesia y los inconversos. Todos tenemos un enemigo común, Satanás, que odia lo que hacemos. Así Pablo animó a la iglesia de Corinto:

> Pero si nuestro evangelio está aún encubierto, entre los que se pierden está encubierto; en los cuales el Dios de este siglo cegó el entendimiento de los incrédulos, para que no les resplandezca la luz del evangelio de la gloria de Cristo, el cual es la imagen de Dios. Porque no nos predicamos a nosotros mismos, sino a Jesucristo como Señor, y a nosotros como vuestros siervos por amor de Jesús. Porque Dios, que mandó que de las tinieblas resplandeciese la luz, es el que resplandeció en nuestros corazones, para iluminación del conocimiento de la gloria de Dios en la faz de Jesucristo. (II Corintios 4:3-6)

Entendemos por estas palabras que nuestra primera meta debe ser alcanzar a los perdidos con la luz del Evangelio, la luz que brilla en la oscuridad. No es asunto de cierta persona u organización, sino la labor de guiar a la gente a Jesucristo y Su gracia salvadora.

En segundo lugar, el componente defensivo es luchar de común acuerdo contra las enseñanzas e ideas de las personas que engañan a otros. Tenemos que señalarles a ellos la verdad, y decirles en un espíritu de amor, que están equivocados. En su carta, Judas advirtió a la iglesia el problema que enfrentaba. Dijo:

> Amados, por la gran solicitud que tenía de escribiros acerca de nuestra común salvación, me ha sido necesario escribiros exhortándoos que contendáis ardientemente por la fe que ha sido una vez dada a los santos. Porque algunos hombres han entrado encubiertamente, los que desde antes habían sido destinados para esta condenación, hombres impíos, que convierten en libertinaje la gracia de nuestro Dios, y niegan a Dios el único soberano, y a nuestro Señor Jesucristo.
> (Judas 1:3-4)

Hoy en día, ha resultado ser un concepto negativo, el contender, en la iglesia, por la fe, como amonestan las Escrituras. Posiblemente esto ha acontecido porque algunos ministerios sobre discernimiento o ser atalaya han olvidado que contender por la fe es definir lo que es la fe bíblica. Deben traer de regreso, en espíritu de amor, a los que habían dejado la fe. Recordemos las instrucciones de Pablo a Timoteo sobre este mismo tema, que "el siervo del Señor no debe ser contencioso, sino amable para con todos", teniendo paciencia e instruyendo con "mansedumbre" a los que se oponen (ver II Timoteo 2:24-26).

Hace poco, leí por primera vez en un blog de pastores, sobre el término "hiper-discernimiento" relacionado con un ministerio. El pastor que escribió en el blog usó esta palabra para señalar a los que estaban contendiendo por la fe, pero en forma negativa. El utilizó este término con la idea de que el discernimiento resultó ser severo, de odio y sin amor.

Debemos proclamar las buenas nuevas y contender por la fe en amor, advirtiendo las consecuencias eternas por no seguir al Buen Pastor.

El tiempo de la cosecha

A la vez que ese libro enfoca mayormente a las ovejas y los pastores, el autor de este libro ha tenido mucha experiencia con la agricultura. Ahora, en los tiempos en que vivimos, no hay mucho énfasis sobre el regreso del Salvador Jesús. Veo este período como tiempo de cosecha, en cuanto a compartir el Evangelio. Aunque la apostasía es una señal del pronto regreso de Jesús, también es verdad que el Evangelio se proclamará, y los que respondan serán salvos. Será un tiempo de decisiones, y éstas tendrán recompensas o consecuencias eternas.

Compartir el Evangelio en medio de esta apostasía es un desafío interesante para creyentes en la Biblia. Aunque aumente la apostasía, todavía hay oportunidad para compartir la verdad en medio de la creciente ola de engaño. A la vez que las olas suben y más gente rechaza el arca de la salvación, el Evangelio sigue siendo el mismo y nunca cambiará. La variable principal es cuántos seguirán firmes, compartiendo las Buenas Nuevas; y cuántos que antes se consideraban creyentes mostrarán sus verdaderas simpatías, negando que Jesús es el Hijo de Dios, y uniendo fuerzas con el movimiento ecuménico.

Ahora es verdaderamente el tiempo de cosecha y los obreros pocos.

> ¿No decís vosotros: Aún faltan cuatro meses para que llegue la siega? He aquí os digo: Alzad vuestros ojos y mirad los campos, porque ya están blancos para la siega. (Juan 4:35)

El Buen Pastor Llama

EPÍLOGO

¿QUÉ PODEMOS HACER?

Un lugar seguro para las ovejas

Posiblemente la labor más importante de un pastor es proteger sus ovejas. Vigilar día y noche que ninguna oveja se aparte del rebaño es una tarea casi imposible. Las ovejas, conforme a su naturaleza, encuentran maneras de apartarse de las otras. Las ovejas son semejantes a muchas personas, que tienen una voluntad fuerte y son tercos en carácter. Cuando se quiere que obedezcan las instrucciones, a menudo las ovejas hacen lo contrario. Al ser llevados al pasto, pueden ponerse a dormir o a rehusar responder.

La mayoría de los pastores no buscan a otros humanos para ayudarlos a manejar y proteger los rebaños, sino que a menudo utilizan perros pastores adiestrados para mantener el orden. Aún con estas medidas, cuando se pone el sol y todo se oscurece, otras precauciones son necesarias para evitar que los lobos devoren las ovejas cuando el pastor se acuesta a dormir. Para esto, hay un aprisco o cercado para las ovejas.

Hemos advertido sobre los muchos riesgos que existen a causa de pastores falsos y sus agendas, y también de la presencia de lobos peligrosos dentro del cristianismo. Ahora quiero sugerir algunas soluciones a estos problemas. Hay formas de buscar y recoger a las ovejas dispersas, y también maneras de proveer un lugar seguro para su protección y alimentación.

Vivimos en un tiempo cuando la iglesia de Jesucristo enfrenta una escasez de pastores y líderes verdaderos que están dispuestos a reunir a las ovejas dispersas y darles esperanza bíblica. Leemos que Jesús preguntó "Pero cuando venga el Hijo del Hombre, ¿hallará fe en la tierra?" Ciertamente esta pregunta de la Palabra de Dios no debe tomarse a la ligera. ¿Estará prosperando el cristianismo verdadero cuando Jesús regrese, o estará luchando con solamente un remanente a la vista?

El Buen Pastor llama: un website y una plataforma

El 22 de enero del 2016, una discusión de mesa redonda y un foro abierto tomó lugar en el sur de California, para hablar sobre los problemas que hemos presentado en este libro.[1] Estos asuntos no respetan denominaciones y son mundiales. Hasta el momento, muy poco se ha hecho para establecer una plataforma o foro, donde pastores y ovejas con el mismo sentir puedan reunirse y animarse mutuamente.

El 6 de febrero del 2016, se hizo una presentación de 32 minutos en una conferencia del sur de California, que resumió la necesidad en estos postreros días de ayudar a los pastores y ovejas con el mismo propósito.[2]

El resultado de esta reunión fue el nacimiento de un nuevo website: "El Buen Pastor llama: Un mensaje urgente para la iglesia de los postreros días". Representa el intento de cumplir la visión de establecer una plataforma para pastores, líderes de iglesias, ministerios y ovejas con la misma visión. La meta es animar los unos a los otros y enfocar el "Buen Pastor", Jesucristo, y Su Palabra. Le seguiremos a El y Su Palabra, no las enseñanzas de hombres inspirados por hombres que no siguen a Jesucristo.

Entonces, este website no enfatiza específicamente hombre o movimiento. La plataforma tratará los aspectos esenciales de la fe cristiana y las necesarias advertencias, siempre con la Biblia como nuestra autoridad. Oramos para que Dios nos guie por Su Espíritu Santo, para que este website pueda ser útil para contender por la fe, a la vez que proclame el Evangelio de Jesucristo de acuerdo con las Escrituras.

Epílogo – ¿Qué Podemos Hacer?

Se desarrolla una visión

Las ideas siempre tienen un principio. Para que estas ideas se desarrollen y tengan éxito en el mundo secular, de costumbre hay tres pasos básicos. Primero, un individuo o grupo define un problema o necesidad sin una resolución. Segundo, se desarrolla un producto o servicio que responda a esa necesidad. Tercero, el individuo o grupo informe a otros del producto o servicio a través de un proceso que a menudo se llama marketing.

Aunque esto no es una fórmula mágica para el éxito, muchas veces es un proceso práctico y sencillo. En el caso de establecer una plataforma que una a los cristianos para un bien común (defender la verdad) en estos días peligrosos, hay un cuarto factor muy importante. Sin esto, todo esfuerzo del hombre fracasa. Sencillamente, las ideas y los planes tienen que ser dirigidos y guiados por el Espíritu Santo.

Creo que eso es lo que está pasando. Compartiendo con varios amigos y colegas, algunos de los cuales son pastores de iglesias, se hizo evidente que es el tiempo de hacer algo. La apostasía que describimos en este libro ocurre en forma mundial. Muchos de los que antes contendían por la fe ahora ven eso como demasiado divisivo y han desistido. Otros que antes advertían sobre la venida de Jesucristo y los eventos proféticos que están ocurriendo, ahora ven eso como muy controvertido y ofensivo para el movimiento ecuménico. Muchos que anteriormente enseñaban que Génesis proveía el fundamento para el Evangelio han cambiado de punto de vista y ahora enseñan que Génesis se basa sobre un mito babilónico. Aún otros, que antes veían los eventos alrededor de Israel como un indicador de Dios de los postreros días, ahora han rechazado o reemplazado a Israel, porque están demasiado ocupados edificando el reino de Dios con Roma.

Teniendo en mente el concepto de contender en forma ofensiva y defensiva por la causa del Evangelio de Jesucristo, se han propuesto un número de ideas. Aunque estas sugerencias no están escritas en forma inalterable, proveen una base sobre la cual construir. No es nuestra meta seguir a cierto hombre, movimiento o bandera. El único estandarte será el Señor Jesucristo y Su Palabra.

Entonces, habrá varias facetas del ministerio que se desarrollará para los que quieren participar:

- Una declaración básica de fe se creará para definir parámetros, metas y objetivos.

- El fundamento siempre será la infalibilidad de las Escrituras y la obra cumplida en la cruz.

- La comunión se extenderá más allá de cierta denominación o grupo de iglesias.

- Habrá más reuniones de mesa redonda, abiertas a que otros participen en vivo.

- Se desarrollará un website para presentar artículos y herramientas para lectores.

- Se establecerá una lista de direcciones de internet para participantes interesados.

- Se animará la programación de seminarios y conferencias con personas y mensajes del mismo sentir.

- Las iglesias que deseen poner en el aire este mensaje pueden tener programas radiales por internet.

- Los medios sociales se utilizarán para extender este mensaje.

- Se permitirá comentarios y reacciones, posiblemente en forma de blog o foro en la internet.

Acción y no reacción

Entonces, vamos a dejarnos guiar por el Espíritu Santo. Buscaremos encontrar maneras para contrarrestar la apostasía y proclamar el Evangelio. Aunque muchas iglesias se están volviendo posmodernas y se burlan de la Biblia, hay muchas que siguen leales a Jesucristo pero que no saben dónde tener comunión con otras iguales. La Biblia ruega a los creyentes seguir reuniéndose con otros en comunión, pero es difícil hacerlo con los que han dejado la verdad. Entonces, la alternativa es encontrar maneras de reunirse en grupos pequeños. Si las iglesias les han cerrado sus puertas y dejado por fuera a Jesucristo, hay que encontrar otras maneras de reunirse, en casas o en grupos guiados por maestros capacitados dentro del grupo o pastores provisionales.

La mejor manera de proceder es mediante el uso de nuestros pies. ¿Por qué seguir asistiendo a una iglesia que ha ido en dirección contraria mientras usted sigue fiel a la Palabra? Cuando las iglesias entran en apostasía, de costumbre no se dan cuenta del hecho. Están bajo un fuerte engaño de Satanás. Lo único que usted puede hacer es informar al pastor y a los ancianos que, según la Biblia, están en error y que están guiando a las pobres ovejas por un precipicio rumbo a una triste destrucción.

Aunque puede seguir aumentando el número de iglesias apóstatas, el cristianismo verdadero nunca se describía por voto mayoritario. Miremos la historia de la iglesia. Es mejor amar a Jesús y estar en el camino angosto, que seguir a Satanás en el camino ancho que lleva al infierno.

Mi oración es que cuando se publique *El Buen Pastor llama: Un mensaje urgente a la iglesia de los postreros días*, el mensaje del libro sea parte del esfuerzo para fortalecer estas metas.

Algo que sabemos con certeza, es que a pesar de la apostasía que ruge a nuestro alrededor, Dios no se confunda sobre qué hacer. Ciertamente Dios conoce todo el pasado, el presente y el futuro. Y como El siempre ha levantado un remanente en el pasado, hará lo mismo en nuestros días. La pregunta clave es: ¿Está usted listo a tener una parte, aunque tenga que ir contra la corriente del resto de la sociedad?

Un pastor valiente

En la década de los '60, en la Unión Soviética, los que creían en la Biblia estaban bajo un ataque terrible de parte del gobierno. Las iglesias que no se sometían a las autoridades comunistas fueron cerradas. Aunque muchos pastores cedieron a la presión del gobierno de tener iglesias manejadas por el estado, otros no lo hicieron.

El pastor Georgi Vins apenas estaba en sus años treinta. Su papá, años atrás, había sido detenido por resistir los esfuerzos del gobierno para erradicar el Evangelio de la Unión Soviética. Fue enviado a prisión donde murió por su fe. Georgi Vins conocía entonces la persecución, y con la influencia de una madre piadosa y el legado de su padre, estaba decidido a seguir fiel a Dios, sin importar el costo.

En 1965, un grupo de iglesias bautistas de la Unión Soviética formó una alianza, con la declaración de que iban a seguir enseñando la Palabra de Dios y predicando el Evangelio de Jesucristo. La alianza se llamó el Concilio de Iglesias de Cristianos Evangélicos y Bautistas. El pastor Vins llegó a ser el secretario general. Todavía en sus años treinta, fue detenido por su afiliación con la iglesia subterránea y sentenciado a tres años de prisión. Dejó atrás una esposa y cuatro hijos. Después de ser libertado, lo volvieron a detener, y fue sentenciado a diez años.

Durante este tiempo en la Unión Soviética, el pastor Vins y muchos otros pastores cristianos demostraron gran valor y fortaleza en medio de la persecución y encarcelamiento.

Hoy en día, en el mundo occidental, todavía hay libertad para predicar el Evangelio y enseñar la Palabra de Dios. El precio para defender la verdad no es nada comparado con lo que pagaron los incontables mártires del pasado y lo que actualmente sufren los creyentes en muchos países. ¿Sin importar el costo, los pastores actuales seguirán al Buen Pastor y alimentarán a Sus ovejas? [3]

Los atalayas de los postreros días

A la vez que todos los creyentes son llamados a ser fieles siervos del Señor, entiendo que no todo cristiano es llamado a ser atalaya. Esto es entendible. El cuerpo de Cristo se compone de hombres, mujeres, jóvenes y niños, con una variedad de dones y llamados importantes para la salud del cuerpo. El atalaya es una persona llamada por Dios para advertir sobre los peligros de dejar la verdad y extraviarse.

El llamado de advertir a los que se descarrían no está exento de problemas y dificultades. El atalaya, aunque su voz sigue la Biblia, casi siempre es considerado demasiado crítico por la mayoría de oyentes. Es

Epílogo – ¿Qué Podemos Hacer?

así especialmente hoy en día, cuando muchos líderes cristianos buscan un cristianismo amistoso y con propósito, y no uno que es temeroso de Dios y guiado por el Espíritu. A menudo, se considera negativa, criticón y sin amor, a la persona que intenta exhortar a las ovejas descarriadas para que vuelvan al rebaño. ¿Por qué ocurre esto?

La respuesta es sencilla. Cuando alguien ha dejado la Palabra de Dios, no siempre está agradecido que le digan que está en un error.

Casi a diario recibo llamadas o correos electrónicos de creyentes preocupados, que descubren que su papel como atalaya es cada vez menos apreciado por el liderazgo de sus iglesias. Muchas preocupaciones surgen cuando los pastores y las juntas de sus iglesias exigen que la congregación firme "un pacto" o "acuerdo" para garantizar que toda oposición a sus planes sea callada antes de anunciar tales planes a la iglesia.

La historia revela que no todos los planes promovidos por el hombre son la voluntad de Dios, aunque pueden ser movidos en Su nombre. Por eso es tan importante evaluar los planes del hombre a la luz de la Palabra de Dios.

Animo a cada creyente consagrado a Jesucristo a estar alerta en este tiempo. Si la Biblia advierte que habrá engaño antes del regreso de Cristo, entonces eso sí, ocurrirá. De mi parte, seguiré sonando la alarma espiritual documentando las ideas y corrientes que fluyen por todo el mundo en el nombre de Cristo, pero que realmente son de "otro Cristo".

Tenemos que preguntarnos: ¿Estamos dispuestos a hacer la voluntad de Dios y compartir, con amor, la verdad con los que están engañados, cueste lo que cueste? Si la respuesta a este llamado es sí, entonces tenemos que confiar que El nos guiará, fortalecerá y utilizará.

NOTAS FINALES

**Los nombres de autores y títulos no han sido traducidos en esta sección, ya que los títulos para libros traducidos al español pueden variar mucho de su traducción literal al español. A causa de los cambios constantes en la internet, los websites anotados aquí también pueden presentar variaciones.

Capítulo 3: Siguiendo a los hombres en vez de Dios
1. "A Beginner's Guide to Raising Sheep: http://www.sheep101.info/201/behavior.html.

Capítulo 6: Advertencias del Nuevo Testamento
1. Blue Letter Bible: https://www.blueletterbible.org/search/Dictionary/viewTopic.cfm?topic=IT0004227.

Capítulo 7: Otras advertencias del Nuevo Testamento
1. Webster's Dictionary 1828—Online Edition: http://webstersdictionary1828.com/Dictionary/earnest.

Capítulo 8: La Reforma y contrarreforma
1. History.com; The Reformation: http://www.history.com/topics/reformation.
2. Ibid.
3. Ibid.
4. En sus últimos años, Lutero llegó a ser muy antisemita, y los publicadores de este libro quieren distanciarse del punto de vista que él expresó referente al pueblo judío. En sus años finales, escriben Perry, Peden y Von Laue: " Lutero, al principio, buscó atraer a los judíos hacia su visión del cristianismo reformado, que Jesús nació judío. Al principio, Lutero había expresado si simpatía por los sufrimientos de los judíos, y denunció la persecución como una barrera para su conversión. El declaró, "Espero que si uno trata con amabilidad a los judíos y los

instruye cuidadosamente de las Sagradas Escrituras, muchos llegarán a ser cristianos genuinos. Nosotros (como cristianos) somos como extranjeros e injertados, mientras ellos son familiares de sangre, primos y hermanos de nuestro Señor".

En este punto, Lutero prosiguió diciendo, "Si fuera correcto jactarnos de carne y sangre, los judíos pertenecen más a Cristo que nosotros.

Entonces, querido papista, si se cansa de insultarme como hereje, me puede injuriar como judío". Gracias también, en gran parte, a la desmedida persecución que los judíos recibieron de parte de Roma, en nombre de Cristo, la vasta mayoría de los judíos no se convirtió a Cristo. Esto, juntamente con las muchas enseñanzas falsas de Roma en cuanto a los judíos obró en Lutero su posterior diatriba violenta contra ellos. También hay que tener en cuenta que Lutero vivía en un tiempo muy antisemita y en una parte del mundo muy antisemita.

Es trágico que siglos después, Adolfo Hitler utilizó, en parte, los sentimientos antisemitas de Lutero para justificar, frente al pueblo alemán, sus atrocidades contra el pueblo judío, resultando en la muerte de más de seis millones de ellos. Para más información sobre los puntos de vista de Lutero en cuanto a los judíos, se puede leer el libro de William Shirer, *Auge y caída del Tercer Reich*.

5. http://www.history.com/topics/reformation, op. cit.

6. B. Kirkland D.D., *Calvinism: None Dare Call it Heresy* (Sarnia, ON: Local Church Ministries, www.fairhavensbaptist.com), p. 4.

7. Ibid.

8. Norman F. Douty, *The Death of Christ*, Rev. And Enlarged (Irving, TX: Williams & Watrous Pub. Co, 1978), p. 176.

9. http://www.history.com/topics/reformation, op., cit.

10. The Huguenot Society of America, "Huguenot History," http://huguenotsocietyofamerica.org/?page=Huguenot-History.

Capítulo 9: Cuando el cristianismo se convierta en secta

1. Mike Oppenheimer, "How to Recognize if You are In a Cult" (Let Us Reason Ministries, http://www.letusreason.org/cults.htm).

2. Ibid.

3. Chris Lawson, *How to Know if You Are Being Spiritually Abused or Deceived—A Spiritual Abuse Questionnaire* (Eureka, MT: Lighthouse Trails Publishing, 2016); you can read the entire contents online at: http://www.

lighthousetrailsresearch.com/blog/?p=21310.

4. You can read about Roger Oakland's years in the Calvary Chapel churches in his biography *Let There Be Light,* 2nd ed., Lighthouse Trails.

Capítulo 10: El Buen Pastor—Nuestro Creador

1. As told in *Let There Be Light* by Roger Oakland.

2. Lorenzago di Cadore, "Pope: Creation vs. Evolution Clash an 'Absurdity,'" (MSNBC News Services, July 25, 2007, http://www.physics.smu.edu/pseudo/PopeEvolution.html).

3. Ibid.

4. Taylor Wooford, "Pope Francis's Remarks on Evolution Are Not That Controversial Among Roman Catholics" (Newsweek, October 30, 2014, http://www.newsweek.com/pope-franciss-remarks-evolution-are-not-controversial-among-roman-catholics-281115).

5. Kevin Harter, "Pastor's Protest District Policy: Letter Says Evolution, Bible Can Coexist" (Pioneer Press, December 17, 2004, http://web.archive.org/web/20050206192255/http://www.twincities.com/mld/pioneerpress/10435565.htm?1c).

6. Ibid.

7. Ibid.

8. Ibid.

Capítulo 11: Evolución; Metiendo un ídolo en el santuario

1. See https://www.merriam-webster.com/dictionary/worship.

2. Former New Age follower Caryl Matrisciana has addressed this topic of "Christian Yoga" extensively in her documentary film, *Yoga Uncoiled* and in her biography, *Out of India* (available through www.lighthousetrails.com).

3. Breath prayer is when a single word or short phrase is chosen and then repeated in conjunction with the breath (focusing on breathing in and out while saying the word or phrase). This is classic contemplative mysticism.

4. To understand the dynamics of Yoga, read these two booklets, *Yoga and Christianity: Are They Compatible* by Chris Lawson and *Yoga: Exercise or Religion—Does it Matter?* by Ray Yungen.

5. Professor Subhas R. Tiwari, "Yoga renamed is Still Hindu (*Hinduism Today Magazine,* January/February/March 2006, https://www.hinduismtoday.com/modules/smartsection/item.php?itemid=1456).

6. "2016 Yoga in America Study Conducted by *Yoga Journal* and Yoga Alliance Reveals Growth and Benefits of the Practice" (http://www.

Endnotes

prnewswire.com/news-releases/2016-yoga-in-america-study-conducted-by-yoga-journal-and-yoga-alliance-reveals-growth-and-benefits-of-the-practice-300203418.html).

Capítulo 12: Nuevo vino o el antiguo engaño
1. 999, Vol. 25, No. 5), front cover.
2. Marcia Ford, "The Blessing Spreads Worldwide" (*Charisma*, July 1997), p. 54.
3. Ibid., p. 55.
4. John Arnott, *The Father's Blessing* (Creation House, Orlando, FL, 1995), 58.
5. Benny Hinn, "Double Portion Anointing, Part #3" (Orlando Christian Center, n.d.), audiotape #A031791-3. This sermon was also aired on TBN April 7, 1991.
6. John Arnott, *The Father's Blessing*, op. cit., p. 59.
7. Paul Carden, "Toronto Blessing Stirs Worldwide Controversy" (*Christian Research Journal*, Winter 1995), p. 5.
8. Rodney Howard-Browne, *Manifesting the Holy Ghost* (R.H.B. E.A Publications, 1992), p. 16; read Warren B. Smith's booklet on Howard-Browne's laughing revival, *False Revival Coming: Holy Laughter or Strong Delusion*: http://www.lighthousetrailsresearch.com/blog/?p=16760.
9. Marcia Ford, "The Blessing Spreads Worldwide," op. cit., pp. 54-59.
10. John Arnott, *The Father's Blessing*, op. cit., p. 58.
11. Ibid.
12. Richard Riss, *The Latter Rain* (Honeycomb Visual Productions, Ontario, 1987).
13. Assemblies of God in the U.S.A., 23rd General Council Minutes (Seattle, WA, 1949), pp. 26-27.
14. *Charisma*, December 1996, p. 55.
15. Ibid., p. 60.
16. Rene DeLoriea, *Portal in Pensacola* (Shippensburg, PA: Destiny Images Publishers, 1997), back cover of book.
17. Ibid.
18. Ibid., p. 4.
19. Ibid. p. 5.
20. For a comprehensive look at the history and doctrines of the Latter Rain movement, refer to Roger Oakland's books *New Wine or Old Deception: A Biblical View of Experience Based Christianity* and *When New Wine Makes a Man Divine: True Revival or Last Days Deception*. Both books are currently out of print, but recirculated copies can be purchased through

Amazon.

21. Bill Hamon, *Apostles Prophets and the Coming Moves of God: God's End-Time Plans for His Church and Planet Earth,* (Shippensburg, PA: Destiny Image Publishers, 1997), p. v.

22. C. Peter Wagner (editor), *The New Apostolic Churches* (Ventura, CA: Regal Books, 1998), p. 51, citing John Eckhardt.

23. Ibid., p. 47.

24. Bill Hamon, *Apostles Prophets and the Coming Moves of God*, op. cit., p. 279.

25. John Arnott, *The Father's Blessing*, op. cit., p. 61.

26. Read "They Call It "Bibliolatry" (Bible Worship)—But Could it Be a Contemplative Smoke Screen?" by the Editors at Lighthouse Trails,

27. Jim Fletcher, "Andy Stanley's Dangerous Path—Tells SBC Leaders 'Get the spotlight off the Bible'" (Lighthouse Trails blog, September 9, 2016, http://www.lighthousetrailsresearch.com/blog/?p=21418).

28. Albert James Dager, "Pensacola: Revival or Reveling?" (Media Spotlight, Special Report, 1997, http://www.mediaspotlight.org/pdfs/PENSACOLA.pdf), p. 18.

29. Ibid.

Capítulo 13: ¿Un segundo Pentecostés?

1. E.S. Williams, "More About Gifts" (*The Pentecostal Testimony*, June 15, 1949), p. 8.

2. 23rd General Council Minutes, Assemblies of God in the USA, Seattle, 1949, pp. 26-27.

3. J. Preston Eby, *The Battle of Armageddon* (El Paso, TX: Kingdom Bible Studies, September 1976), p.p. 85-86; Kindle edition, location 1282.

4. Patti Gallagher Mansfield, *As By A New Pentecost: The Dramatic Beginning of the Catholic Charismatic Renewal* (Steubenville, OH: Franciscan University Press 1992).

5. Ibid., p. v.

6. Ibid., p. 5.

7. Ibid., p. ix.

8. Prayer of Pope John XIII, Humanae Salutis, Second Vatican Council, December 25, 1961. Cf. Walter M. Abbott, S.S., general editor, The Documents of Vatican II (The American Press, New York, 1966), pp. 709, 793.

9. Patti Gallagher Mansfield, *As By A New Pentecost*, op. cit., p. 6.

10. Ibid., p. 8.

11. Ibid.

12. Robert A. Larden, *Our Apostolic Heritage: An Official History of the Apostolic Church of Pentecost of Canada Incorporated* (Calgary, AB: Kyle Printing and Stationary,1971).

13. Ibid., p. 12.

14. Ibid., p. 14.

15. Ibid., p. 15.

16. Ibid., p. 16.

17. Clife Price, "A Revival Without Walls" (*Charisma*, November 1995), p. 54.

18. Daina Doucet, "What is God Doing in Toronto?" (*Charisma*, February 1995), p. 26.

19. J. Lee Grady, "Catholics and Protestants Join Forces" (*Charisma*, October 1995), p. 26.

20. Ibid., p. 28.

21. "Celebrate Jesus 2000," brochure, mailed from Christian Conference Office, 1235 University Blvd. Steubenville, OH 43952.

22. Ibid.

23. Ibid.

24. Ibid.

25. "Roman Catholic Doubletalk at Indianapolis '90" Foundation, July-August 1990, excerpts from talk by Father Tom Forrest to the Roman Catholic Saturday morning training session.

26. Alpha News, Holy Trinity Brompton, London, July-October, 1997, 1.

27. Ibid.

28. Ibid.

29. Ibid.

30. Ibid.

31. Ibid.

32. Erin Benzinger, "Alpha Course's Gumbel Invites Vineyard UK Founder Eleanor Mumford & Furtick, Hybels to Leadership Conference" (February 3, 2013, http://www.donotbesurprised.com/2013/02/alpha-courses-gumbel-invites-vineyard.html).

33. http://www.inplainsite.org/html/the_alpha_course.html.

34. Roger Oakland, "Alpha and the Pope, http://www.understandthetimes.org/commentary/c25.shtml, quoting Nicky Gumbel from "Alpha News," March-June 2004, p. 7.

35. "Nicky Gumbel Interview Transcript" (*The Guardian*, August 28,

2009, http://www.theguardian.com/commentisfree/belief/2009/aug/28/religion-christianity-alpha-gumbel-transcript).

36. Mary Danielsen and Chris Lawson, *The Alpha Course: An Evangelical Contradiction* (Eureka, MT: Lighthouse Trails, 2016, http://www.lighthousetrailsresearch.com/blog/?p=20704), used with permission from Lighthouse Trails.

37. Patti Gallagher Mansfield, *As By A New Pentecost,* op. cit., p. 35.

38. Ibid., p. 39.

39. Ibid.

40. Ibid., p. 41.

41. Ibid.

42. Ibid., p. 167.

43. Ibid., p. 171.

44. Ibid.

45. Don Stefano Gobbi, "To The Priests, Our Lady's Beloved Sons" (The National Headquarters of the Marian Movement of Priests in the United States of America, St. Francis, ME, 1998, online edition: http://www.heartofmaryarabic.com/wp-content/uploads/2015/04/The-Blue-Book.pdf).

46. Ibid., p. 1165.

47. Ibid., pp. 1165-1166.

48. Ibid.

49. Ibid., pp. 359-360.

50. Ibid., p. 359.

51. Chris Mitchell, "Spirit-Empowered Believers Praying for Second Pentecostal Outpouring" (*Charisma,* April 1, 2014, http://www.charismamag.com/spirit/revival/20088-spirit-empowered-believers-praying-for-second-pentecostal-outpouring).

Capítulo 14: Otro espíritu

1. "Vatican II: A Walk-Through—Decree on Ecumenism" (Holy Spirit Interactive, December 5, 2016, http://www.holyspiritinteractive.net/features/vatican2/15.asp).

2. Ibid.

3. "Rejecting Holy Spirit's work in Vatican II is 'foolish,' Pope says" (CNA/EWTN News, April 17, 2013, http://www.catholicnewsagency.com/news/rejecting-holy-spirits-work-in-vatican-ii-is-foolish-pope-says).

4. Christopher Wells, "Pope Greets Members of the Renewal of the Holy Spirit" (March 17, 2015, http://en.radiovaticana.va/news/2015/07/03/pope_greets_members_of_the_renewal_of_the_holy_spirit/1155920).

Endnotes

5. Rick Wiles, "Why Did Copeland, Robison Meet With Pope Francis?" (*Charisma News,* July 7, 2014, http://www.charismanews.com/opinion/44555-why-did-copeland-robison-meet-with-pope-francis), used with permission from TruNews.com.

6. https://www.youtube.com/watch?v=82X3nORuYBY.

7. Elise Harris, "In First Prayer Video, Pope Stresses Interfaith Unity: 'We are all children of God'" (*Catholic News Agency*, January 7, 2016, http://www.catholicnewsagency.com/news/in-first-video-message-pope-francis-stresses-unity-we-are-all-children-of-god-39381).

Capítulo 15: El peligroso camino ecuménico de Rick Warren hacia Roma

1. The full interview can be viewed by visiting: https://www.youtube.com/watch?v=no9Lvlt7m4s.

2. For more information on the Roman Catholic Church's New Evangelization Program, read Roger Oakland's book, *Another Jesus: The Eucharistic Christ and the New Evangelization* and his booklet, *The New Evangelization From Rome and Finding the True Jesus.*

3. You can see a transcript of this portion of the interview, Section 1, here: http://www.understandthetimes.org/commentary/transcripts/rwinterview1.shtml.

4. Ibid.

5. See *Faith Undone* (Roger Oakland), *A Time of Departing* (Ray Yungen), and *Deceived on Purpose* (Warren B. Smith) for documented information.

6. Gerald May, *The Awakened Heart* (New York, NY: Harper Collins, First Harper Collins Paperback Edition, 1993) p. 87, citing from *The Practice of the Presence of God* by Brother Lawrence, translated by John Delaney, Image Books, 1977, p. 34.

7. For numerous actual quotes by Teresa of Avila, read *Castles in the Sand* by Carolyn A. Greene (a Lighthouse Trails novel based on the life of Teresa of Avila and a modern-day college girl).

8. See http://www.lighthousetrailsresearch.com/johnofthecross.htm.

9. Transcript, section 1, op. cit.

10. Ibid.

11. Transcript, section 3: http://www.understandthetimes.org/audio%20commentary/transcripts/rwinterview3.shtml.

12. Ibid.

13. Ibid.

14. Rick Warren, PEW Forum, Key West, Florida, May 23, 2005, http://pewforum.org/events/index.php?EventID=80.

15. Transcript, section 4: http://www.understandthetimes.org/audio%20commentary/transcripts/rwinterview4.shtml.
16. Ibid.
17. Jean Vanier, *Essential Writings* (Orbis Books, 2008), p. 76.
18. Ibid.
19. Ibid.
20. Transcript, section 5: http://www.understandthetimes.org/audio%20commentary/transcripts/rwinterview5.shtml.
21. Ibid.
22. Ibid.
23. Read the story of Mrs. Prest from *Foxe's Book of Martyrs* by John Foxe at: http://www.lighthousetrailsresearch.com/blog/?p=7606.
24. Transcript, section 5, op. cit.
25. http://en.wikipedia.org/wiki/Chaplet_of_Divine_Mercy.
26. "The Image of the Divine Mercy" (Diary, Saint Maria Faustina Kowalska, Divine Mercy in My Soul, 1987, Congregation of Marians of the Immaculate Conception, http://www.ewtn.com/devotionals/mercy/image.htm).

Capítulo 16: El Reino de Dios en la tierra sin el Rey
1. Pope Francis, "Pope's Mass: We're not Christian without the Church" (Rome Reports TV News Agency, May 5, 2015, http://www.romereports.com/2014/05/15/pope-s-mass-we-re-not-christian-without-the-church).
2. Ibid.
3. "Outside the Church There is No Salvation" (Catholicism.org, "an online journal edited by the Slaves of the Immaculate Heart of Mary," St. Benedict Center, NH, http://catholicism.org/category/outside-the-church-there-is-no-salvation).
4. Taken from "Kingdom-Now Theology" (Lighthouse Trails blog, March 6, 2007, http://www.lighthousetrailsresearch.com/blog/?p=3295).
5. Interview by Leif Hansen (The Bleeding Purple Podcast) with Brian McLaren, January 8th, 2006); Part 1: http://web.archive.org/web/20090103090514/http://bleedingpurplepodcast.blogspot.com/2006/01/brian-mclaren-interview-part-i.html; Part II: http://web.archive.org/web/20060127003305/http://bleedingpurplepodcast.blogspot.com).
6. Brian McLaren, *The Secret Message of Jesus* (Nashville, TN: Thomas Nelson, 2006), pp. 78-79.
7. Brian McLaren, *The Great Spiritual Migration* (New York, NY: Convergent Books, an imprint of the Crown Publishing Group, a division of Penguin Random House LLC, 2016), Kindle location 2768.

Endnotes

Capítulo 17: Señales y prodigios mentirosos

Capítulo 18: Israel, los judíos y la iglesia

Capítulo 19: Cómo edificar una iglesia

Capítulo 20: Cómo saber cuando la iglesia emergente surge en su iglesia

Capítulo 21: La unificación del cristianismo bajo el papa

Capítulo 22: El cristianismo babilónico une a todas las religiones

Endnotes

ns

Epílogo – ¿Qué Podemos Hacer?

El Buen Pastor Llama

Epílogo — ¿Qué Podemos Hacer?

Endnotes

El Buen Pastor Llama

Para pedir copias adicionales de
EL BUEN PASTOR LLAMA
Enviar $13.95 mas $3.75 (por un libro; $5.25 por 2 – 4 libros) a:
Lighthouse Trails Publishing
P.O. Box 908
Eureka, Montana 59917 EE.UU.

Para información sobre descuentos para pedidos en cantidad, ver
Nuestro website www.lighthousetrails.com.
Puede hacer su pedido por internet en esta dirección:
www.lighthousetrails.com o llámenos a nuestro teléfono
LINEA DE PEDIDOS 1-866-876-3910 EE.UU.
Para toda otra llamada 1-406-889-3610
Fax : 1-406-889-3633

EL BUEN PASTOR LLAMA, como los otros títulos publicados por Lighthouse Trails Publishing, puede pedirse en los centros principales de distribución, librerías por internet y librerías cristianas. Las librerías pueden acudir a Ingram, Spring Arbor y Anchor; y las bibliotecas a través de Baker y Taylor.

Hay descuentos para pedidos en cantidad para la mayoría de nuestros títulos. Los pedidos internacionales pueden hacerse por internet, por hoja de pedido, o por fax.

Para más información:
Lighthouse Trails Research Project
www.lighthousetrailsresearch.com
o visite el website del autor en:
www.understandthetimes.org

www.ingramcontent.com/pod-product-compliance
Lightning Source LLC
LaVergne TN
LVHW020926090426
835512LV00020B/3221